Die faszinierende Welt der

Informatik

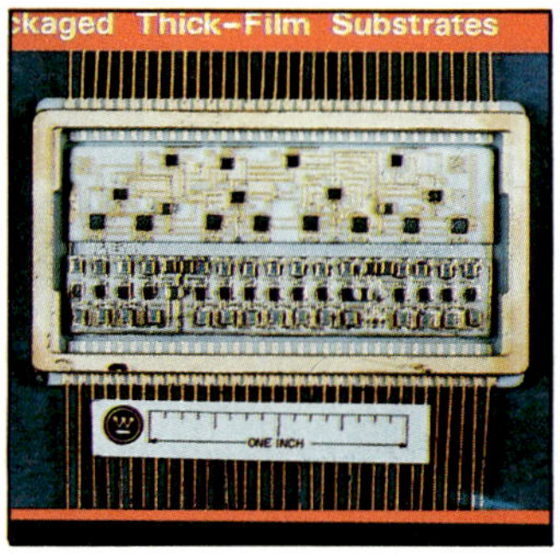
ckaged Thick-Film Substrates
ONE INCH

6c
EISENHOWER·USA

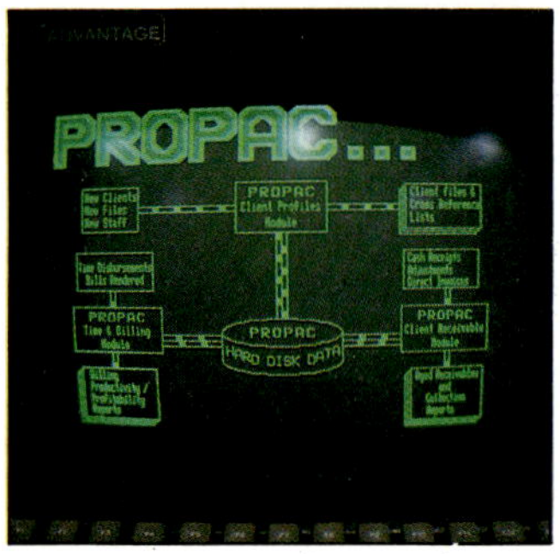
PROPAC...
PROPAC
HARD DISK DATA

Die faszinierende Welt der

Informatik

BASSERMANN

Im Bassermann-Programm sind unter anderem auch folgende Titel erschienen:
„Kein schöner Land ... Das große Buch unserer beliebtesten Volkslieder" (Nr. 0001)
„Das neue große farbige Lexikon" (Nr. 0002)
„Großes Wilhelm Busch Album" (Nr. 0004)
„Es war einmal ... Unsere beliebtesten Märchen" (Nr. 0017)
„Faszinierende Natur" (Nr. 0019)

CIP-Titelaufnahme der Deutschen Bibliothek

Klein, Artur:
Die faszinierende Welt der Informatik / Textautor: Artur Klein. –
Niedernhausen/Ts.: Bassermann, 1990
(Bassermann-Sachbuch)
Einheitssacht.: Atlas de informática ‹dt.›
ISBN 3-8094-0031-9

ISBN 3 8094 0031 9

Titel der Originalausgabe: Atlas de Informática
Titelbild: IBM Deutschland, Stuttgart
Fotos: Archiv THEMA, AISA, ALFA-OMEGA, Jaime Buesa, Hewlett Packard Española, S. A.
Zeichnungen: Miguel Ángel, Castaños
Redaktion der spanischen Ausgabe: THEMA
Redaktion der deutschen Ausgabe: Autoren- und Medienservice, Reute
Übersetzung: Irene Meyer und Isaac Bermejo Bragado, Freiburg i. Br.

Satz: Franz X. Stückle, Ettenheim
Druck: Druckerei Ernst Uhl GmbH, Radolfzell

817 2635 4453 6271

Inhalt

Vorwort	7
Grundzüge der Informatik	8
Die Anfänge	8
Boolesche Algebra und Logische Schaltkreise	12
Elektronik und Mikroelektronik	20
Der Computer und seine Möglichkeiten	28
Aufbau eines Computers	28
Periphere Einheiten	34
Betriebssysteme	40
Programmiersprachen (I)	44
Programmiersprachen (II)	48
Datenbanken	52
Der Computer und unsere Arbeitswelt	56
Telematik	56
Büroinformatik	60
Künstliche Intelligenz	62
Automaten	70
Industrieroboter	72
Forschung und Entwicklung	78
Computer in der Industrie	78
Computer in der Forschung	84
Glossar	88
Namen- und Sachregister	92

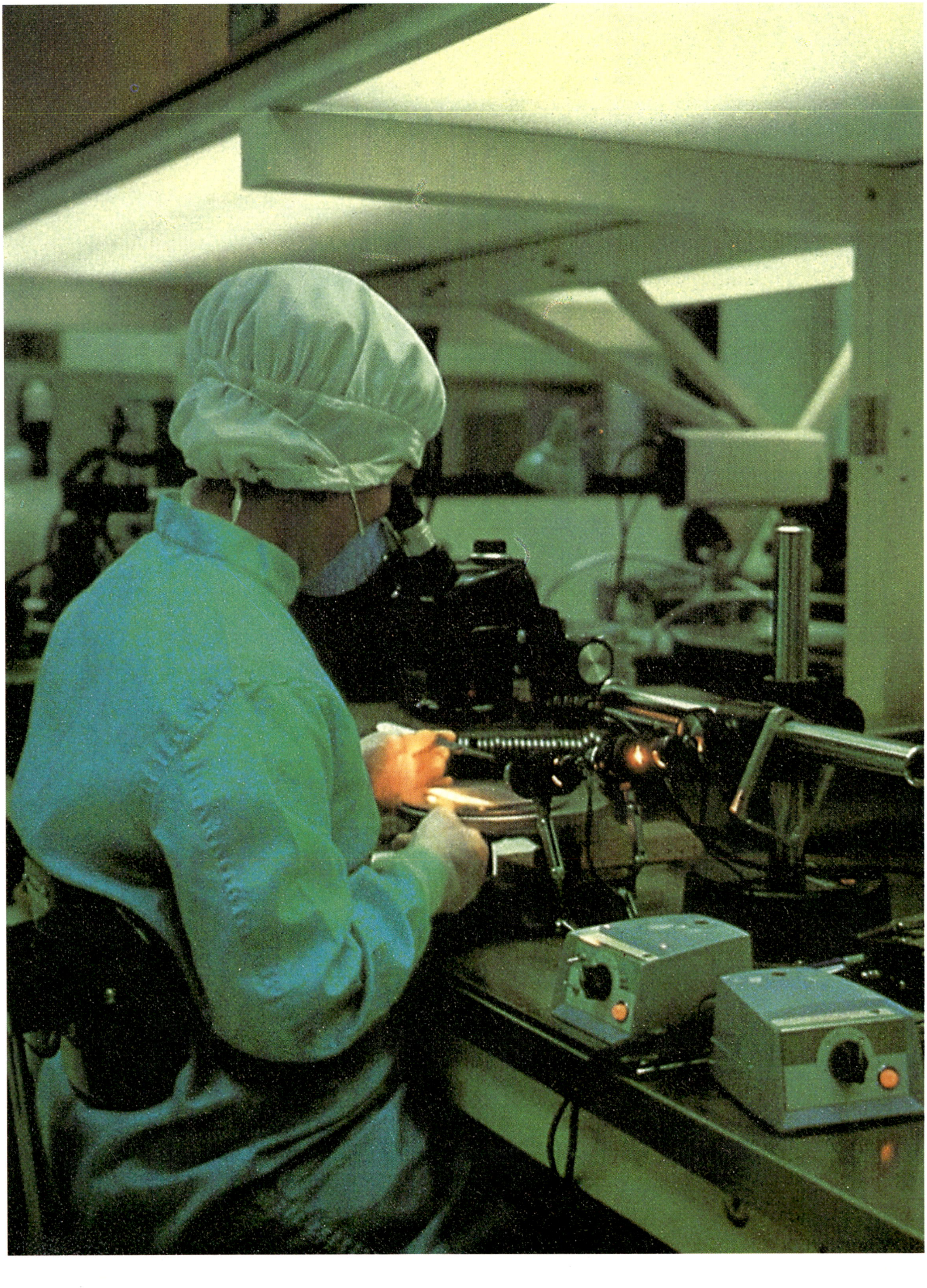

Vorwort

Das vorliegende Buch **Die faszinierende Welt der Informatik** wendet sich an alle Leser, die die technischen Grundlagen zur Nutzung von Computern kennenlernen wollen. Denn Computer bestimmen in zunehmendem Maß unser Alltagsleben und erledigen eine große Zahl von Aufgaben, für die man früher die Arbeit und ständige Anstrengung vieler gebraucht hätte.

Seit den 70er Jahren hat die Anwendung von Computern sich auf die meisten Bereiche des täglichen Lebens ausgedehnt. Beginnend mit dem Personalcomputer, der schon in vielen Wohnungen Einzug gehalten hat und zu den alltäglichen Elektrogeräten zählt, neben der Hifi-Anlage oder dem ausgefeiltesten Fernseh- und Videoset. Dennoch ist für die meisten Benutzer ein Computer, wie auch viele andere Geräte oder Maschinen, nichts anderes als ein schwarzer Kasten, in den man Daten und Programme eingibt und der bestimmte Aufgaben ausführt, ohne daß man genau weiß, wie dies geschieht.

Ziel dieses Buches ist deshalb, dem Leser die Beschreibung der elementarsten Prozesse, die der Anwendung eines Computers zugrunde liegen, sowie einen größtmöglichen Überblick über die wichtigsten Anwendungen der Informatik in den verschiedensten Gebieten zu vermitteln – sowohl im Bereich Technik und Industrie (rechnergestütztes Konstruieren, Zahlensimulation usw.) als auch in der Wissenschaft (Anwendungen in der Medizin, Astronomie usw.).

Die große Zahl und die Qualität der Bilder, eher unüblich in dieser Art von Büchern, ist darüber hinaus ein wichtiges Anliegen dieses Buches. Deshalb wollen wir an dieser Stelle besonders der Firma Hewlett Packard Española, S.A., danken, die uns völlig uneigennützig und zuvorkommend ihr ganzes fotografisches Archiv zur Verfügung stellte. Der Text ist außerdem mit Grafiken, Tabellen und Schemata ergänzt, um das Verständnis der Erklärungen zu erleichtern und eine anschaulichere Vorstellung der zum Teil doch recht schwer verständlichen Themen zu vermitteln.

Darüber hinaus ist dem Buch ein **Glossar** beigegeben, um das Textverständnis zu erleichtern, ohne daß die in ihm enthaltenen Definitionen mehr sein sollen als eine Gedächtnishilfe für das schon Gelesene oder eine Vorwegnahme von Konzepten, die im Text genannt werden.

1

2

3

Die Anfänge

Der **Beginn der Informatik** war verknüpft mit der Suche des Menschen nach einem System, mit dem er große Datenmengen relativ schnell verarbeiten und Berechnungen mit großer Geschwindigkeit und auf mechanische Weise ausführen konnte. Das nahm ihm so die mühsamen Aufgaben, die mit diesen Tätigkeiten verbunden waren, ab. Einer der ersten und noch sehr wenig entwickelten Vorgänger solcher Systeme war der **Abakus.** Er bestand aus einem Rahmen mit Perlen, die auf Metallstäben aufgereiht waren und durch Hin- und Herschieben arithmetische Grundrechenarten auf schnelle Art und Weise ermöglichten. Diese einfachen Rechenmaschinen werden noch heute in einigen Gebieten Asiens verwendet.

Die eigentlichen Vorgänger des Computers sind jedoch zweifellos die in späteren Jahrhunderten entwickelten Maschinen zur Lösung von Rechenproblemen, die auf die Arbeiten von **Blaise Pascal** (1623 – 1662) und **Gottfried Leibniz** (1646 – 1716) zurückgehen. Pascal baute eine Maschine mit mehreren Zahnrädern, die durch ihr Ineinandergreifen Addition und Subtraktion ermöglichten. Jedes dieser Zahnräder bestand aus zehn Zähnen, die den Ziffern 0 bis 9 entsprachen. Der Übergang von 9 nach 0 bei einem Rad bewirkte, daß das unmittelbar links danebenliegende Rad um einen Zahn vorwärts bewegt wurde. Das Grundprinzip der **Pascalschen Rechenmaschine** wird noch heute in den Kilometerzählern von Fahrzeugen verwendet. Pascal selbst baute in später entwickelten und verbesserten Versionen einen mechanischen Speicher ein, der während der Berechnungen Zwischenergebnisse festhalten konnte. Gottfried Leibniz seinerseits entwickelte Pascals Rechenmaschine weiter und verbesserte sie so, daß die vier Grundrechenarten Addition, Subtraktion, Multiplikation und Division nun mechanisch ausgeführt werden konnten.

Strenggenommen liegen die wahren Anfänge der Informatik erst im 19. Jh., genauer gesagt in den Arbeiten von **Hermann Hollerith** (1860 – 1929), einem Mitarbeiter des nordamerikanischen Amtes für Statistik. Holleriths Beitrag bestand in der Verwendung eines Bandes (das später durch Karten ersetzt wurde), in das die Daten in Form von Löchern an bestimmte Stellen geschrieben wurden. Das Prinzip war das gleiche wie bei dem 1805 entwickelten automatischen Webstuhl des französischen Mechanikers und Erfinders **J. Marie Jacquard** (1752 – 1834). Er nutzte das Prinzip, um bestimmte Stoffvorlagen zu kopieren, deren Muster schwer zu vervielfältigen war. Dank Holleriths Gerät, das 1890 gebaut wurde, konnten nun perforierte Dateien (bzw. die darin enthaltenen Daten) mechanisch

1 *Blaise Pascal (1623 – 1662) erfand die erste Maschine, die ähnlich wie die heutigen Kilometerzähler mechanisch addieren konnte.*

2 *Die runde Additionsmaschine. Conservatoire des Arts et Métiers, Paris.*

3 *Die erste elektronische Rechenmaschine der Welt war ENIAC. Sie war 30 m lang, 3 m hoch und 1 m tief. Außerdem wog sie ca. 30 Tonnen und benötigte selbst für die einfachsten Aufgaben viel Zeit.*

4

5

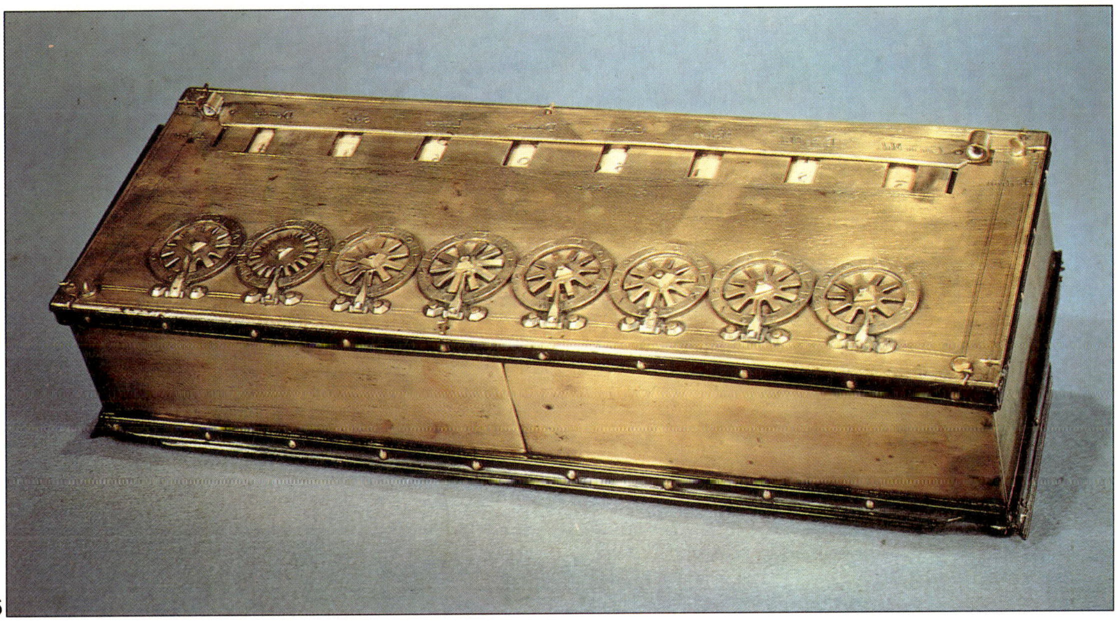
6

gruppiert und vervielfältigt werden. Mit Holleriths Maschinen wurde die Volkszählung in den Vereinigten Staaten (deren Bevölkerung damals ca. 60 Millionen betrug) in etwas weniger als 21/2 Jahren durchgeführt. Diese sogenannten **Computervorläufer** werden noch heute, wenn auch selten, eingesetzt.
Der nächste Schritt auf dem Weg zur automatischen Datenverarbeitung wurde durch **Howard H. Aiken** (1900 – 1973) ermöglicht. Er entwickelte zwischen 1939 und 1944 bei der **Firma IBM** (die 1924 aus der von H. Hollerith gegründeten Tabulating Machine Company hervorging) einen Rechner, der dann später unter dem Namen **ASCC** (Automatic Sequence Controlled Calculator) oder **MARK I** bekannt wurde. Physikalisch gesehen gründete dieser Computer auf einem einfachen elektrischen Gerät, dem **Relais**; programmiert wurde er mittels eines **perforierten Bandes.** E war sozusagen die Umsetzung der **„analytischen Maschine“** von **Charles Babbage** (1792 bis 1871), die alle mathematischen Berechnungen ohne menschlichen Eingriff ausführen konnte, aber aufgrund der mangelnden technischen Möglichkeiten jener Epoche nicht gebaut werden konnte. ASCC bzw. MARK I ist so gewissermaßen der erste Computer der Geschichte. Sein Grundbauteil war das Relais (ein elektronisches Gerät, mit dem ein Stromkreis geöffnet und geschlossen werden kann). Er verfügte über eine **Speicherkapazität** von 72 Zahlen mit 23 Dezimalstellen. Dennoch war er extrem langsam, denn er brauchte für die Multiplikation von zwei 10stelligen Zahlen ganze 10 Sekunden. Außerdem wog er etwa fünf Tonnen, bestand aus ca. 5000 Relais und benötigte eine große Stellfläche. ASCC oder MARK I war von 1944 bis 1959 in Betrieb.
Im theoretischen Bereich entwickelte der Wissenschaftler **John von Neumann** (1903 – 1957) in den 40er Jahren das theoretische Modell, nach dem die heutigen Computer aufgebaut sind. Seine Idee war, das **Programm** im **System** auf die gleiche Weise zu speichern wie die Daten, das System mit einer **logischen Einheit** auszustatten und das Programm selbst als **Verknüpfung logischer Aussagen** zu gestalten.

Die modernen Computer
Die weitere Entwicklung ist auf die Anwendung der **Elektronik** zur Lösung von Problemen dieser Art zurückzuführen. Im Jahr 1946 konstruierte die **Moore Schule für Elektronik** in Philadelphia die **erste elektronische Rechenmaschine.** Sie war an der Universität von Pennsylvania zwischen 1943 und 1946 von **J. Mauchly, J. P. Eckert** und **H. H. Goldstine** entwickelt worden und nannte sich **ENIAC** (engl. Electronic Numerical Integrator and Computer). ENIAC war der erste **digitale** Rechner und kam ohne jegliche mechanischen Teile (abgesehen von den Geräten für die Dateneingabe bzw. -ausgabe) aus. Er bestand aus 18000 Röhren, wog ca. 30 Tonnen und verbrauchte 150 kW. Er war so groß, daß er nur in einem speziell für ihn gebauten Gebäude untergebracht werden konnte. Seine Konstruktion verschlang ca. 2 Mio. Dollar. Obwohl er so riesig war, kann doch ein moderner Mikrocomputer aus einem einzigen 25 mm² großen **Chip** bei

4 *Das Relais war grundlegend für die Entwicklung des physikalischen Systems der ersten Computer. Mit ihm wird ein Schaltkreis geöffnet bzw. geschlossen.*

5 *Der Transistor war der elektronische Grundbaustein, auf dem die Entwicklung der zweiten Computergeneration basierte. Er ist eine elektronische Vorrichtung, ähnlich einem Schalter.*

6 *Pascals Rechenmaschine. Er verbesserte sie soweit, daß Zwischenergebnisse gespeichert werden konnten.*

einem Verbrauch von nur 1 W 100mal schneller rechnen als ENIAC (der für die Multiplikation zweier 10stelliger Zahlen immerhin 0,003 Sekunden brauchte). Programmiert wurde ENIAC durch Verbindungen mit elektrischen Kabeln und einer großen Anzahl von Schaltern. In den folgenden Jahrzehnten kam die Entwicklung solcher Rechner immer schneller voran, und man unterscheidet bestimmte Etappen, sogenannte **Generationen.** Sie umfassen bestimmte Zeiträume, in denen einmal die physikalische Seite (Hardware), einmal logische Gesichtspunkte (Software) im Vordergrund stehen. Da sie sich gegenseitig beeinflußten, können sie jedoch nicht isoliert betrachtet werden.

Als **erste Generation** werden die Rechner bezeichnet, die zwischen 1950 und 1960 gebaut wurden. Das waren die ersten Rechner eines Typs, die unter wirtschaftlichen Gesichtspunkten hergestellt wurden und deren elektronischer Grundbaustein die **Elektronenröhre** war (elektronische Vorrichtung aus zwei Elektroden in einer Vakuumröhre). Diese Rechner wurden direkt in **Maschinensprache** programmiert und konnten bis zu 1000 Anweisungen pro Sekunde ausführen; überdies erreichte ihre Speicherkapazität nahezu 20000 Informationseinheiten.
Die **zweite Generation** umfaßt die im Zeitraum von 1960 bis 1965 konstruierten Computer. Wesentliches Merkmal dieser Generation war, daß ihr elektronisches Grundbauteil der Transistor war. (Ein Transistor ist ein elektronisches Gerät, das wie ein Schalter funktioniert und bestimmt, ob zwischen zwei Punkten Strom fließt in Abhängigkeit der Spannung an einem dritten Punkt.) Durch die Verwendung von Transistoren stellte die zweite Generation einen großen Fortschritt dar, da bei diesen Rechnern der Energie- und Platzbedarf erheblich herabgesetzt und zugleich die Zuverlässigkeit und Rechengeschwindigkeit enorm gesteigert wurden (bis zu einer Million Anweisungen pro Sekunde). Die Weiterentwicklung des logischen Systems der Computer ihrerseits brachte die **Betriebssysteme,** das **Gemeinschaftssystem (time-sharing),** die **höheren Programmiersprachen** usw. hervor.
Die **dritte Generation,** die die Zeit zwischen 1965 und 1975 beinhaltet, ist gekennzeichnet durch die Verringerung der Abmessungen der Rechner, da ihre Konstruktion und Funktionsweise auf der Anwendung von **integrierten Schaltkreisen** basierte. 1974 wurden dank der **LSI**-Technik (Large Scale Integration) integrierte Schaltkreise gebaut, die bis zu 20000 Bauteile auf einer Fläche von 25 mm^2 beinhalteten.
Wesentliches Merkmal der **vierten Generation,** von **1975** bis heute, ist schließlich das Fortführen dieses Integrationsprozesses. 1975 wurde ein Integrationsgrad erreicht, bei dem 60000 Bauteile auf der Fläche von 25 mm^2 angeordnet waren. In dieser Hinsicht erreicht die Integration von Schaltkreisen das VLSI-Niveau (Very Large Scale Integration), bei dem mindestens 100000 Transistoren auf 25 mm^2 enthalten sind. Weiterhin ist dieses Integrationsniveau eng mit der Entwicklung der Mikroprozessoren verknüpft. Ein Mikroprozessor ist ein Chip, in dem eine

7

8

7 Moderne Rechner, die aus einem einzigen Chip bestehen, benötigen weniger Platz als die ersten Rechner und arbeiten trotzdem viel schneller bei extrem geringerem Energieverbrauch.

8 Die heutigen EDV-Anlagen können in kürzester Zeit Aufgaben erledigen, die der Mensch selbst nie bewältigen könnte. Daher dienen sie z.B. in großen Firmen zur Steuerung und Ausführung sämtlicher Verwaltungsabläufe.

9

10

arithmetische Einheit sowie eine Steuereinheit und Register integriert sind und der praktisch einen Prozessor aus einem einzigen integrierten Schaltkreis darstellt. Die Mikrocomputer sorgten für die Verbreitung der Informatik in aller Welt und ihre Verwendung für eine Vielzahl menschlicher Tätigkeiten, so daß sie aus unserem Leben praktisch nicht mehr wegzudenken ist. In diesem Zeitraum war eine zunehmende Spezialisierung der **Anwendungen der Informatik** zu beobachten, aus der unter anderem die folgenden Bereiche hervorgingen: die **Telekommunikation**, die **elektronische Bildverarbeitung** (die per Computer Bilder erstellt, verarbeitet und interpretiert und die bspw. eingesetzt wird, um die Bilder der Weltraumsonden zu erzeugen), **Datenbanken** (d.h. Sammlungen von zusammengehörigen und strukturierten Daten, die unabhängig vom benutzten Programm gespeichert werden), **die künstliche Intelligenz** (ein Zweig der Informatik, der sich über die arithmetischen Rechnungen hinaus der logischen Informationsverarbeitung widmet), die Entwicklung von **Expertensystemen** (die bereits in der Medizin und Ingenieurtechnik angewendet werden) oder von **Automaten** oder **Robotern**, die sogar Formen erkennen und mit ihrem Umfeld in Beziehung treten können. Ihre verbreitete Anwendung in industriellen Prozessen hat einen neuen Zweig, die **Robotik**, hervorgebracht.

Schließlich gibt es die sogenannte **fünfte Generation,** die von der japanischen Informatikindustrie eingeleitet wurde. Dort wurde seit 1981 an der Entwicklung von im Hardware-Bereich intelligenten Computern gearbeitet. Immer noch war das Ziel die Entwicklung eines logischen Systems, das die Vorgänge im Gehirn des Menschen nachahmt, d.h. simuliert. Man spricht in diesem Fall von Computern der fünften Generation, weil diese neue Idee die Welt der Computer ebenso revolutionieren sollte wie zu ihrer Zeit die Elektronenröhre, die integrierten Schaltkreise usw. Das Konzept der Computer der fünften Generation stützt sich auf vier grundlegende Funktionseinheiten: ein **Modul zur Problemlösung**, ein **Modul zur Verwaltung einer Wissensbasis** (d.h. der Teil des Systems, der das jeweilige Fachwissen beinhaltet und in dem die Information in Form von Produktionsregeln oder semantischen Netzen, also Bedeutungs-Netzen, dargestellt ist), eine **Schnittstelle zur natürlichen Sprache** (z.B. Englisch, die die Verständigung zwischen Rechner und Benutzer ermöglicht) und schließlich ein **Modul für die Programmierung.**

9 *Computer werden auch zur Verkehrsregelung eingesetzt. Gegenwärtig wird an der Entwicklung interaktiver Systeme gearbeitet, über die der Fahrer sich jederzeit über die jeweilige Verkehrssituation informieren können, sowie an einem System zur Unterstützung während der gesamten Fahrt.*

10 *Die Entwicklung der Informatik und ihre Ausweitung auf verschiedenste Produktionsbereiche haben z.B. den Industrierobotern Zugang zu den unterschiedlichsten Produktionszweigen verschafft und ihnen damit zu einem bahnbrechenden Aufschwung verholfen.*

Boolesche Algebra und Logische Schaltkreise

Propositionen

Die Sprache, die wir tagaus tagein verwenden, setzt sich aus vielen Aussagen oder Propositionen zusammen, die auf verschiedene Weise miteinander verknüpft sind. Da die **mathematische Sprache** generell als die genaueste und klarste aller Sprachen gilt, erscheint es zweckmäßig, ihre Strukturen auf die natürliche Sprache zu übertragen. Dafür verwendet man die sogenannte mathematische Logik. Mit ihr werden die Möglichkeiten untersucht, mit denen einfache Aussagen kombiniert werden können.

Die ersten Versuche in dieser Hinsicht wurden bereits in der Antike **(Aristoteles)** angestellt. Ihre heutige Form verdanken sie allerdings dem Werk von **Leibniz.** Er verwendete im 18. Jh. die Algebra als Sprachmodell für die Untersuchung von logischen Beziehungen. Ihren Höhepunkt erreichten diese Versuche in den Arbeiten des englischen Mathematikers **G. Boole** (1815 – 1864). Seine heutige Bedeutung besteht darin, daß die modernen Computer aus Schaltungen bestehen, die den gleichen logischen Gesetzen gehorchen wie die **propositionale** oder **Boolesche Algebra.**

Bleibt noch zu definieren, was unter einer **einfachen Aussage** zu verstehen ist. Eine einfache Aussage oder Aussage im engeren Sinne ist ein Satz, von dem man sagen kann, daß er entweder wahr oder falsch, niemals jedoch beides gleichzeitig ist. Mit diesen einfachen Aussagen können verschiedene Verknüpfungen ausgeführt werden, nämlich **Konjunktion** (Verbindung **„und“**, dargestellt durch Λ), **Disjunktion** (Trennung **„oder“**, dargestellt durch V) und **Negation** (Trennung **„nicht“**, dargestellt durch –). Um festzustellen, ob die verknüpften Aussagen wahr oder falsch sind, werden sogenannte **Wahrheitstabellen** verwendet. Darin werden jedem Teil einer Aussage alle Werte, die er annehmen kann, zugeordnet. Auf diese Weise erhält man den Wert jeder einzelnen möglichen Kombination. Sind die Wahrheitstabellen zweier Propositionen identisch, so heißen sie **äquivalent.**

Eine Aussage schließlich, deren Wahrheitstabelle überall den Wert „wahr“ enthält, wird als **logisch wahr** bezeichnet; eine Aussage, der im Gegensatz dazu nur negative Werte zugeordnet sind, heißt **logisch falsch.**

Propositionale Algebra oder Boolesche Algebra

Es wird deutlich, daß die genannten Arten der Verknüpfung von Aussagen, d.h. die Negation (nicht), die Konjunktion (und) und die Disjunktion (oder), die Grundsätze der Booleschen Algebra bekräftigen, da die propositionale Algebra die gleichen Merkmale wie eine Algebra von Zahlen und ähnliche Rechenarten aufweist. Hier interessiert jedoch nur, daß die Boolesche Al-

1 *Gottfried Leibniz perfektionierte Pascals Rechenmaschine, die nun die vier Grundrechenarten Addition, Subtraktion, Multiplikation und Division beherrschte.*

2 *Die Wahrheitstabelle für die Konjunktion der beiden Aussagen p und q (ausgedrückt durch* Λ*) zeigt, in welchen Fällen die verknüpfte Aussage wahr (W) bzw. falsch (F) ist.*

3 *Wie die Wahrheitstabelle auch zeigt, ist bei der Disjunktion* (V) *zweier Aussagen p und q das Ergebnis wahr, wenn entweder p oder q oder beide wahr sind. Es ist nur dann falsch, wenn p und q falsch sind.*

1

p	q	p Λ q
W	W	W
W	F	F
F	W	F
F	F	F

2

p	q	p V q
W	W	W
W	F	W
F	W	W
F	F	F

3

gebra als mathematisches Modell für die logische Darstellung der **Schalter** in elektrischen Schaltkreisen geeignet ist. Diese sind für uns von Bedeutung, weil sie, außer z. B. bei der Stromversorgung, in Telefonzentralen usw., auch in Computern verwendet werden. Bevor wir uns näher mit den Schaltkreisen beschäftigen, bleibt zu bemerken, daß Schalter (und hiermit sind auch sämtliche elektrische und elektronische Geräte wie Röhren, Transistoren etc. eingeschlossen) prinzipiell nur zwei Zustände kennen: Sie sind entweder geöffnet oder geschlossen. Beim geöffneten Zustand verhindert der offene Schalter ein Fließen des Stromes, während ein geschlossener Schalter den ungehinderten Stromfluß ermöglicht.

Der einfachste elektrische Schaltkreis besteht aus einer Stromquelle (Batterie oder Stromgenerator), einem Draht, der an den beiden Anschlüssen befestigt wird, sowie einem Schalter und einer Glühbirne, die dazwischen geschaltet sind. Mit diesem Schaltkreis können zwei Zustände erreicht werden: Entweder der Schalter ist geschlossen, und der Strom fließt durch den Kreis und bringt die Glühbirne zum Leuchten, oder aber der Schalter ist offen, verhindert somit ein Fließen des Stromes, und die Glühbirne leuchtet nicht. Ein solcher einfacher Schaltkreis wird um eine Stufe komplexer, wenn er mehrere Schalter enthält, die dann entweder in **Serie** oder **parallel** geschaltet sein können. Bei der Serienschaltung sind die Schalter direkt hintereinander zwischen dem Ausgang der Stromquelle und der Glühbirne angeordnet. In diesem Fall sind vier Zustände der beiden Schalter möglich, die bestimmen, ob die Glühbirne brennt oder nicht bzw. ob Strom fließt oder nicht: Sind beide Schalter geschlossen, fließt Strom; sind beide geöffnet, fließt kein Strom; ist ein Schalter geöffnet und der andere geschlossen, fließt ebenfalls kein Strom, und die Birne glüht nicht. Bei der parallelen Anordnung der Schalter wird ein anderer Punkt deutlich. Hier sind die beiden Schalter ebenfalls zwischen Stromquelle und Glühbirne geschaltet, aber sie bieten zwei alternative Wege für den Stromfluß. Somit fließt Strom, sowohl wenn beide Schalter geschlossen sind als auch wenn einer von ihnen geöffnet ist. Nur wenn beide Schalter geöffnet sind, wird der Stromfluß unterbrochen.

Aus dem bisher Gesagten läßt sich folgern, daß die beiden Zustände am einfachsten durch Summe und Produkt (die der oben erwähnten Konjunktion und Disjunktion entsprechen) dargestellt werden können. Bei der Negation handelt es sich um eine Abhängigkeit zwischen den beiden Schaltern, denn wenn einer der beiden offen ist, so ist der andere geschlossen und umgekehrt.

Wie wir sehen, besteht eine klare Analogie zu der Aussagenlogik. Dies wiederum beweist, daß die Boolesche Algebra ein geeignetes mathematisches Modell für die Algebra der logischen Schaltkreise darstellt. Im Fall der Computer wurden bei ihrer Anwendung entsprechende Symbole eingeführt, nämlich die sog. **Black box** (dt. „schwarzer Kasten“, von dem man nur den Eingangs- und Ausgangszustand kennt, nicht jedoch die Art, wie der Ausgangszustand zustande kam). Was mit dem Eingangszustand gemacht wird, wird über der Box angezeigt, die Eingangszustände (A, B, C, usw.) werden links und die Ausgangszustände (S) rechts davon angegeben.

Im Computerbereich werden bei der Anwendung logischer Schaltkreise die Symbole 1 und 0 (bzw. I und O) verwendet, und die drei Verknüpfungen heißen **logische Summe, logisches Produkt** und **Komplement** mit den Darstellun-

4

p	p'
W	F
F	W

5

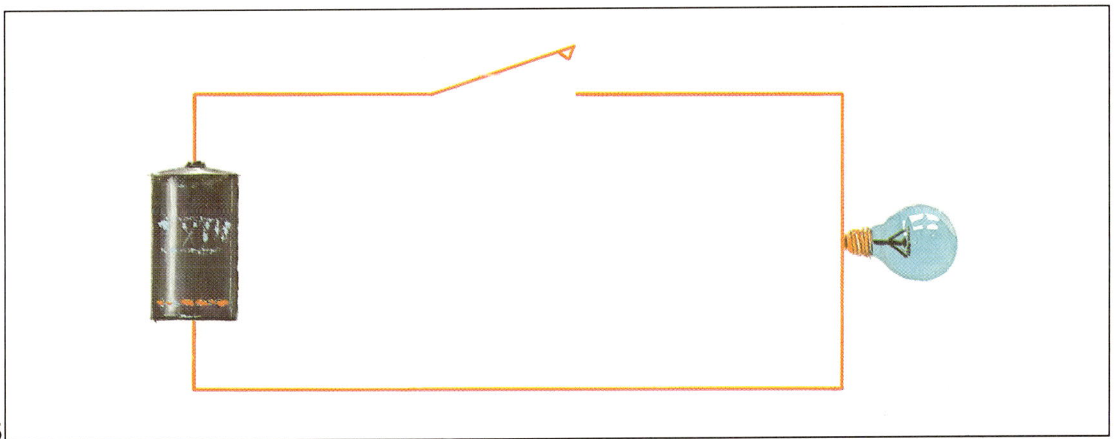

6

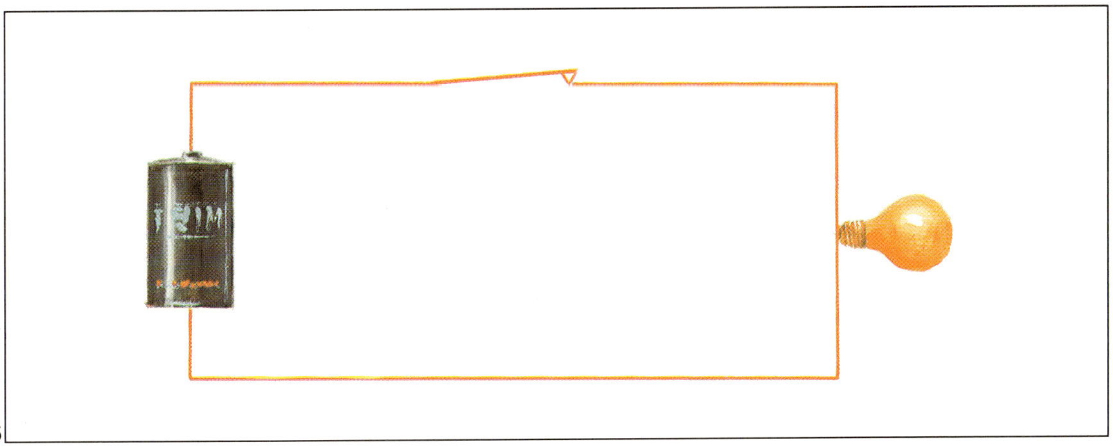

4 *Die Wahrheitstabelle für die Negation ist einfach: Ist eine Aussage p wahr, ist ihre Negation p' falsch und umgekehrt.*

5 *Ist der Schalter geöffnet, fließt kein Strom durch den Schaltkreis. Die Glühbirne leuchtet nicht.*

6 *Ist in einem einfachen Schaltkreis der Schalter geschlossen, kann Strom fließen. Die Glühbirne leuchtet.*

gen + bzw. ● und –. Die den Verknüpfungen entsprechenden Wahrheitstabellen sehen folgendermaßen aus:

Logische Summe

+	0	1
0	0	1
1	1	1

Logisches Produkt

●	0	1
0	0	0
1	0	1

Komplement

–	0	1
	1	0

Wie wir sehen, werden nur zwei Zahlen verwendet, die 0 und die 1, weshalb dieses Zahlensystem auch als **binär** bezeichnet wird. Die uns vertraute Zahlendarstellung im **Dezimalsystem** (mit der Basis 10) ist zwar kürzer, hat aber den Nachteil, daß sie nicht ausschließlich die Ziffern 0 und 1 verwendet, wie es ja für die Anwendung der den Verknüpfungen (oder Schaltungen) entsprechenden Wahrheitstabellen notwendig ist.

Es muß also ein Weg gefunden werden, um von der Dezimal- zur binären Darstellung zu gelangen und mit Hilfe der Schaltkreise die binären Verknüpfungen (Operationen) ausführen zu können, die den Computern als arithmetischen Maschinen zugrunde liegen.

Daten, gleich welcher Art, können auf manuelle, mechanische oder elektronische Weise verarbeitet werden. Die elektronische Verarbeitung, die uns hier interessiert, erfordert Prozesse zur Sammlung, Auswahl, Speicherung und Verarbeitung der Daten. Im Computer werden die Daten nicht in ihrer ursprünglichen Form gespeichert, sondern in binärer Form verschlüsselt (mit zwei entgegengesetzten Zuständen: entweder positiv oder negativ, geöffnet oder geschlossen usw.). Diese Art der Darstellung ist sehr einfach und sicher zugleich. Zudem hat sie den Vorteil, daß anstelle der 10 Ziffern des Dezimalsystems die beiden Ziffern 0 und 1 des **binären** oder **Dual**systems ausreichen. Physikalisch gesehen entspricht diesen beiden Werten die negative bzw. positive Ausrichtung von magnetischen Kernen oder Datenträgern im Speicher, die Ab- oder Anwesenheit eines Impulses usw.

Da wir nur zwei verschiedene Ziffern zur Verfügung haben, ist die Zahlendarstellung im Dualsystem viel länger als im Dezimalsystem. Beim Dezimalsystem (bei dem die Position ausschlaggebend ist) bestimmt die Position einer Ziffer deren relativen Wert. Dieser entspricht dem Koeffizienten einer bestimmten Zehnerpotenz (der Basis des Zahlensystems) ist. Diese Potenzen heißen Einer (10^0), Zehner (10^1), Hunderter (10^2), Tausender (10^3) usw. Beim Dualsystem wird im Gegenteil dazu der Wert einer Ziffer nicht durch ihre Zehnerpotenz sondern durch ihre Zweierpotenz bestimmt; d.h. 1, 2, 4 usw. entsprechen 2^0, 2^1, 2^2 usw. Auf diese Weise läßt sich eine beliebige Zahl, die im Dezimalsystem aus soundsovielen Einern, Zehnern, Hundertern usw. besteht, im Dualsystem darstellen als Potenz von 2. Die Zahl 89, zum Beispiel, besteht im Dezimalsystem aus 9 Einern und 8 Zehnern. Im Dualsystem würde sie (als Potenz der Zahl 2) folgendermaßen aufgeteilt: $1 \times 2^6 + 0 \times 2^5 + 1 \times 2^4 + 1 \times 2^3 + 0 \times 2^2 + 0 \times 2^1 + 1 \times 2^0$. Faßt man die Koeffizienten der Zweierpotenzen zusammen, ergibt sich für die Zahl 89 im System mit Basis 2 die Darstellung 1011001.

Die Umrechnungsmethode einer Zahl vom Dezimal- ins Dualsystem ist denkbar einfach: Nehmen wir noch einmal die Zahl 89. Teilen wir sie durch 2, erhalten wir 44 und einen Rest 1; teilen wir 44 wiederum durch 2, erhalten wir 22, diesmal ohne Rest; führen wir diese Division durch 2 weiter, erhalten wir folgende Tabelle:

89 : 2 = 44 Rest 1
44 : 2 = 22 Rest 0
22 : 2 = 11 Rest 0
11 : 2 = 5 Rest 1
5 : 2 = 2 Rest 1
2 : 2 = 1 Rest 0
1 : 2 = 0 Rest 1

7
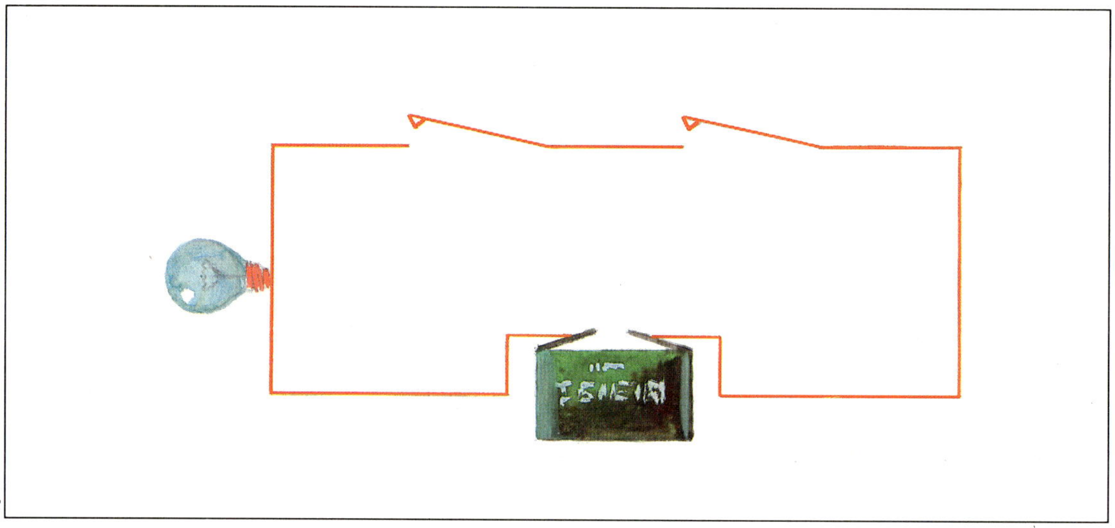

8
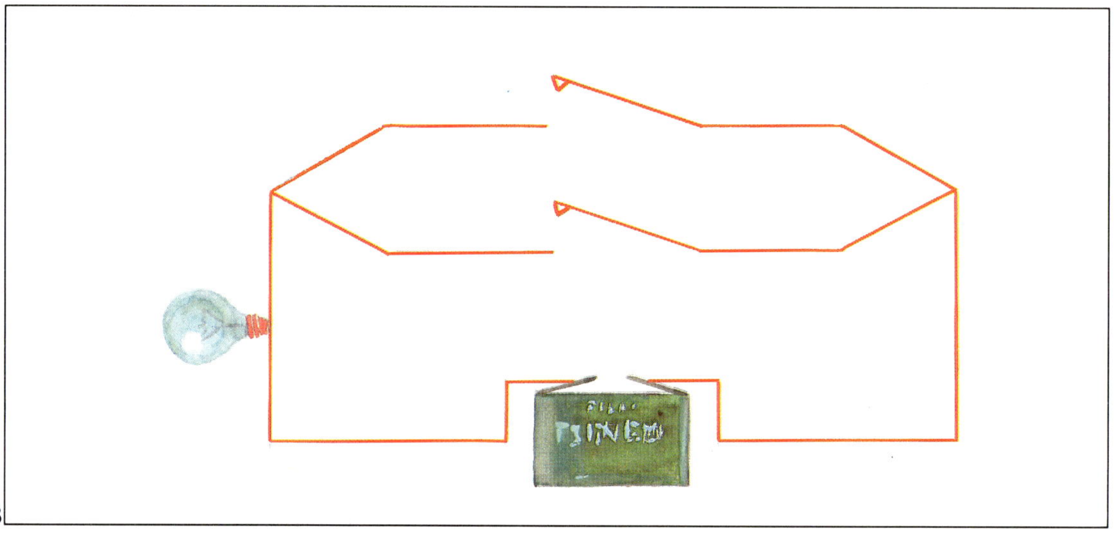

7 Bei einem einfachen Stromkreis mit zwei Schaltern ist die Serienschaltung am eingeschränktesten, da der Strom nur dann fließt, wenn beide Schalter geschlossen sind.

8 Sind beide Schalter parallel geschaltet, ist der Stromfluß nur dann unterbrochen, wenn beide Schalter geöffnet sind. Ansonsten fließt der Strom entweder durch einen oder durch beide Schalter.

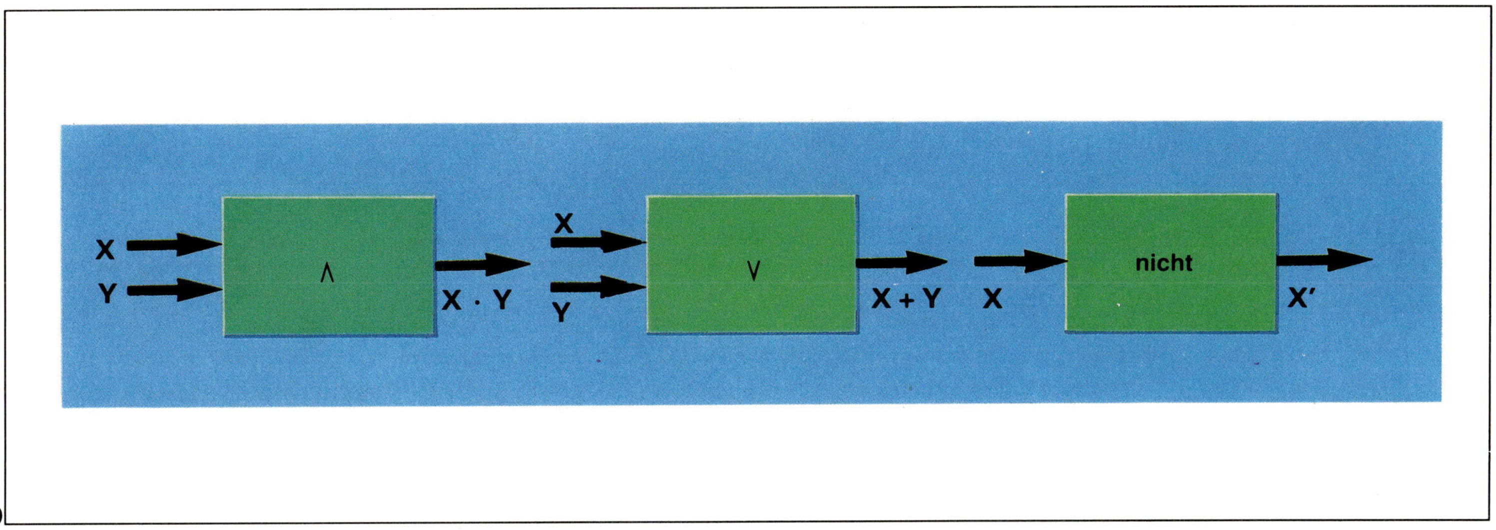

9

Dezimal	Binär
0	0
1	1
2	10
3	11
4	100
5	101
6	110
7	111
8	1000
9	1001

10

2^0 =	1
2^1 =	2
2^2 =	4
2^3 =	8
2^4 =	16
2^5 =	32
2^6 =	64
2^7 =	128
2^8 =	256
2^9 =	512
2^{10} =	1.024

11

Die Restwerte, von unten nach oben gelesen, ergeben wiederum 1011001, die duale Entsprechung von 89.
Für die umgekehrte Richtung, d.h. die Umrechnung von binären in dezimale Zahlen, wird ebenfalls die umgekehrte Methode angewendet. Hierzu nimmt man den binären Ausdruck der entsprechenden Zahl, 1011001, und fährt folgendermaßen fort:

$1 \times 2^6 + 0 \times 2^5 + 1 \times 2^4 + 1 \times 2^3 + 0 \times 2^2 + 0 \times 2^1 + 1 \times 2^0$, das entspricht $64 + 0 + 16 + 8 + 0 + 0 + 1 = 89$

Nachdem die Umrechnungsmethode von Dezimalzahlen in binäre und umgekehrt bekannt ist, wollen wir uns nun der Frage zuwenden, wie mit binären Zahlen gerechnet wird. Rechnen mit binären Zahlen ist sehr viel einfacher als mit Dezimalzahlen. So folgt die Addition z.B. folgenden Regeln:
$0 + 0 = 0$, $0 + 1 = 1$, $1 + 0 = 1$ und $1 + 1 = 10$.

Auf diese Art lassen sich zwei Zahlen folgendermaßen addieren:

```
    1 1 0 1 0
 +      1 0 1
 ------------
    1 1 1 1 1
```

Bei 1 + 1 wird ein Übertrag zur nächsten Stelle addiert. Das heißt, das Ergebnis der Addition ist 0, und der Übertrag 1 wird zur nächsten Ziffer hinzuaddiert.
Bei der Subtraktion ergänzt man den Subtrahenden mit so vielen Nullen, bis Subtrahend und Minuend die gleiche Anzahl von Stellen haben. Als nächstes wird der Subtrahend invertiert, d.h. aus 0 wird 1 und umgekehrt (1er-Komplement). Das Komplement des Subtrahenden wird, zusammen mit der 1 (2er-Komplement), zum Minuenden hinzuaddiert, woraus sich dann das richtige Resultat ergibt. Wollen wir z.B. die Zahlen 243 und 89 addieren, so entspricht das binär: 243 = 11110011 und 89 = 1011001. Wir fügen der 89 links eine Null hinzu und erhalten 01011001. Invertiert ergibt dies: 10100110, was nun addiert wird; die Rechnung wird folgendermaßen dargestellt:

```
  1 1 1 1 0 0 1 1
 +1 0 1 0 0 1 1 0
 ----------------
  1 0 0 1 1 0 0 1
 +              1
 ----------------
  1 0 0 1 1 0 1 0  = 154
```

Auf gleiche Weise funktionieren im binären Zahlensystem die Multiplikation und Division. Die Operationen selbst sind viel einfacher und werden nur beim Rechnen mit vielstelligen Zahlen etwas unhandlicher. Doch gerade dies bereitet einem Computer keinerlei Schwierigkeiten, da er

9 *Die Anwendung des Blackbox-Schemas auf Computerschaltkreise zeigt, welcher Ausgang S für bestimmte Eingänge A, B usw. zu erwarten ist.*

10 *Die Tabelle der Entsprechungen zwischen den Zahlen 0–9 des Dezimal- bzw. Dualsystems zeigt, daß für die binäre Darstellung der Dezimalzahlen maximal vier Binärstellen benötigt werden.*

11 *Für die Umrechnung binärer Zahlen in die dezimale Darstellung empfiehlt sich eine Tabelle der Zweierpotenzen. Hier sind die ersten 10 Potenzen aufgeführt.*

weder Müdigkeit noch Erschöpfung kennt und das Rechnen hier auf das mechanische Ausführen von Operationen reduziert ist.
Für die Multiplikation benötigt man nur die sehr einfache Multiplikationstabelle mit den Regeln $1 \times 1 = 1$ und $1 \times 0 = 0$. Will man z. B. die Zahlen 89 (1011001) und 41 (101001) miteinander multiplizieren, so stellen wir die gewohnte Rechnung auf und multiplizieren wie gehabt. Das Ergebnis ist wie folgt:

12

Eingabe A	Eingabe B	Ausgabe (S) OR	AND	NOR
0	0	0	0	1
0	1	1	0	0
1	0	1	0	0
1	1	1	1	0

```
1 0 1 1 0 0 1 x 1 0 1 0 0 1
-----------------------------
        1 0 1 1 0 0 1
          0 0 0 0 0 0 0
            1 0 1 1 0 0 1
              0 0 0 0 0 0 0
                0 0 0 0 0 0 0
                  1 0 1 1 0 0 1
-----------------------------
        1 1 1 0 0 1 0 0 0 0 0 1

= 3649
```

Die Division baut auf der Subtraktion auf. Hier braucht man nicht umständlich zu prüfen, ob eine Zahl sich durch eine andere teilen läßt. Es gibt nur zwei Möglichkeiten, entweder dies ist der Fall oder nicht. Will man z. B. 39 (100111) durch 13 (1101) teilen, stellt man folgende Gleichung auf:

```
 1 0 0 1 1 1 : 1 1 0 1 = 1 1
+1 0 0 1 0
-----------------------------
 0 0 1 0 1
+        1
-----------------------------
   0 1 1 0 1
  +1 0 0 1 0
-----------------------------
   1 1 1 1 1
  +        1
-----------------------------
   0 0 0 0 0
```

13

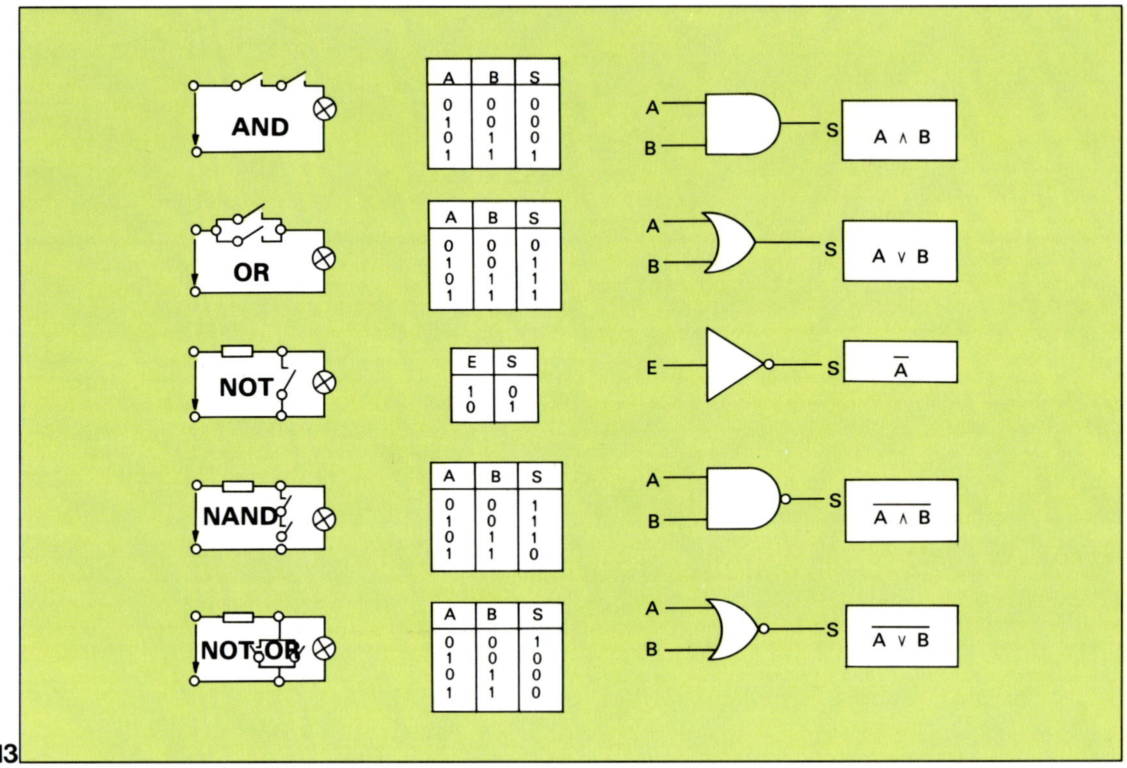

Logische Gatter
Die Datenverarbeitung stützt sich also auf die Gesetze der mathematischen Logik. Um die oben beschriebenen Rechenoperationen mit Computern ausführen zu können, hat man diese mit sogenannten **logischen Gattern** ausgerüstet. Dies sind Schaltungen, die anstelle der oben erwähnten Black box eine bestimmte logische Beziehung zwischen den Eingangs- und Ausgangssignalen aufstellen.
Logische Gatter bestehen aus elektrischen Elementen verschiedener Art, die untereinander verknüpft sind und die Signale weitertransportieren. Der Signalpegel entspricht dabei der Spannung bzw. dem elektrischen Strom, der durch die Schaltung fließt. Die Elemente, aus denen sich logische Gatter zusammensetzen, sind Dioden, Widerstände, Transistoren usw. Wir wollen hier nicht näher erklären, wie die Verbindungen zwischen den genannten Elementen für ein bestimmtes Eingangssignal ein entsprechendes Ausgangssignal erzeugen (dargestellt durch spezielle Zeichen, die für jedes der Signale auf die Wahrheitstabellen Bezug nehmen). Wir wollen lediglich zeigen, inwiefern die verschiedenen elektronischen Elemente, die in den Computern dieselben Aufgaben erfüllen – im kleinen und mit Hilfe ganz spezieller Techniken –, Schaltkreisen dieses Typs entsprechen. Es muß jedoch betont werden, daß die logischen Gatter einfach bestimmte Schaltkreise ersetzen, die eine bestimmte Funktion gewährleisten und die sowohl mit konventionellen elektrischen Mitteln als auch mit der hochentwickelten Integrationstechnik verwirklicht werden. Wichtig ist dabei nur die Funktion, die sie erfüllen, nämlich die Übertragung und Verarbeitung von Information.

Arten von Signalen
Es gibt zwei Arten von elektronischen Signalen: **analoge** und **digitale**. In der Vergangenheit wurden Signale immer analog verarbeitet. Diese Methode wird z. B. angewendet für die Übertragung akustischer Signale beim Telefon. Die von der Stimme des Menschen erzeugten akustischen Signale werden in analoge Signale mit den entsprechenden Frequenzen und Spannungen umgewandelt (z. B. mittels eines Mikrofons). Die so erhaltenen

12 *Das Schema enthält die Wahrheitstabellen der verschiedenen logischen Gatter.*

13 *Hier sind die Schaltkreise, Wahrheitstabellen, Symbole und Gleichungen für die Grundoperationen in der Booleschen Algebra aufgeführt. Die englischen Bezeichnungen für die einzelnen Funktionen sind: AND (Konjunktion, „UND“), OR („ODER“), NOT („NICHT“) sowie ihre Kombinationen NAND (NOT-AND) und NOR (NOT-OR).*

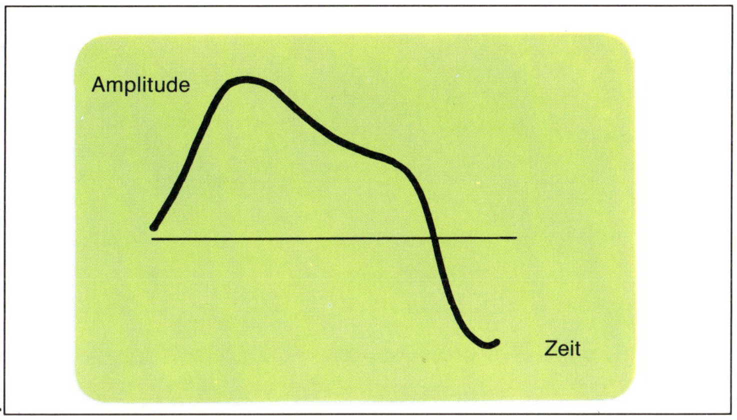

14

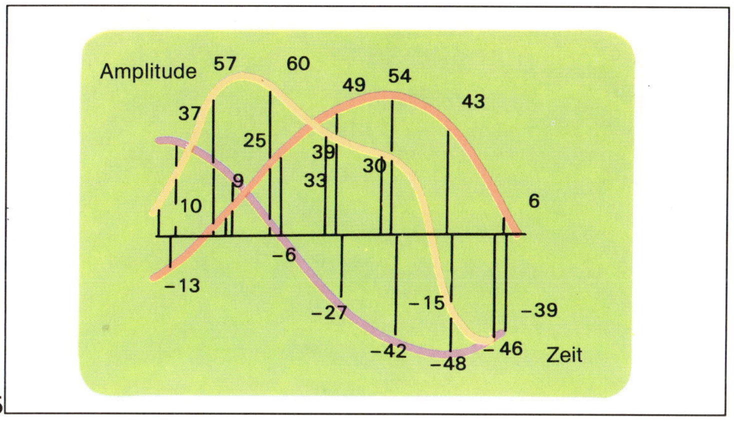

15

16

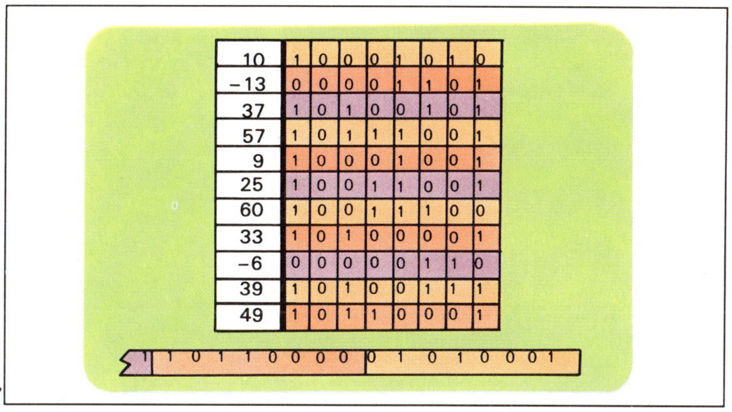

17

analogen Signale werden über die Telefonkabel zu einem System weitergeleitet, das sie wieder entschlüsselt, d. h. aus den analogen Signalen wieder hörbare Töne erzeugt (dies geschieht beim Telefon in der Hörmuschel).

Eine andere Methode wird angewendet bei der Umwandlung der vom Mikrofon aufgenommenen Stimme in digitale Signale. Hierzu bestimmt man in sehr kleinen Abständen den Druck, der dem Schall entspricht, und nimmt die entsprechenden Werte in binärer Form auf. Auch wenn man auf diese Weise kein stetiges Signal erhält, so hat man doch eine Reihe von einzelnen Werten, die es ermöglichen, das Signal mit hoher Klangtreue zu rekonstruieren, in Abhängigkeit von den verwendeten Aufnahmeabständen. Die auf diese Weise erzeugten Daten werden für die Übertragung über die verschiedenen Kanäle verwendet. Das Übertragen, Verarbeiten und Speichern der digitalen Daten ist aus elektronischer Sicht sehr viel vorteilhafter und einfacher. Ihnen entsprechen nämlich die im binären System verwendeten Werte 0 und 1, für die die Rechenoperationen sowohl mathematisch als auch mechanisch oder elektronisch sehr einfach zu verwirklichen sind. Die übermittelten Daten gelangen, zusammen mit den notwendigen Synchronisationssignalen, zu einem Empfänger. Dort werden sie wieder entschlüsselt und in das ursprüngliche, stetige Signal umgewandelt. Eine solche Art der Datenverarbeitung hat entscheidende Vorteile in bezug auf Rekonstruktion, Überlagerung oder andere Verarbeitungsarten, die zur Entwicklung einer Reihe von „digitalen" Techniken in der Signalverarbeitung führten.

Zeichendarstellung

Für die Darstellung einer dezimalen Ziffer werden, wie wir bereits wissen, bis zu 4 binäre Ziffern, genannt Bits, benötigt. Ein Bit ist die kleinste Informationseinheit, d.h. sie entspricht einer binären Ziffer (0 oder 1), einem Zustand im Schaltkreis (geöffnet oder geschlossen) oder einer Stelle in einem Lochband (an der entweder ein Loch ist oder nicht). Der Begriff Bit setzt sich zusammen aus dem englischen **binary digit** für Binärziffer.

Die Buchstaben des Alphabets sowie die Sonderzeichen der Schreibmaschine (z. B. $, &, %) können ebenfalls durch binäre Zahlen dargestellt werden. Eine Zeichenfolge aus 8 Bits wird **Byte** genannt, eine Wortbildung aus dem englischen **binary term** (binärer Ausdruck). Weiterhin wird jedem Byte zu internen Prüfzwecken ein sogenanntes **Prüfbit** hinzugefügt. Wird dieses zu allen 1-Bits eines Bytes addiert, ergibt sich stets eine ungerade Zahl. Ein Byte ist wiederum die kleinste Informationseinheit des Ar-

14 *Analoge Signale, hier durch eine stetige Funktion dargestellt, zeigen exakt alle Veränderungen der Signalparameter. Für Computer sind sie jedoch nicht verständlich.*

15 *Bei der Umwandlung analoger in digitale Signale werden die analogen Werte in regelmäßigen Intervallen gemessen und ins Dualsystem übersetzt.*

16 *Die Digitalisierung von Signalen ist heute weit verbreitet, vor allem in den Bereichen, wo eine zuverlässige Informationsübertragung und -wiedergabe erwünscht ist, z.B. bei Musikaufnahmen auf Compact Disks, die eine einwandfreie Klangtreue gewährleisten.*

17 *Die binären Zahlenfolgen entsprechen den Werten der Funktion für ein bestimmtes Zeitintervall. Diese Folgen können leicht übertragen und vom Computer aufgenommen werden, der sie mit einem entsprechenden Programm bearbeiten kann.*

beitsspeichers, der eine Adresse zugeordnet werden kann. Sie ist jedoch nicht die kleinste verarbeitbare Einheit. Aus diesem Grund müssen alle Register und die Längen aller zu verarbeitenden Anweisungen Vielfache dieser Einheit sein. Wie wir bereits wissen, setzt die Verarbeitung und Speicherung von Daten durch den Computer voraus, daß die Information durch bestimmte binär verschlüsselte Werte dargestellt wird. Die meisten wissenschaftlich genutzten Rechner stellen die positiven und negativen Zahlen etwas anders als im binären Zahlensystem dar. Ganze Zahlen werden neben der herkömmlichen Darstellung mit festem Komma noch mit einem sogenannten **Gleitpunkt** dargestellt.

18
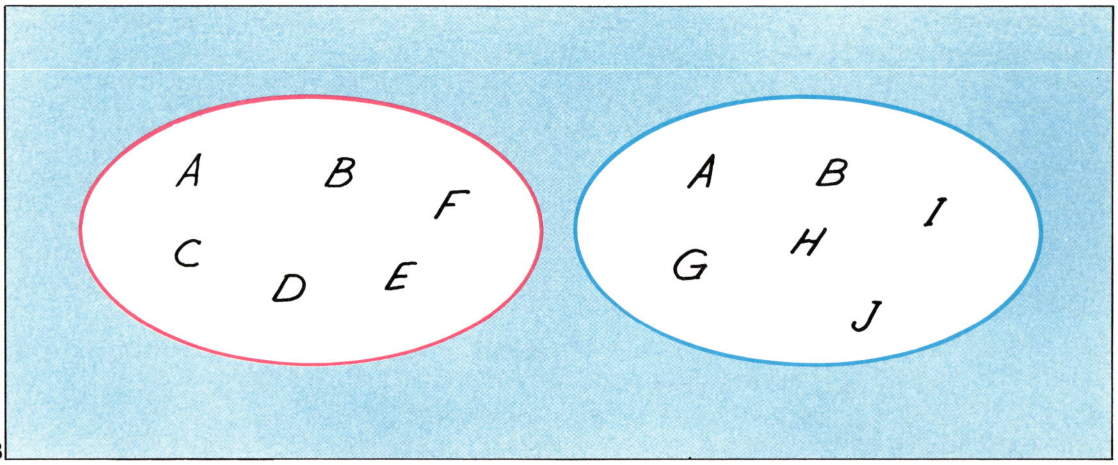

19
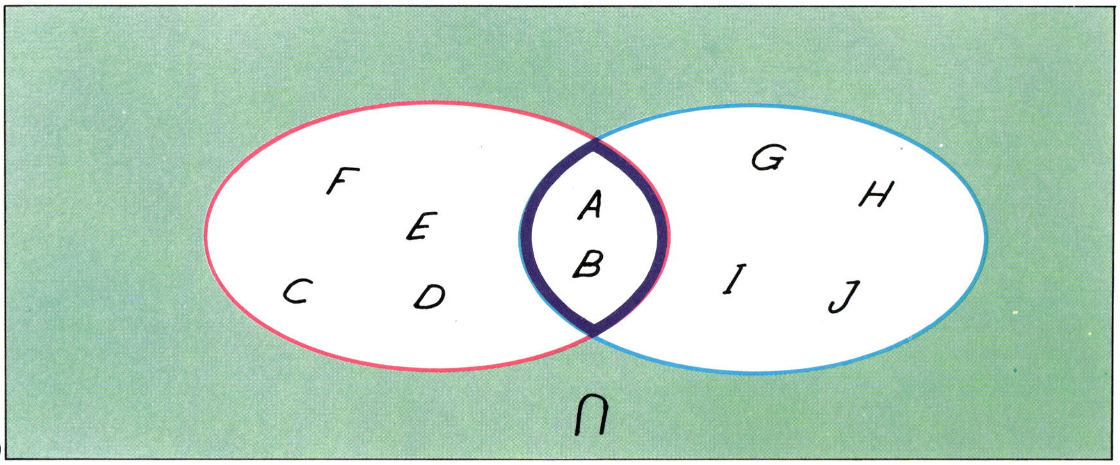

Für Rechner, die ausschließlich im kommerziellen Bereich eingesetzt werden, ist es wünschenswert, dezimale Zahlen darzustellen und mit ihnen rechnen zu können. Hierfür verwendet man die sogenannte **binär kodierte Dezimaldarstellung,** auch **BCD** genannt (binary-coded decimal). Jedes beliebige, positive oder negative, ganzzahlige Intervall kann dargestellt werden in der Form von Ketten von Werten mit je vier Bits. Das Vorzeichen selbst und seine Position werden durch einen entsprechend verschlüsselten Wert (Code) angegeben. Nun besteht sowohl bei der Speicherung und Bearbeitung von Texten als auch bei der Datenein- und -ausgabe und Verarbeitung von Daten in den höheren Programmiersprachen die Notwendigkeit, alle möglichen Zeichen darzustellen, angefangen von den Zeichen des Alphabets der natürlichen Sprachen bis hin zu den verschiedensten Symbolen, Satzzeichen und Steuerzeichen. Dies geschieht – neben den Zahlen – mit verschiedenen Codes. Die beiden verwendeten Standardcodes sind zum einen der Code des American Standards Committee on Information Interchange **(ASCII)** und der Extended Binary Coded Decimal Interchange Code **(EBCDIC).** Die Standardversion des ASCII-Codes besteht aus sieben Bits, während es beim EBCDIC-Code acht Bits sind. Eine ganze Reihe von Anwendungen ziehen jedoch acht Bits vor, weshalb der ASCII-Zeichensatz auf verschiedene Weise auf 8 Bits erweitert wird: Entweder wird der 0 immer das höherwertigere Bit zugeordnet, oder eines der Bits wird als Prüfbit des verschlüsselten Zeichens verwendet. Beide Codes sind aufgrund ihrer Eigenschaften für die oben erwähnten Zwecke geeignet. Bei beiden entsprechen die vier niederwertigen Bits des Dezimalcodes den binären Werten der Ziffern 0 – 9 des Dezimalsystems. Dies hat entscheidende Vorteile, da auf diese Weise Zeichen verglichen werden können, die Dezimalziffern darstellen. Dazu verwendet man dieselben logischen Schaltkreise wie bei den arithmetischen Grundoperationen für binäre Zahlen. Diese Vergleichsmöglichkeit ist äußerst nützlich, z. B. wenn eine Kette von Dezimalzahlen in aufsteigender oder absteigender Reihenfolge sortiert werden soll. Ebenso kann somit Information „gepackt“ werden, indem 3 oder 4 Bits auf der linken Seite unterdrückt werden, was eine erhebliche Einsparung von Speicherplatz bedeutet.

Codesicherung

Um bei der Übertragung einen Code vor Fehlern zu sichern, ist Redundanz erforderlich. Diese Tatsache darf aber nicht zu der umgekehrten Folgerung führen, daß bei ausreichend hoher Redundanz die Sicherheit bzw. der Schutz vor Fehlern hinreichend gewährleistet ist. Erst wenn sich die einzelnen Codewörter in möglichst vielen Stellen unterscheiden, ist ausreichender Schutz vor Übertragungsfehlern gegeben.

Die Zahl der Stellen, an denen sich zwei Wörter gleicher Länge unterscheiden, bezeichnet man als Hamming-Abstand oder **Hamming-Distanz.** Mit der Hamming-Distanz D eines ganzen Codes wird der minimale Abstand zwischen allen Wörtern des Codes untereinander bezeichnet. Wie sich zeigt, ist ein Code nur dann sinnvoll, wenn seine Hamming-Distanz mindestens 1 ist. Ist D = 1, so besagt dies, daß es mindestens zwei Wörter gibt, die sich nur in einem einzigen Bit unterscheiden. Durch einen einfachen Fehler, der innerhalb eines Wortes nur ein einziges Bit stört, kann dieses Codewort in das andere gültige Codewort überführt werden, ohne daß der Fehler bemerkt wird. Die Hamming-Distanz 1 gewährleistet also noch keine Erkennung von Fehlern. Der 8-4-2-1-Code ist bspw. ein Code mit D = 1. Erst die Hamming-Distanz ab 2 garantiert, daß ein Fehler erkannt und der Code entsprechend gesichert werden kann.

18 *Das Schaubild zeigt sogenannte Venn- oder Eulersche Diagramme, das heißt Mengen, die als eingegrenzte Flächen dargestellt sind und deren Elemente sich im Innern der Begrenzung befinden.*

19 *Die Überschneidung von Mengen („∩“) wird wie hier graphisch mit einem Venndiagramm dargestellt, in dem die Schnittmenge A ∩ B die Elemente {a,b} enthält.*

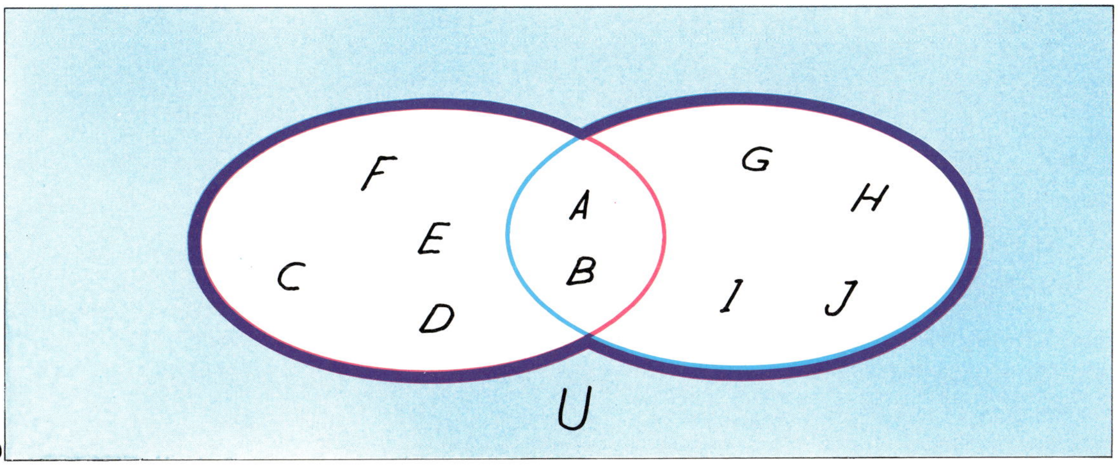

20

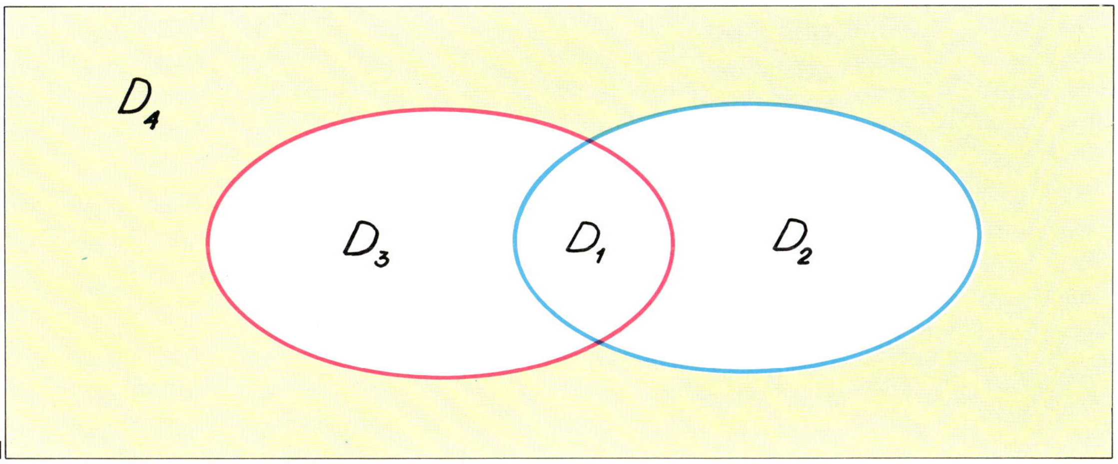

21

22

20 *Die Vereinigung von Mengen („∪") wird graphisch mit einem Venndiagramm dargestellt, in dem die Vereinigungsmenge A∪B die Elemente {a, b, c, d, e, f, g, h, i, j} enthält.*

21 *Nimmt man z.B. von der Gesamtmenge zwei Teilmengen A und B und markiert die Komplemente jeweils mit einem „—", ergeben sich folgende Beziehungen:*

$D_1 = A \cap \underline{B}$

$D_2 = \underline{A} \cap B$

$D_3 = \underline{A} \cap \underline{B}$

$D_4 = A \cap B$

22 *Die Boolesche Algebra ist das mathematische Modell zur Beschreibung der Schaltungen in Schaltkreisen wie z.B. im Stromversorgungsnetz, Telefonnetz, bei den elektronischen Schaltkreisen der Informatik usw.*

Elektronik und Mikroelektronik

In der Einführung haben wir gesehen, wie die elektronischen Bauteile das Wesen der Computer in den unterschiedlichen Generationen in physikalischer Hinsicht verändert haben. Zugleich war es durch einen der Bereiche der Elektronik, die Mikroelektronik, möglich geworden, elektronische Bauteile mit Hilfe von elektrischen Geräten und Transistoren zu entwerfen und herzustellen. Die Mikroelektronik hat außerdem die Entwicklung der Hochintegrationstechnik vorangetrieben und somit den Platzbedarf des physikalischen Systems reduziert. Nicht zuletzt verdanken wir ihr die Entwicklung des Chips, auf dem sich integrierte Schaltkreise für spezielle Anwendungen befinden.

Elektronik

Die Elektronik ist der Zweig der Naturwissenschaften, der sich mit den Vorgängen in geladenen Teilchen und ihrer Bewegung im Vakuum, in Gasen oder festen Stoffen befaßt. Das Gebiet der Elektronik umfaßt sowohl den Entwurf und die Herstellung von elektronischen Bauteilen als auch die Entwicklung der Schaltungen für elektronische Geräte und Anlagen. In der Praxis gibt es zwei Bereiche der Elektronik, die **Starkstromelektronik** und die **Datenelektronik.** Die erstere verwendet Halbleiter für hohe Spannungen und für Stromstärken wie z. B. bei Gleichrichtern. Sie ist für den Energietransport zuständig, während die Datenelektronik Daten transportiert. Ihr gilt daher unser besonderes Interesse. Die Datenelektronik ist entweder analog oder digital.

Im ersten Fall können Strom und Spannung jeden beliebigen Wert innerhalb eines Wertebereichs annehmen, während der digitalen Datenelektronik das binäre System zugrunde liegt. Es gibt nur zwei mögliche Werte. Die digitale Datenelektronik ist die Grundlage der logischen Schaltkreise und der physikalischen Systeme zur Informations- und Datenverarbeitung. Geräte, die die Daten der primären Energiequelle (Schall, Licht, usw.) in elektrischen Strom umwandeln, erzeugen sogenannte **elektrische Signale.** Beim Mikrofon z. B. entsteht aus Schallsignalen elektrischer Strom (analoge Signale), den man dann weiterleitet. Andere Geräte dagegen dienen der Umwandlung von Ausgangsinformation in Impulse (digitale Signale), so bspw. die Geräte zur Dateneingabe bei Computern. Im ersten Fall ändert sich die Spannung des Signals stetig. So wird jede Veränderung der Energiequelle widergespiegelt, also eine Kopie des Originals erzeugt. Digitale Signale hingegen sind nicht stetig, sondern sie beruhen auf zwei unterschiedlichen Spannungsniveaus. Bei der digitalen Aufnahme wird daher die Amplitude, z. B. der Schallwelle, viele Male pro Sekunde gemessen und jeder gemessene Wert im Binärcode in ein Register geschrieben. Bei der Wiedergabe kehrt sich

1 *Die Bauteile eines integrierten Schaltkreises können zwar vom Menschen per Hand montiert werden. Man verwendet heute jedoch speziell dafür entwickelte automatische Geräte.*

1

dann dieser Vorgang um, und die binär verschlüsselten Signale werden in analoge Signale umgewandelt und von einem Gerät zur Schallerzeugung gedeutet. Bei den Computern werden Signale etwas anders behandelt. Hier wird der Binärcode (die beiden Spannungsniveaus) zur Darstellung der Buchstaben, Zahlen und Symbole verwendet, mit denen die Daten eingegeben und die Befehle an den Computer weitergegeben werden.

Die elektronische Verarbeitung von elektrischen Signalen geschieht heute auf zwei verschiedene Weisen: mit Hilfe von **Halbleitern** (wie z.B. Transistoren) oder aber durch Umwandlung in Strahlen aus **geladenen Teilchen,** wie etwa bei der Erzeugung des Fernsehbildes. Halbleiter sind Stoffe (Silizium oder Germanium) mit einem elektrischen Widerstand zwischen dem von **Leitern** und Nichtleitern **(Isolatoren).** Der Stromfluß kommt durch die Bewegung freier Elektronen von Atom zu Atom zustande. In die Halbleiterkristalle werden zur Veränderung oder Verbesserung ihrer Leiteigenschaften Fremdatome eingebettet. Halbleiter, die freie Elektronen von den Fremdatomen bekommen, heißen **n-leitende** Halbleiter (negativ). Sind in einen Halbleiter Fremdatome eingebettet, die ihm freie Elektronen entziehen und sogenannte Defektelektronen oder „Löcher" zur Folge haben, so heißt dieser **p-leitender** Halbleiter. Die Verbindung von p- und n-leitenden Halbleitern ergibt eine **p-n-Diode.** Diese verhält sich beim Durchfließen des Stroms wie ein Gleichrichter und wird daher zur Gewinnung von Gleichstrom aus dem Wechselstrom im Stromnetz eingesetzt.

Bauelemente aus Halbleiterdioden, die wie Verstärker wirken, heißen **Transistoren.** Hier unterscheidet man **Flächentransistoren** und **Feldeffekttransistoren** (FET). Die ersten dienen im wesentlichen als Stromverstärker. Feldeffekttransistoren arbeiten im Vergleich zu den Flächentransistoren viel störungsfreier und rauschärmer und sind daher weiter verbreitet.

Bei der zweiten Methode werden geladene Teilchen in einer Vakuumröhre von der Kathode zu Strahlen gebündelt und zur Anode hin beschleunigt. Mit dieser Technik werden unter anderem die Bilder auf den Bildschirmen erzeugt (die ja Kathodenstrahlröhren sind). In diesen Röhren werden die Strahlen durch elektrische und magnetische Felder abgelenkt, die von einer Deflektorspule erzeugt werden. Die Teilchen füllen so den gesamten Bildschirm für Bruchteile von Sekunden und erzeugen dabei jedesmal ein unterschiedliches Bild. Dadurch ergibt sich eine extrem schnelle Abfolge von Bildern, die für das menschliche Auge den Eindruck von Bewegung erweckt. Farbbilder kommen auf ähnliche Weise zustande, nur werden die Teilchen hier von drei Elektronenkanonen gegen den Bildschirm geschossen. Die Teilchen selbst sind nicht farbig, sie aktivieren lediglich lumiszierende (leuchtende) Stoffe der entsprechenden Farbe auf dem Bildschirm. Dabei wird für jede der drei Farben ein Bild erzeugt, und so entsteht ein Farbeindruck.

Wie wir bereits wissen, beruht die Funktionsweise von Computern auf Schaltkreisen, die verschiedene Bauteile – wie z.B. Widerstände, Transistoren (npn oder pnp), Dioden usw. – beinhalten und mit denen sich die gewünschten Ziele durch die Signale 0 oder 1 erreichen lassen. Wollen wir jedoch genauere Kenntnis von den Vorgängen in den Schaltkreisen gewinnen, müssen wir die Vorgänge in den Bauteilen untersuchen. Außerdem müssen wir die Techniken zu deren Herstellung kennen,

2 *Integrierte Schaltkreise, seit 1960 serienmäßig hergestellt, ermöglichten eine drastische Erhöhung der Integrationsdichte der Bauteile eines Schaltkreises.*

2 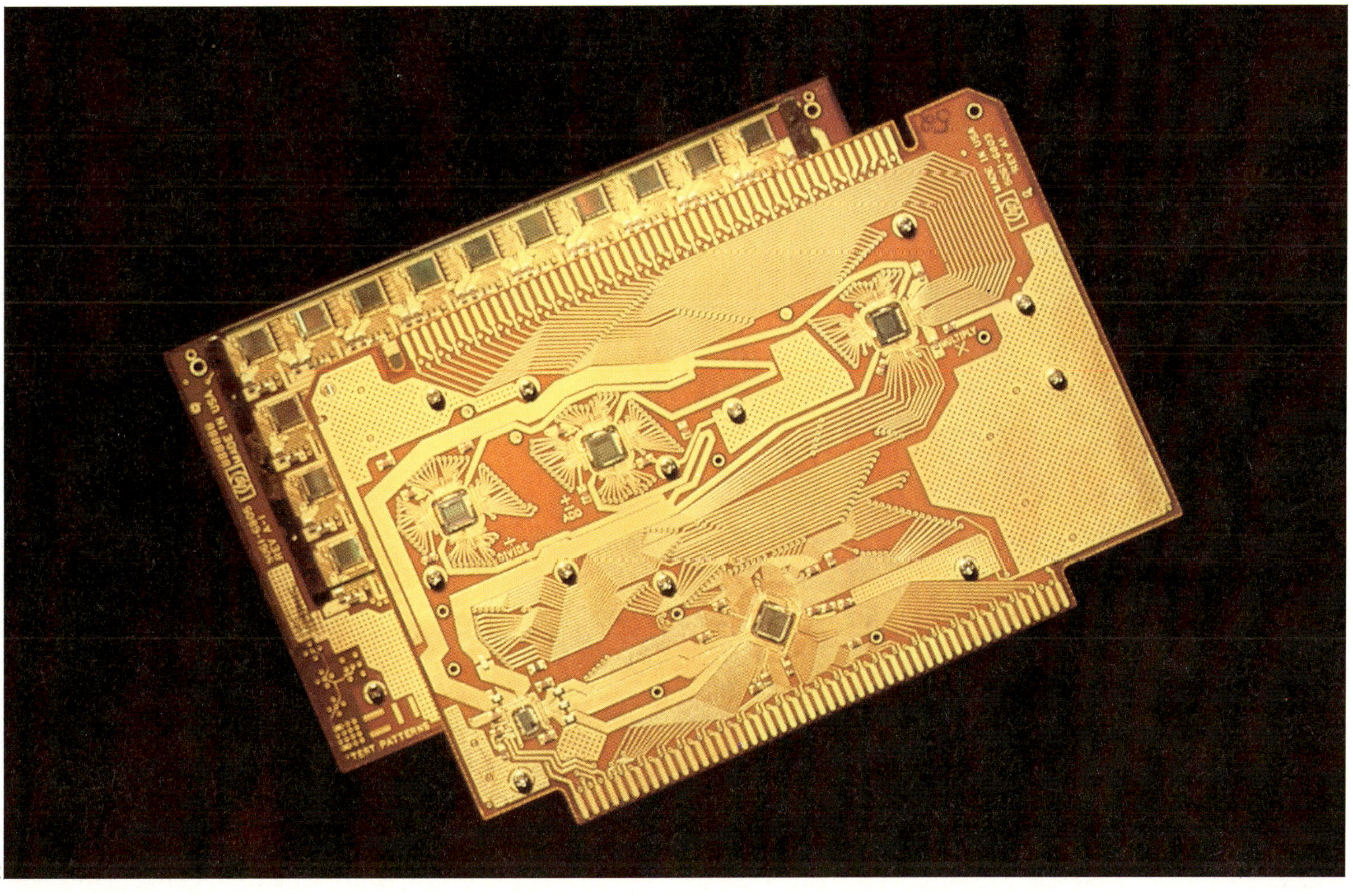

dank derer wir in kürzester Zeit von den riesigen, aus Elektronenröhren bestehenden Rechnern zu den extrem leistungsstarken und zugleich kleinen Rechnern von heute gelangt sind.

Halbleiter

Halbleiter sind Materialien, deren Widerstand Werte zwischen dem von elektrischen Leitern und von Isolatoren annimmt. Ihre Leitfähigkeit erhöht sich mit der Temperatur, durch den Einfluß eines elektrischen oder magnetischen Feldes oder durch das Vorhandensein von kristallinen Fremdatomen in ihrem Innern. Das Modell, das die Vorgänge in Halbleitern beschreibt, heißt **Energiebändermodell.** Danach sind Halbleiter vierwertige Kristalle (aus Germanium oder Silizium), deren Wertigkeits- oder Valenzbänder durch eine kleine Energielücke mit einer Energie von weniger als 1,3 Elektronenvolt getrennt sind. Bei niedrigen Temperaturen füllen die Elektronen das Valenzband voll auf, während das Leitungsband keine freien Elektronen enthält. So kann kein elektrischer Strom fließen, und eine Isolationswirkung tritt ein. Steigt die Temperatur, steigt damit auch die Energie der Elektronen des Valenzbandes, und einige von ihnen wandern zum Leitungsband. Unterwirft man den Halbleiter einem elektrischen Feld, so werden die Elektronen auf dem Leitungsband zum Feld hin beschleunigt. Die Energiezunahme der Elektronen bewirkt, daß diese in eine höhere Ebene des Leitungsbandes aufsteigen. Die Folge ist eine Ladungsverschiebung, die elektrischem Strom entspricht. Die Elektronen, die auf das Leitungsband wandern, hinterlassen dabei auf dem Valenzband Löcher, die dann von den restlichen Elektronen des Bandes besetzt werden. Dies ergibt einen globalen Effekt, der durch die Verschiebung der Löcher (also der Bewegung der positiven Ladung) zustande kommt. Der beschriebene Vorgang entspricht dem eines **Eigenhalbleiters,** das heißt eines Halbleiters aus einem hochreinen Kristall. In der Praxis werden Halbleiter dotiert, d.h. dem Kristallgitter werden Fremdatome zugesetzt, um daraus Störstellenhalbleiter zu gewinnen. Diese können sowohl n- oder p-leitend sein. Ein Halbleiter ist n-leitend, wenn er mit Geberatomen (Donatoren) dotiert ist, also ein Überschuß somit an freien Elektronen entsteht. Majoritätsladungsträger (Mehrheitsladungsträger) sind die Elektronen und Minoritätsladungsträger (Minderheitsladungsträger) sind die Löcher. Wird er hingegen mit Nehmeratomen (Akzeptoren) dotiert, so erhält man einen p-leitenden Halbleiter. Hier sind die Majoritätsladungsträger Löcher und die Minoritätsladungsträger Elektronen. Mit entsprechenden Verbindungen aus n- und p-leitenden Halbleitern lassen sich elektronische Bauelemente wie Transistoren herstellen.

3

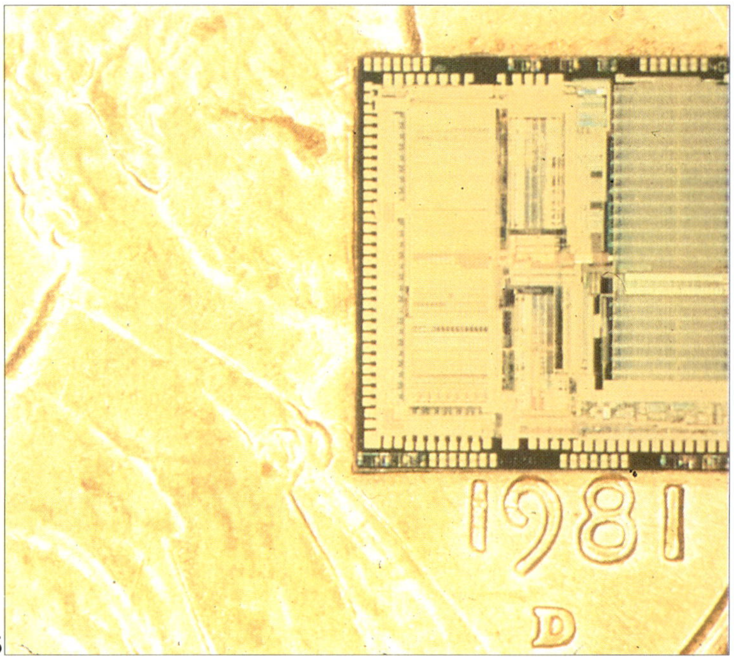

5

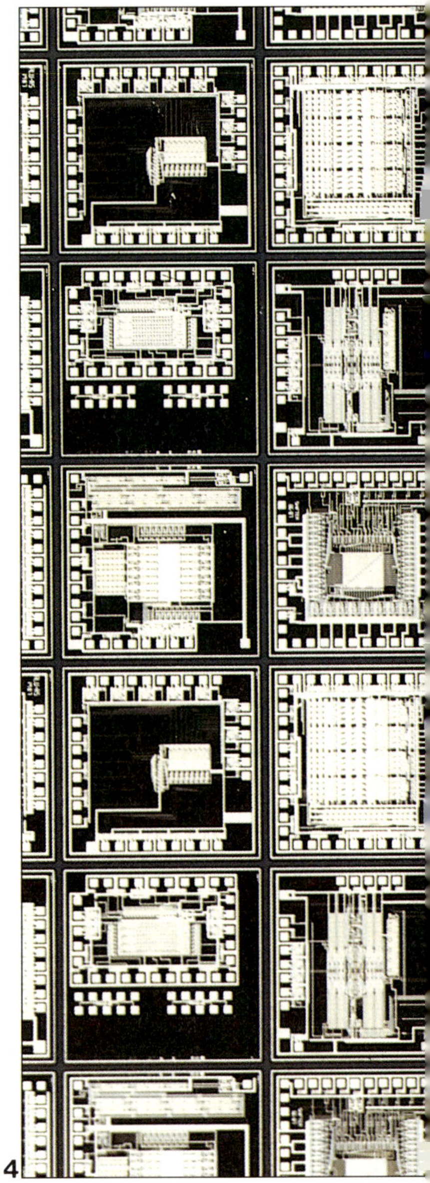

4

Transistoren

Transistoren sind demnach elektronische Halbleiter-Bauelemente auf einem Träger aus Halbleitermaterial, das die verschiedenen Leiteigenschaften der von seinen Elektroden aufgebauten Zonenfolge nutzt. Das Wort Transistor setzt sich aus dem englischen Transfer (Übertragung) und Resistor (Widerstand) zusammen. Der **erste Transistor,** genannt Spitzentransistor, wurde 1948 von den amerikanischen Physikern **John Bardeen** (1908) und **Walter Houser Brattain** (1902) gebaut. Er wurde später weiterentwickelt bis zu seiner heutigen Form (1951) durch den englischstämmigen Amerikaner **William Bradford Shockley** (1910). Diese drei Wissenschaftler erhielten im Jahr 1956 zusammen den Nobelpreis für Physik für ihre Arbeiten in diesem Bereich.
Transistoren spielten eine entscheidende Rolle bei der Ent-

3 *In der Röhre, die das Fernsehbild erzeugt, wird ein Eingangssignal entschlüsselt und in ein Ausgangssignal umgewandelt. Dieses Signal steuert die Elektronenkanonen, von denen es für jede Primärfarbe eine gibt (Rot, Blau, Grün).*

4 *Bei den heutigen hochintegrierten Schaltkreisen (VLSI) befinden sich durchschnittlich auf einem Chip 10000 bis 100000 Transistoren.*

5 *Die zunehmende Integrationsdichte der integrierten Schaltkreise bewirkt, daß Rechenanlagen immer kleiner und kompakter werden. Dies ist auch ein wichtiger Faktor für die Wettbewerbsfähigkeit am Markt.*

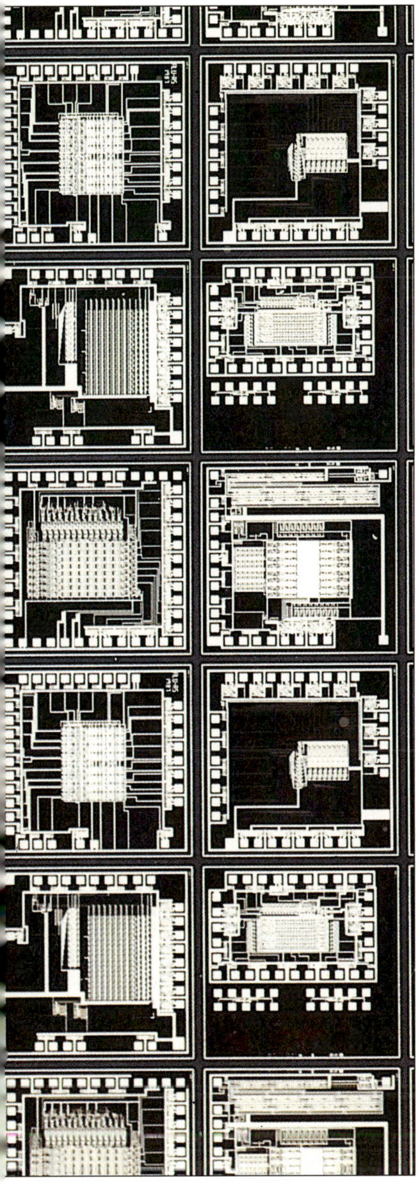

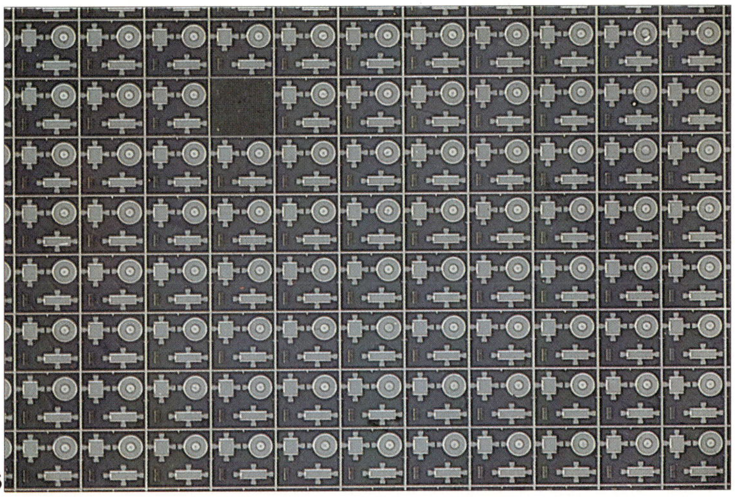

6

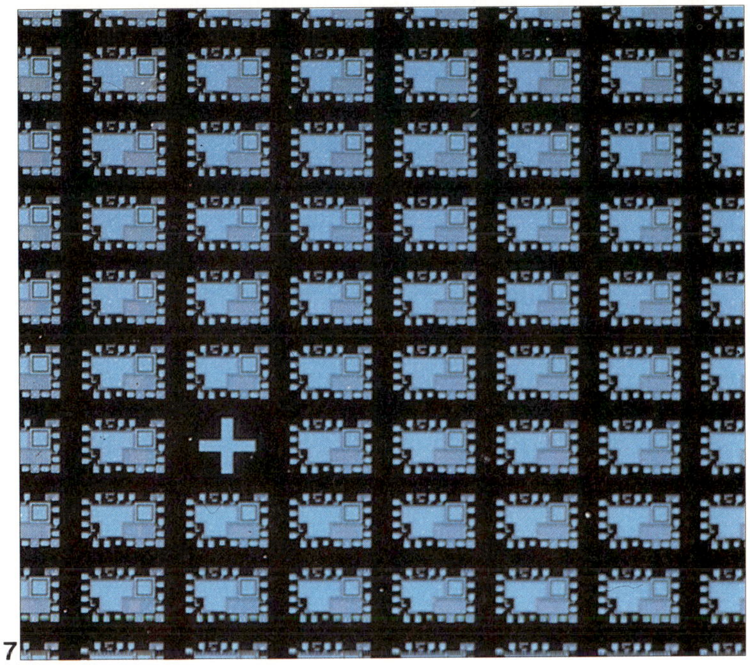

7

wicklung der Mikroelektronik und der fortschreitenden Miniaturisierung der Computer. Transistoren erbringen die gleichen Leistungen wie eine Elektronenröhre, d. h. sie funktionieren als Verstärker, Detektoren, Gleichrichter usw. Im Gegensatz zu diesen bieten sie jedoch entscheidende Vorteile, nämlich einen vernachlässigbar geringen Energieverbrauch, eine hohe Zuverlässigkeit, nahezu keine Heizeffekte, erheblich verkleinerte Abmessungen, sehr geringe Produktionskosten und (bei den Transistoren für spezielle Aufgaben) die Fähigkeit, Hochfrequenz- und Hochspannungsströme mit nahezu gleicher Qualität wie die Elektronenröhren zu steuern.
Der einfachste Transistor ist der **Bipolartransistor.** Er setzt sich zusammen aus drei Schichten, die normalerweise aus Silizium, in speziellen Fällen aber auch aus Germanium oder Gallium-Arsenit bestehen. Mindestens eine dieser Schichten wurde dotiert, damit sich die Leiteigenschaften (überwiegend n- oder p-leitend) von der der benachbarten Schichten unterscheiden. So ergeben sich zwei mögliche Kombinationen: npn und pnp. Die beiden äußeren Schichten heißen **Emitter** bzw. **Kollektor** und entsprechen der Kathode bzw. Anode der Elektronenröhre. Die etwas dünnere, mittlere Schicht heißt Basis und dient in der Elektronenröhre zur Steuerung des Gitters. Die pn-Übergänge aus Basis und Emitter bzw. Basis und Kollektor lassen sich auf geeignete Weise polarisieren, so daß sie als **Verstärker** (ähnlich wie bei der Triode) oder als **Schalter** (besonders in der digitalen Elektronik) arbeiten können.
Damit der Transistor hochfrequenten Strom aufnehmen kann, muß die Dicke der Basis möglichst gering sein. Um dem gerecht zu werden, entstanden Techniken, mit denen nicht nur hochreine Silizium-, Germanium- oder Gallium-Arsenit-Kristalle, sondern auch verschiedene Methoden des Dotierens entwikkelt wurden. Zu nennen sind hier die zuerst angewendete Diffusion (Verschmelzung), die gezielte Dotierung mit Hilfe von Masken, die mit lithographischen Verfahren angelegt werden (Planartechnologie) bis hin zu Methoden zum Beschuß mit Ionen und Neutronen.
Die sogenannten **Unipolartransistoren** bestehen aus einem einzigen pn-Übergang. Am weitesten verbreitet ist der **Feldeffekttransistor** (FET), an dessen Leitungsmechanismus nur eine Art von elektrischen Ladungsträgern beteiligt ist (entweder Elektronen oder Löcher). Er besteht aus einer Schicht mit n-leitendem Halbleitermaterial. Deren Außenseiten heißen Source- oder Drain-Elektrode, und in ihrer Mitte befinden sich zwei Elektroden, die sogenannte Gate-Zone. Das vom Gate erzeugte elektrische Feld verändert die Dichte der verarmten Schicht und verändert auf diese Weise die elektrische Leitfähigkeit zwischen Source- und Drain-Elektrode. Ein Feldeffekttransistor mit nur einer Gate-Elektrode, die durch eine dünne Siliziumoxidschicht vom Material des Halbleitersubstrats isoliert ist, heißt **MOS-Feldeffekttransistor** (engl. Metal-Oxide Semiconductor).

Mikroelektronik
Hier handelt es sich um einen Zweig der Elektronik, der mit einer Reihe von speziellen Verfahren die Bauteile eines elektronischen Geräts und den sie verbindenden Schaltkreis auf möglichst geringen Raum unterzubringen, also zu integrieren versucht. Die Mikroelektronik ist eng mit der raschen Entwicklung der gesamten Digitaltechnik verknüpft. Jene spielt eine entscheidende Rolle im Bereich der Computer, der Telekommunikation usw. und wird in den verschiedensten Bereichen, z. B. der Raumfahrt oder der Industrieautomation, in großem Rahmen eingesetzt.

Integrierte Schaltkreise
Integrierte Schaltkreise ermöglichten Mitte der 60er Jahre die Entstehung der dritten Computergeneration. Dabei sind alle Bauelemente und ihre Verbindungen untereinander auf einem

6 *Bei geringer Integrationsdichte (SSI) befinden sich auf gleicher Oberfläche vergleichsweise wenige integrierte Schaltungen.*

7 *Bei mittlerer Integrationsdichte (MSI) befinden sich 10 bis 500 Bauteile auf einem einzigen Chip.*

Siliziumplättchen angeordnet. Bis dahin mußten die Teile getrennt hergestellt und dann auf einer gedruckten Schaltung miteinander verbunden werden. Seit diesem Zeitpunkt sind Computer und Mikroelektronik ohne einander nicht mehr denkbar. In der Anfangszeit (1965) war das Integrationsniveau der Schaltkreise noch sehr gering. Heute spricht man von Small Scale Integration, abgekürzt **SSI.** Es waren maximal 10 Bauteile integriert, mit denen man auf der Platte eines gedruckten Schaltkreises sogenannte **bistabile Schaltungen** oder **Flipflops** erhielt. Flipflops sind Schaltkreise mit zwei verschiedenen Ausgangszuständen, die ihren Wert nach jedem Wechsel des Eingangssignals ändern.

8

9

10

Durch die Fortschritte in diesem Bereich wurde zunächst die LSI-Technik (Large Scale Integration, zu deutsch Hochintegration) entwickelt. Damit ließen sich bis zu 100000 Bauelemente auf einem Plättchen (Chip) eines integrierten Schaltkreises verbinden, mit denen sogar Teile einer Computer-Zentraleinheit hergestellt werden konnten. Schließlich erreichte man das **VLSI**-Niveau (Very Large Scale Integration, sehr hohe Integration). Hier sind weit über 100000 Bauelemente auf einer Fläche von weniger als 25 mm^2 verbunden. Diese Integrationsdichte ist kennzeichnend für die Computer der vierten Generation.
Die Techniken zur Erhöhung der Integrationsdichte werden weiter verbessert. **Hewlett-Packard** erreichte bereits eine Integrationsdichte von 450000 Transistoren auf einem einzigen Chip der Größe 6,35 × 6,35 mm^2, die noch auf 800000 erhöht werden soll. Solche Fortschritte deuten darauf hin, daß in nicht allzu ferner Zukunft das sogenannte **ULSI**-Niveau erreicht wird (Ultralarge Scale Integration, Ultra-Hochintegration). Als Folge dieser Entwicklung werden die Maschinen sehr viel kleinere Abmessungen haben, und die Computer in neue Bereiche vordringen.

Arten von integrierten Schaltkreisen

Je nach Darstellung der Information unterscheidet man zwei Arten von integrierten Schaltkreisen: **digitale** und **analoge.** Eine wichtige Rolle spielen auch Kombinationen der beiden Typen, wie z. B. der **Digital-Analog-Wandler,** da sie die Umwandlung von analogen in digitale Signale und umgekehrt ermöglichen.

Konstruktion integrierter Schaltkreise

Integrierte Schaltkreise werden mit Systemen zum **rechnergestützten Konstruieren (CAD,** Computer-Aided Design) entwickelt. Dies allein macht es möglich, in einem Schaltkreis mit 100000 Transistoren die benötigten nahezu 10 Mio. Elemente zu integrieren. Man unterscheidet den vorwiegend chemischen Prozeß, den diese Siliziumscheibe auf dem Weg zum integrierten Schaltkreis durchläuft und den Entwurf der geometrischen Anordnung auf den verschiedenen Integrationsebenen, d.h. die Materialschichten (Leit- und Isolationsschichten), aus denen der Schaltkreis und seine Verbindungen bestehen. Die Konstruktion der geometrischen Anordnung ist äußerst wichtig, da sie letztlich die Masken zur Herstellung liefert. Dies geschieht folgendermaßen: Zunächst werden die gewünschten Funktionen in einem sogenannten Pflichtenheft festgehalten. Dann wird ein logischer Schaltkreis mit logischen Gattern oder Gleichungen konstruiert und vollständig in Form eines logischen Schaubilds dargestellt. Aus diesem Schaubild wird als nächstes ein logischer Plan entwickelt, der der verwendeten Technik gerecht wird und möglichst viele genormte logische

8 *Ausgangsmaterial für die Integration der Bauteile ist eine unbehandelte Siliziumscheibe, die verschiedene Verarbeitungsschritte durchläuft.*

9 *Zuerst erhält die Siliziumscheibe in einem Ofen eine Oxidschicht.*

10 *Die fertige Maske und ihre Verbindungen werden auf einem Film mit identischen Verbindungen genauestens überprüft.*

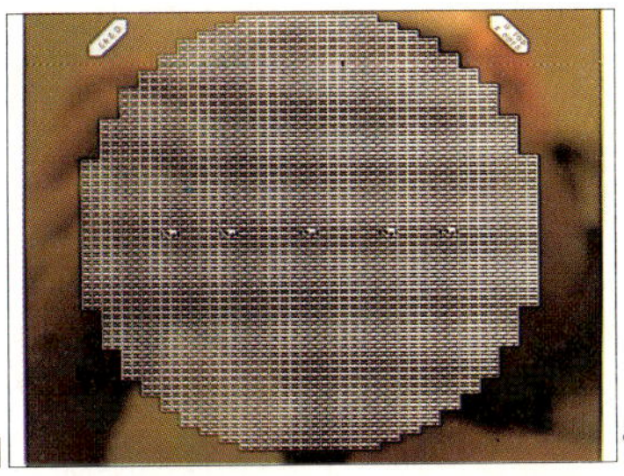
11
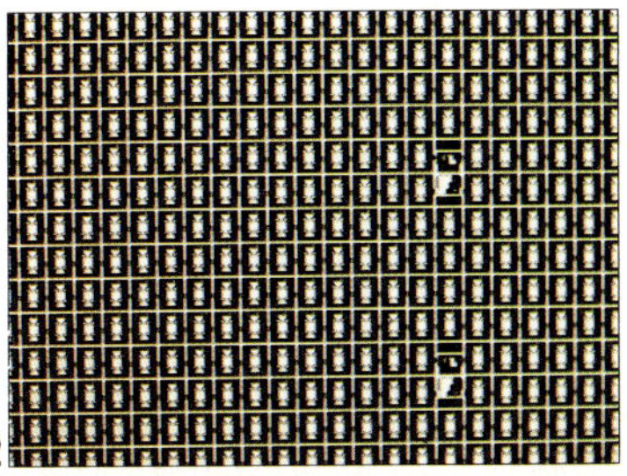
12

13
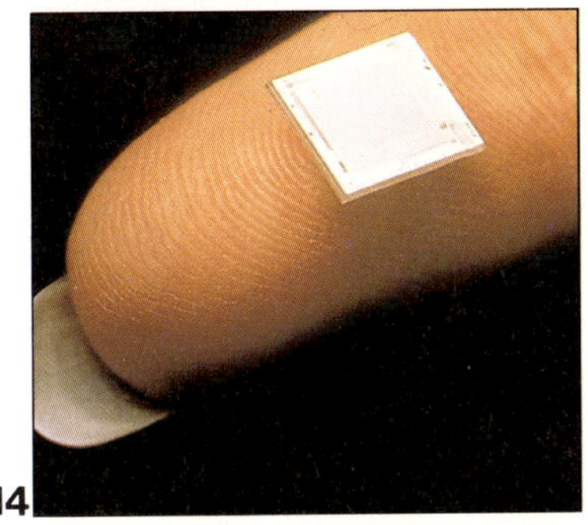
14
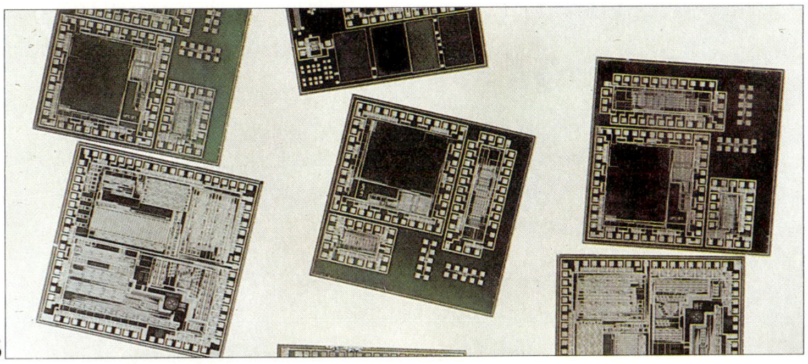
15

16
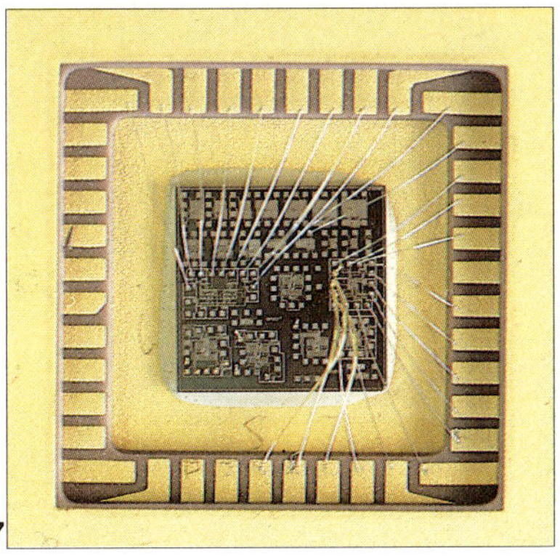
17

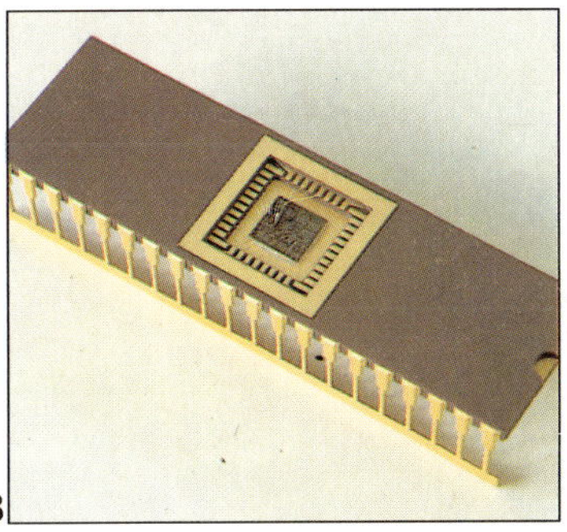
18

Bausteine enthält. In einem allgemeinen Plan werden dann alle Elemente auf möglichst engem Raum angeordnet. Die Funktionstüchtigkeit dieses Plans wird mit speziellen Computerprogrammen durch Simulation getestet. Ist der integrierte Schaltkreis fertig konstruiert, werden auf der Grundlage der im Computer gespeicherten Daten Masken (Fotonegative) angefertigt. Diese übertragen später bei der Herstellung den Plan auf die Siliziumscheiben (oder -plättchen).
Sobald die Konstruktionsphase abgeschlossen und der Prototyp vorhanden ist, wird dieser einem Härte- und Zuverlässigkeitstest unterworfen. Gegenwärtig liegt die Zuverlässigkeit der einzelnen Mikroelektronik-Bauelemente bei 1 Fehler in 1000 Jahren; bei komplexen Systemen aus 100 integrierten Bauelementen bei 1 Fehler in 10 Jahren. Um diese Zuverlässigkeit zu gewährleisten, unterzieht man die Prototypen einer genauen Prüfung. Außerdem werden sie über längere Zeit zentrifugalen Kräften, Temperaturen von 260° C, Temperaturschwankungen zwischen −65° C und +150° C, einer Beschleunigung von 1500mal der Erdanziehung sowie einer heißen Salzlösung ausgesetzt. Weiterhin müssen sie einem Dampfdruck von 2 bar bei Temperaturen von über 100° C widerstehen sowie einen Dauerbetrieb von 2000 Stunden bei einer relativen Luftfeuchtigkeit von 85 % und einer Umgebungstemperatur von bis zu 125° C mit optimaler Leistung überstehen. Besteht ein Prototyp alle diese Härtetests, wird er für die Serienproduktion freigegeben.

Herstellung integrierter Schaltkreise
Hinter der Massenproduktion von integrierten Schaltkreisen steht das Bemühen, die Schaltkreise so klein wie möglich herzustellen und dadurch ihre Geschwindigkeit zu erhöhen und ihren Energieverbrauch herabzusetzen. Bei der Herstellung werden, entsprechend dem zuvor erstellten CAD-Plan, verschiedene Schichten aufeinandergelegt. Für jede Schicht wird eine Maske angefertigt, deren dunkle und helle Stellen mit einem fotolithografischen Prozeß von der Schablone auf das Halbleiterplättchen übertragen werden.
Als Ausgangsmaterial dient eine Siliziumscheibe, die bei 1200° C

11 *Zur Übertragung der Schaltungen auf die Oxidschicht der Siliziumscheibe dient eine Maske mit einem Negativabbild der Schaltungen.*

12 *Mit dem verkleinerten Original wird nun die gesamte Maskenoberfläche bedeckt, wie auf der Detailaufnahme zu sehen ist.*

13 *Daraus resultiert eine Scheibe (a) mit sehr vielen identischen oder unterschiedlichen Schaltkreisen. Aufnahme (b) zeigt ein Detail.*

14 *Nach der Zerteilung der Scheibe erhält man viele kleinste Einheiten. Das Foto veranschaulicht deutlich die Größenverhältnisse.*

15 *In dieser Abbildung ist deutlich zu erkennen, daß jede dieser Einheiten aus einem äußerst komplexen Mikro-Schaltkreis besteht.*

16 *Die Mikroaufnahme der Verbindungen eines Chips zeigt bis ins letzte Detail, wie mit den Techniken der Mikroelektronik die integrierten Schaltkreise hergestellt werden. Man ist bemüht, die Schaltkreise so klein wie möglich herzustellen.*

17 *Die winzigen Chips werden in ein Gehäuse montiert, dessen Pins mit den Anschlüssen der Schaltkreise verbunden werden (a). Dies geschieht mit einem speziellen Mikroskop (b).*

18 *Danach wird der Chip mit dem Gehäuse versiegelt und somit vor Umgebungseinflüssen geschützt.*

19

20

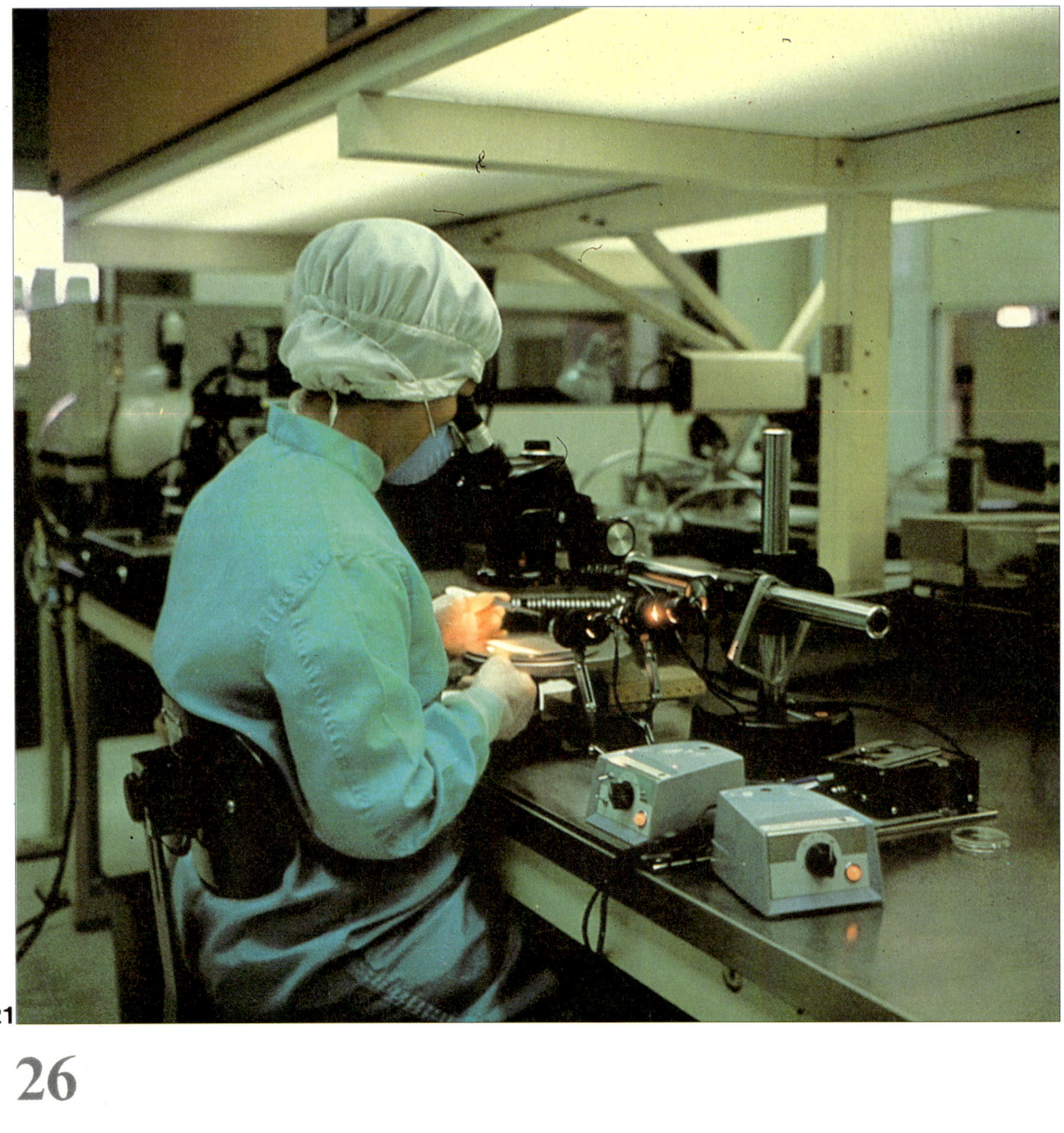

21

und hoher Luftfeuchtigkeit mit einer Oxidschicht bedeckt wird. Auf diese Oxidschicht wird ein Tropfen mit Lösungsmittel verdünntem Fotolack gegeben und die Scheibe in schnelle Drehung versetzt, so daß der Lack sich gleichmäßig über die Siliziumoxidschicht verteilt. Dabei verdampft das Lösungsmittel und hinterläßt nur einen lichtempfindlichen Film. Diese Oberfläche wird danach mit der Maske, die die gewünschten Strukturen

19 *Mit Maschinen aus hochintegrierten Schaltkreisen können immer kompaktere und leistungsfähigere Computer hergestellt werden.*

20 *Um die Reinheit der Produkte zu gewährleisten, finden sämtliche Schritte bei der Chip-Herstellung in keimfreier Atmosphäre in sogenannten Reinsträumen statt.*

21 *Die fertigen Schaltkreise werden einer Reihe von Kontrollverfahren unterzogen, die die Zuverlässigkeit der Bauteile und Schaltungen prüfen.*

des integrierten Schaltkreises enthält, bedeckt und mit ultraviolettem Licht belichtet. Dadurch wird die Lackschicht gegen Entwicklerlösung unempfindlich. Die den Ultraviolettstrahlen ausgesetzten Stellen lassen sich durch chemische Verfahren auswaschen, während die verdeckten Stellen als Schutzfilm gegen das spätere Herausätzen auf der Oxidschicht bleiben. Als nächstes wird die Scheibe in eine Ätzlösung aus Flußsäure getaucht, die die Siliziumoxidschicht an den Stellen auflöst, wo kein schützender Fotolack mehr vorhanden ist. Der Schaltkreis selbst bleibt davon unberührt. Die Fotolackschicht wird schließlich vollständig chemisch entfernt. Die aufgelegte Oxidschablone dient nun als Maske für den nächsten Schritt, die Diffusion. Dabei werden Fremdatome in die Siliziumkristalle an den Stellen eingebracht, wo keine Oxidschicht mehr vorhanden ist. Auf diese Weise entstehen ganz speziell leitende Zonen. Bei Transistoren wird der fotolithografische Prozeß zwei- bis dreimal wiederholt, bei integrierten Schaltkreisen bis zu zehnmal. Nach Beendigung des fotolithografischen Verfahrens wird die Scheibe auf Funktionstüchtigkeit geprüft. Ist sie fehlerfrei, wird die Scheibe in kleinste Einzelschaltungen zerlegt. Diese winzigen integrierten Schaltkreise werden auf einen Träger gelötet, und die Ausgänge der Schaltkreise mit den Ausgängen (Pins) des Trägers verbunden. In einem letzten Schritt vor dem Abschlußtest wird der Träger mit dem integrierten Schaltkreis in einem Gehäuse versiegelt.

Bei siliziumbasierten Schaltungen und im Bereich der entsprechenden Fabrikationstechnologien konzentriert sich die Forschung in Wissenschaft und Industrie ebenso auf neue Elemente und Verbindungen wie auf die Verbesserung siliziumbasierter Schaltungen selbst. Mit der weiter fortschreitenden Schaltungsminiaturisierung entsteht naturgemäß auch eine Vielzahl von Problemen. Auf internationalen Konferenzen werden diese diskutiert, um dann mit Hilfe entsprechender Forschungsprogramme Lösungen für diese Probleme anzubieten.

Zunächst wurde angenommen, daß die Technologie der Siliziumchips in den frühen 90er Jahren ihre Grenzen erreicht haben könnte. Inzwischen aber weiß man, daß die Siliziumtechnologie auch in naher Zukunft die vorherrschende Technologie für Computerkomponenten bleiben

22

wird. Jedenfalls überwiegen nach wie vor Komponentenentwürfe, die auf Silizium basieren und ebenso aus den Forschungslaboratorien der Universitäten kommen wie aus der Industrieforschung und ihrem kommerziellen Umfeld.

Eine Schlüsselentwicklung dürfte in diesem Zusammenhang die „Silicon Foundry" haben. Sie gestattet jedem Entwickler Zugang zu einer Produktionseinrichtung. Wo früher im Bereich für externe Entwerfer die hohen Kosten Schranken auferlegten, hat sich diese Situation schon seit Ende der 80er Jahre deutlich geändert. Dafür hat bspw. das California Institute of Technology mit seinen Multiprojektchip-Aktivitäten schon seit einiger Zeit den Beweis angetreten. Inzwischen gestattet die Elektronenstrahl-Lithographie die Zusammenfassung von mehreren Chip-Entwürfen auf derselben Maske. Dadurch können auch die Kosten für den Maskensatz spürbar gesenkt werden. Auch die Japaner haben bereits in den 80er Jahren mit über 200 Mio. Dollar in die Halbleiterforschung von staatlicher Seite investiert, wie das japanische Ministerium für Außenhandel und Industrie mitteilte. die Zielsetzung des japanischen Programms dürfte auch künftig von drei Hauptentwicklungen bestimmt sein: bessere Kristallgitterstrukturen, Mehrfachlagen im Halbleiterbereich und Bauteile für den Betrieb unter extremen Umweltbedingungen. Die an diesem Programm beteiligten japanischen Firmen haben ihrerseits insgesamt ebenfalls rund 200 Mio. Dollar an Investitionen zur Verfügung gestellt.

22 *Die entwickelten Schaltkreise werden genauestens überprüft, denn einmal fertiggestellt, sind dann keine Änderungen mehr möglich.*

Aufbau eines Computers

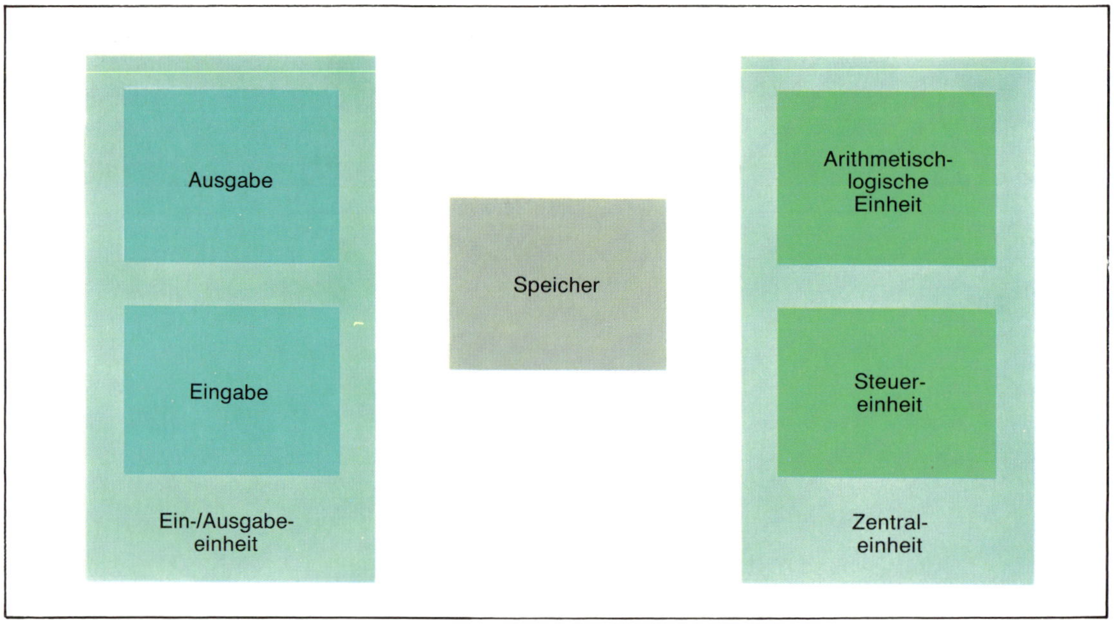

1

2

Bevor wir mit der Beschreibung des Aufbaus und der Bestandteile eines Computers beginnen, muß geklärt werden, was unter einem Computer eigentlich zu verstehen ist. Es gibt eine große Vielzahl von Maschinen dieses Typs, die sich im wesentlichen hinsichtlich der Anschaffungskosten, Größe und Rechengeschwindigkeit unterscheiden. Wir kennen heute drei Arten von Computern: **Minicomputer**, **Mikrocomputer** und **Großrechenanlagen** (Mainframes). Minicomputer sind preiswert in der Anschaffung, verhältnismäßig klein und bieten eine bescheidene Rechenleistung. Zu den Mikrocomputern zählen seit Anfang der 70er Jahre diejenigen Maschinen, die zwar klein und preiswert sind, jedoch aus vielen kompakten (hochintegrierten) Schaltkreisen (VLSI) bestehen.

Die Großrechner unterscheiden sich von den Mini- und Mikrocomputern sowohl hinsichtlich des Anschaffungspreises, des Platzbedarfs und der Verarbeitungsleistung als auch hinsichtlich der Vielschichtigkeit ihrer Struktur selbst. Alle drei Arten von Rechnern haben jedoch im wesentlichen die gleichen Bestandteile, weshalb wir hier keine Unterscheidung treffen wollen, es sei denn, um besondere Merkmale des einen oder anderen Typs besonders herauszustellen.

Ein einfacher Computer besteht aus Einheiten für **Eingabe**, (**arithmetische** und **logische**) **Speicherung**, **Ausgabe** und **Verwaltung** von Daten. Diese Einheiten sind – je nach Art von Computer – in unterschiedlicher Weise miteinander verbunden.

Die Eingabeeinheit nimmt die verschlüsselten Daten auf, die entweder von einem ausgebildeten Operator eingegeben oder von elektromagnetischen Geräten oder anderen Rechnern im gleichen Netz geschickt werden. Die einfachste Eingabeeinheit ist eine **Tastatur** mit dazugehörigem Bildschirm (Kathodenstrahlröhre), die an die Recheneinheit des Computers angeschlossen ist. Andere Eingabeeinheiten sind der Joystick (eine Art Knüppel, mit dem der Cursor quer über den Bildschirm bewegt werden kann und der besonders bei Grafikanwendungen und für Videospiele nützlich ist), **Codeleser**, wie z.B. der Strichcodeleser, oder die **Maus.** Sie alle erleichtern bei bestimmten Systemen die Befehlseingabe. Nach der Dateneingabe bestimmt ein in den Speicher geladenes Programm, welche Verarbeitungsschritte als nächstes ausgeführt werden und ob die Daten im Speicher abgelegt werden sollen (wo sie zu einem späteren Zeitpunkt wieder verfügbar sind) oder ob sie zur arithmetisch-logischen Einheit geschickt werden sollen, die die erforderlichen Operationen aus-

1 *Hier sind die wesentlichen funktionellen Einheiten eines Computers dargestellt: Ein-/Ausgabeeinheit, Hauptspeicher und Zentraleinheit.*

2 *Über Terminals werden Daten eingegeben und die ausgegebenen Daten angezeigt.*

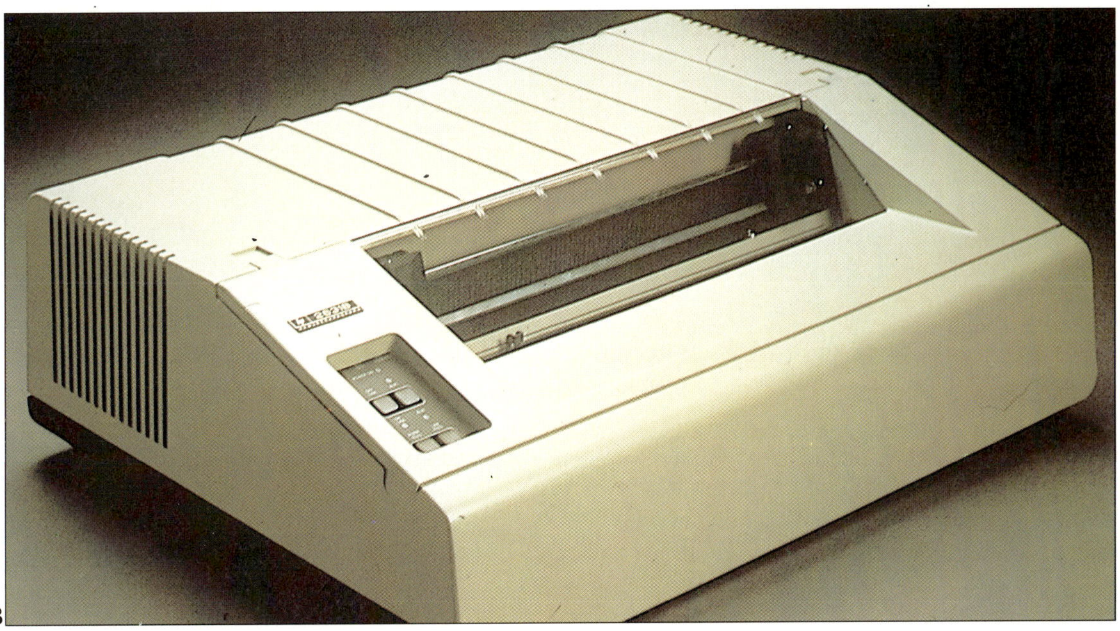

3

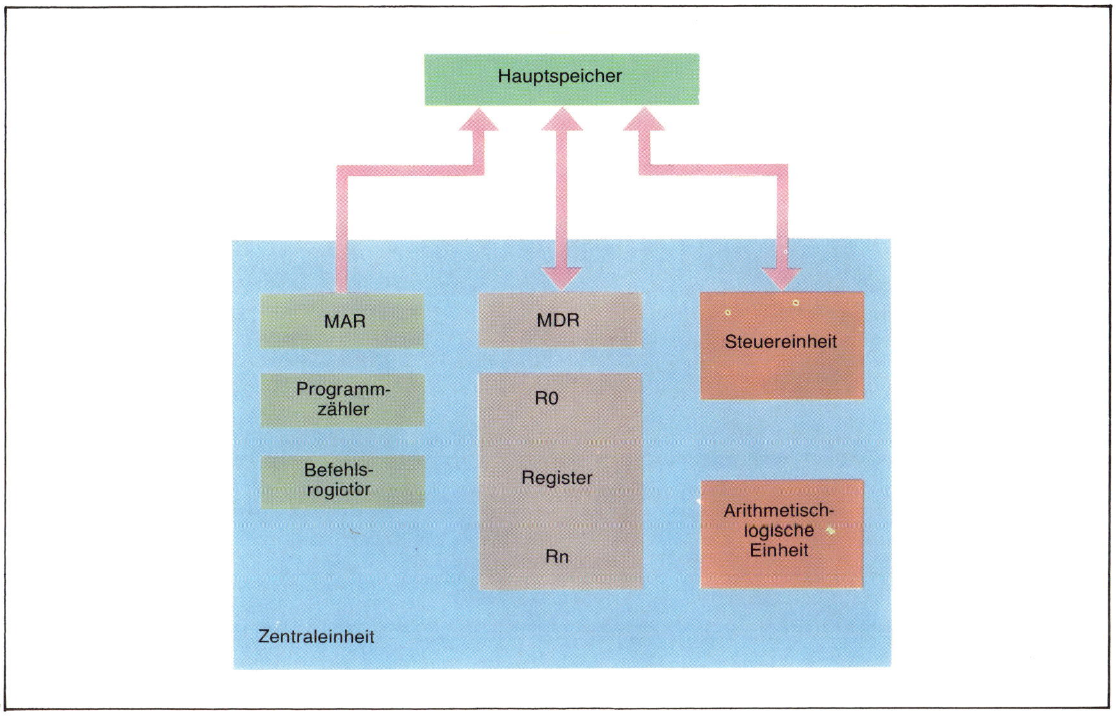

4

führt. Die **Speichereinheit** hat lediglich die Aufgabe, Daten und Programme zu speichern. Hier unterscheidet man zwei Arten von Speicher, den **Primärspeicher** und den **Sekundärspeicher.** Der Primärspeicher, auch Hauptspeicher genannt, besteht aus einem schnellen Speicher mit einer hohen Arbeitsgeschwindigkeit. Er speichert Daten und Programme, die gerade bearbeitet werden. Hier werden die Daten nicht in Bits, sondern in Einheiten mit fest vorgegebener Länge, sogenannten Wörtern, verarbeitet. Wörter bestehen aus n Bits (n = Wortlänge) und können auf einfache Weise sowohl gespeichert als auch zurückgeholt werden. Jedem Wort wird dabei ein Name oder eine Adresse zugeordnet. Sie bestimmt, an welcher Speicherstelle es sich befindet. Daten werden im allgemeinen in Form von Vielfachen oder Teilen von Wörtern verarbeitet. Bei den Mikrocomputern haben diese Wörter eine Länge zwischen 8 und 32 Bits, bei den Großrechnern beträgt sie 32 oder mehr Bits. Schließlich gibt es noch den **Speicher mit wahlfreiem Zugriff (RAM,** nach dem engl. Random Access Memory). Hier ist jedes Element über die Angabe der entsprechenden Adresse zugänglich. Die Zugriffszeit bewegt sich dabei bei den meisten heutigen Rechnern zwischen 100 und 500 Nanosekunden.

Die zweite Speicherart, der Sekundärspeicher, wird benutzt, um große Datenmengen zu speichern, auf die jedoch nicht so häufig zugegriffen werden muß. Der Vorteil gegenüber dem Primärspeicher liegt in den geringeren Kosten. Beispiele für Sekundärspeicher sind **Platten, Trommelspeicher, Magnetbänder** usw. Die arithmetisch-logische Einheit führt die meisten der im Computer notwendigen Aufgaben aus.

Die Steuereinheit und die arithmetisch-logische Einheit arbeiten nicht selten mit sehr viel höheren Geschwindigkeiten als die an den Computer angeschlossenen Geräte. Auf diese Weise kann ein einziger Prozessor gleichzeitig mehrere externe Geräte steuern.

Die Steuereinheit ist für die Abstimmung und Verwaltung der Einheiten zur Datenspeicherung und -verarbeitung sowie für die Datenausgabe verantwortlich. Genauer gesagt erzeugen die Steuerschaltkreise die Zeitsignale für jene Einheiten und für die verschiedenen peripheren Einheiten. Die fertig bearbeiteten Daten werden über die sogenannte Ausgabeeinheit nach außen geleitet.

Allgemein werden die arithmetisch-logische und die Steuereinheit zusammen **Zentraleinheit** oder CPU (engl. Abk. für Central Processing Unit) oder auch einfach Prozessor genannt.

Die Einheiten zur Dateneingabe und -ausgabe werden häufig auch kurz Ein-/Ausgabeeinheit (E/A) genannt, obwohl sie im Rechner als zwei voneinander unabhängige Einheiten betrachtet werden, die sich in demselben Terminal befinden.

Bei den Mini- und Mikrocomputern befinden sich alle eben beschriebenen Teile in einer einzigen Maschine, die aufgrund ihrer geringen Größe von einem Ort zum anderen bewegt oder auf eine begrenzte Oberfläche, z. B. einen Tisch, gestellt werden kann. Großrechner dagegen stellen enorme Platzanforderungen und finden sich daher vorwiegend in großen, abgetrennten Räumen, manchmal sogar verteilt auf verschiedene Stockwerke eines Gebäudes usw.

3 Die wichtigste periphere Einheit ist der Drucker, der eine gedruckte Ausgabe der verarbeiteten, gespeicherten, generierten usw. Daten erstellt.

4 Dieses Schaubild zeigt, wie Zentraleinheit (CPU) und Hauptspeicher eines Computers verbunden sind. (MAR = Speicheradreßregister; MDR = Speicherdatenregister).

5

6

7
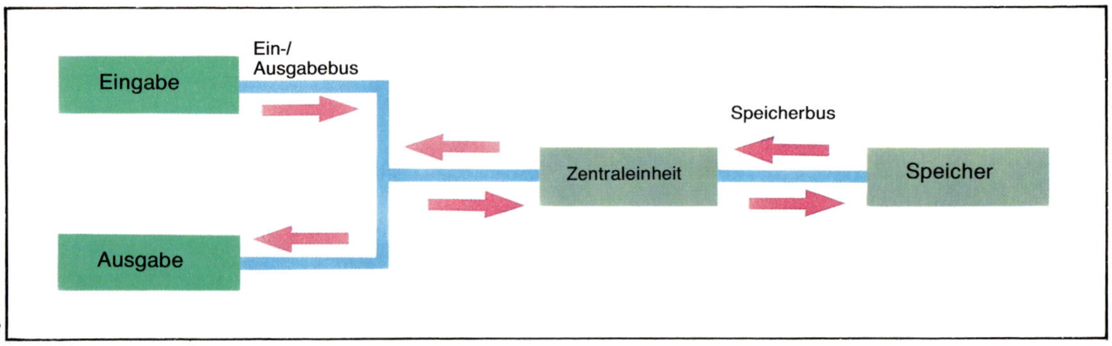

8
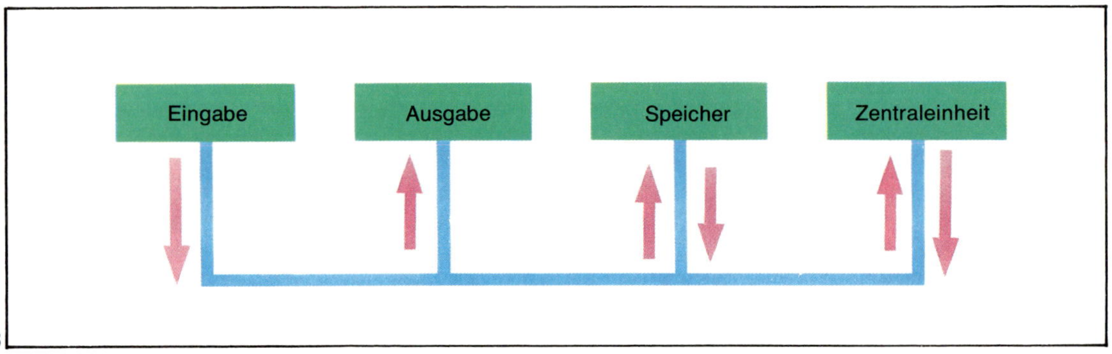

5 *Leitungen gleicher Art werden als Bus zusammengefaßt. Ein Teil der Kabel des Busses überträgt Daten, der andere Teil transportiert Adressen- und Steuerinformation.*

6 *Von der Struktur der verwendeten Rechner hängt ab, wie die EDV-Anlage selbst konfiguriert ist.*

7 *Das Schaubild zeigt die interne Verbindungsstruktur bei einem System mit 2 Bussen.*

8 *Die gleiche Verbindung kommt auch mit einem 1-Bus-System zustande, wie aus dem Schaubild ersichtlich wird.*

Informationsverarbeitung
Nachdem nun bekannt ist, aus welchen Bestandteilen sich ein Computer zusammensetzt, wollen wir uns der Information zuwenden, die er empfängt, speichert, verarbeitet und wieder verschickt. Hier unterscheidet man zwei wesentliche Arten von Information: **Anweisungen** und **Daten.**

Anweisungen sind ausdrücklich angegebene Befehle, die einerseits die auszuführenden arithmetischen oder logischen Aufgaben beschreiben und andererseits den Datenfluß innerhalb des Rechners sowie zwischen ihm und den Ein-/Ausgabeeinheiten (Peripherie) steuern. Eine Menge von Anweisungen zur Lösung einer bestimmten Aufgabe wird daher **Programm** genannt. Im allgemeinen werden bei der Verarbeitung ein oder mehrere Programme in der Speichereinheit abgelegt, von wo sich der Prozessor die Anweisungen des Programms zur Ausführung der gewünschten Aufgabe holt. Die Verarbeitungsreihenfolge der Anweisungen ist – mit möglichen Abweichungen üblicherweise die gleiche wie bei der Speicherung. Das gespeicherte Programm steuert auf diese Weise alle Vorgänge im Computer. Allerdings kann sowohl vom Operator als auch von peripheren Geräten, die mit dem Rechner verbunden sind, eine externe Unterbrechung herbeigeführt werden.

Als Daten bezeichnet man verschlüsselte Zahlen und Buchstaben, die bei der Ausführung der Anweisungen als Operanden herangezogen werden, aber auch die gesamte digitalisierte Information beinhalten. Bei der Kompilierung, bei der ein Quellprogramm von einem Kompiler in die Maschinensprache übersetzt wird, wird das Quellprogramm

9

10

selbst jedoch wie eine Menge von Daten betrachtet.
Die Information, die ein Rechner empfängt, muß in geeigneter Weise verschlüsselt sein, da Maschinen bekanntlich auf digitalen Schaltkreisen beruhen, die ja nur zwei Zustände kennen (0 und 1, geöffnet und geschlossen usw.). Daten werden daher binär verschlüsselt, während für alphanumerische Zeichen internationale Standardcodes, wie z.B. **ASCII** (American Standard Code for Information Interchange, zu deutsch: amerikanischer Standardcode für Informationsaustausch) oder **EBCDIC** (Extended Binary-Coded Decimal Interchange Code, erweiterter binär-codierter dezimaler Code) verwendet werden. Bei ASCII wird jedes Zeichen mit 7, bei EBCDIC mit 8 Bits dargestellt.

Arbeitsweise des Computers
Die Lösung einer beliebigen Aufgabe beginnt damit, daß ein entsprechendes Programm in den Hauptspeicher geladen wird. Von dort werden die einzelnen Programmanweisungen zum Prozessor geschickt, der die jeweiligen Anweisungen mit den dazugehörigen und ebenfalls gespeicherten Operanden (Daten) ausführt.
Zu Beginn der Übertragung zwischen Hauptspeicher und Prozessor wird die Adresse der betreffenden Speicherposition an die Speichereinheit geschickt. Gleichzeitig werden die entsprechenden Steuersignale abgegeben. Anschließend werden die Daten entweder an den oder aus dem Speicher übertragen.
Der Prozessor setzt sich größtenteils aus arithmetischen und logischen Schaltkreisen zusammen, die die Verarbeitung übernehmen. Weiterhin besitzt er Register für das Zwischenspeichern von Information. Hierunter fallen Befehlsregister, Programmzähler sowie verschiedene Register für allgemeine Funktionen. Das Befehlsregister enthält in verschlüsselter Form den gerade aktiven (aktuellen) Befehl und teilt der Steuereinheit mit, welche Rechenarten sowohl im Prozessor als auch in den peripheren Geräten auszuführen sind. Der Programmzähler ist ein Register, das die Programmausführung verfolgt und jeweils die Speicheradresse der gerade bearbeiteten Anweisung beinhaltet. Während der Bearbeitung einer Anweisung wird der Programmzähler aktualisiert, also auf den neuen Stand gebracht. Er zeigt nun auf die Adresse der Anweisung, die als nächstes aus dem Hauptspeicher zu holen ist.

Schließlich gibt es noch Speicheradreßregister, die angeben, von welchem Speicherplatz die Daten geholt bzw. zu welchem sie geschickt werden. Speicherdatenregister enthalten die Daten, die an die jeweilige Adresse geschickt bzw. von dort geholt werden sollen.
Das Programm befindet sich, wie wir wissen, im Hauptspeicher, nachdem es zuvor mit der Eingabeeinheit eingegeben wurde. Um ein Programm zu starten, muß der Programmzähler auf die erste Programmanweisung gesetzt werden. Der Inhalt des Programmzählers schickt an das Speicheradreßregister ein Steuersignal für das Lesen. Nach Ablauf der Speicherzugriffszeit wird die erste Programmanweisung gelesen, aus dem Speicher geholt und in das Speicherdatenregister geschrieben. Die Anweisung im Datenregister wird dann dem Befehlsregister übergeben, entschlüsselt und ausgeführt. Enthält die Anweisung eine Rechenoperation, die von der arithmetisch-logischen Einheit ausgeführt werden muß, muß diese mit den entsprechenden Operanden versorgt werden (die entweder im Speicher oder im allgemeinen Register des Rechners enthalten sein können). Die Operanden werden dort gelesen, wo sie sich befinden, ins Speicherdatenregister geschrieben und dann der arithmetisch-logischen Einheit übergeben. Dort werden sie zum Rechnen herangezogen. Zur Speicherung wird das Rechenergebnis zunächst an das Speicherdatenregister und dann an den Speicher geschickt. Die Speicheradresse des Ergebnisses wird an das Speicheradreßregister übergeben, und der Schreibvorgang beginnt. Der Programmzähler springt auf die nächste Anweisung usw.
Ein Rechner benötigt ferner Maschinenanweisungen, die die Daten an die Ausgabeeinheiten schicken sowie ausreichende Möglichkeiten für den Empfang der Daten von den Eingabeeinheiten. Weiterhin stehen ein sogenanntes Unterbrechungssignal und ein Unterbrechungs-Serviceprogramm zur Verfügung. Damit kann ein Programm unter bestimmten Bedingungen während der Ausführung unterbrochen

9 *Um die Ergebnisse seiner Aufgaben ausgeben zu können, benötigt ein Rechner entsprechende Ausgabeeinheiten (z.B. Drukker).*

10 *Die Magnetbandstation ist eine der externen sekundären Speichermöglichkeiten.*

11

12

werden, wenn eine Ein-/Ausgabeeinheit eine Unterbrechungs-Anforderung schickt. (Da eine solche Unterbrechung sich jedoch auf den internen Zustand des Prozessors auswirken kann, muß vor der Unterbrechung dieser Status zentral gespeichert werden; dabei werden der Inhalt des Programmzählers, der allgemeinen Register sowie Steuerinformation gespeichert.) Nach Beendigung des Unterbrechungs-Serviceprogramms wird der alte Zustand wiederhergestellt und mit der Bearbeitung fortgefahren.

Bisher haben wir erfahren, welche Einheiten an den Vorgängen in einem Computer beteiligt sind und welche Aufgabe sie erfüllen, nicht jedoch, wie sie miteinander verbunden sein müssen. Um sinnvolle Rechenzeiten zu erreichen, müssen Computer parallel organisiert sein. Dies erfordert zum einen, daß alle Einheiten zu einem gegebenen Zeitpunkt ein vollständiges Wort bearbeiten können. Zum anderen muß die Datenübertragung zwischen den Einheiten parallel vonstatten gehen, d.h., die entsprechenden Übertragungswege müssen vorhanden sein. Sämtliche Leitungswege einer gegebenen Einheit, also alle Hauptverbindungen für die Datenübertragung, werden in einem sogenannten Bus zusammengefaßt. Außer den Datenleitungen gibt es noch Steuer- und Adreßleitungen. Datenleitungen übertragen Daten. Die Anzahl der Leitungen entspricht der der Bits, aus denen ein Wort besteht. Adreßleitungen enthalten die Speicheradressen der Daten für den Speicherzugriff. Steuerleitungen bestimmen die Übertragungsrichtung und stimmen die bei der Übertragung notwendigen Schritte ab. Je nach Bus, der die Einheiten verbindet, wird eine Struktur mit zwei oder einem Bus verwendet. Im ersten Fall kommt die Verbindung zwischen Prozessor und Speicher durch den sogenannten Speicherbus zustande. Die Ein-/Ausgabefunktionen hingegen werden von einem Ein-/Ausgabebus wahrgenommen, der den Speicher über den Prozessor erreicht. Dieser steuert die Übertragung und überwacht den gesamten Vorgang.

Im zweiten Fall sind alle Einheiten an einen einzigen Bus angeschlossen, der somit das einzige Kommunikationsmittel darstellt. Daher können nur zwei Einheiten den Bus gleichzeitig für die Übertragung nutzen, da er nur eine Übertragung zu einem Zeitpunkt erlaubt. Der Vorteil eines solchen Systems liegt vorwiegend in den geringeren Kosten und der Flexibilität, was den Anschluß von peripheren Einheiten betrifft. Nachteilig ist jedoch seine wesentlich geringere Übertragungsgeschwindigkeit.

Da die Verbindung von verschiedenen Geräten mit unterschiedlichen Geschwindigkeiten Probleme aufwirft (wie z.B. die Blockierung eines Hochgeschwindigkeitsprozessors durch eine langsame E/A-Einheit), ist eine wirksamere Übertragungsmethode notwendig. In der Praxis sind das sogenannte **Pufferspeicher,** in denen die Daten während der Übertragung zwischengespeichert werden. Sie werden z.B. genutzt, um Zeichen, die vom Prozessor über den Bus an den Drucker geschickt werden, im Pufferspeicher des Druckerausgangs zwischenzuspeichern. Von dort werden sie dann gedruckt, während der Prozessor und der Bus wieder für andere Aufgaben zur Verfügung stehen. Es gibt zwei Arten von Pufferspeichern: physikalische (wie in der arithmetisch-logischen Einheit) und logische (wie die Speicher, die den Informationsaustausch zwischen den verschiedenen peripheren Einheiten eines Rechners ermöglichen). Die Pufferung zählt in der anwendungsorientierten Datenverarbeitung zu den traditionellen Maßnahmen. Die Durchführung einzelner Teilschritte einer Aufgabe nimmt auf verschiedenen Einheiten unterschiedliche Zeit-

11 *Eine der internen Speichermöglichkeiten bei Personal Computern ist die Festplatte. Sie befindet sich entweder im oder außerhalb des Rechners.*

12 *Das Bild zeigt die Grundausstattung eines Personal Computers: eine Zentraleinheit, eine Tastatur, einen Monitor und einen Drucker.*

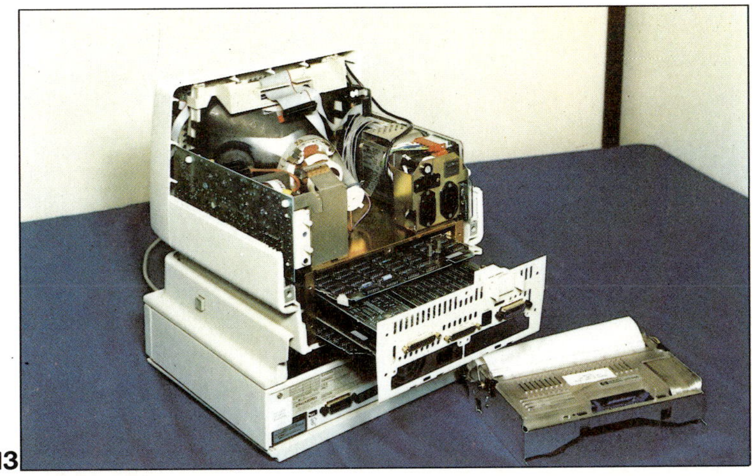
13

14

15

spannen in Anspruch. So erfordern bspw. die Eingabe und Ausgabe bei einer eingabe- und ausgabeintensiven Abrechnungsaufgabe ein Vielfaches der Zeit, die für die Verarbeitung des einzelnen Datensatzes in der Zentraleinheit benötigt wird. Durch Pufferung werden diese Zeitdifferenzen wie gesagt ausgeglichen. Bei komplizierten Abrechnungsverfahren können so Teilaufgaben gleichzeitig im Parallelbetrieb abgewickelt werden: a) durch Übertragung eines Eingabedatensatzes von dem entsprechenden Eingabegerät in den Eingabepuffer; b) durch Übernahme des vorhergehenden Datensatzes aus dem Eingabepuffer in den Hauptspeicher, interne Verarbeitung des Datensatzes und Übertragung des zugehörigen Ausgabedatensatzes in einen Ausgabepuffer; c) durch Übertragung des um eine weitere Phase vorher liegenden Datensatzes zur Ausgabe an das entsprechende Ausgabegerät.

Computer-Informations-Systeme (CIS)

Die Kombination von Daten und Methoden durch Aufbereitung, Verknüpfung, Transformation und Auswertung bildet die Grundlage der Computer-Informations-Systeme (CIS). Der Computer dient hierbei der Planung und der Vorbereitung von Entscheidungen.

Bei der Anwendung in Industrie und Verwaltung besteht die Aufgabe eines CIS darin, die Daten der Produktion, des Absatzes, der Beschaffung, des Personal-, Rechnungs- und Finanzwesens simultan zu erfassen und gemeinsam zu speichern. Typisch für solche CIS ist die dezentrale Informationserfassung und die sofortige Verarbeitung, z.B. durch dezentrale Kontenführung bei gleichzeitiger Konzentration der Information in einem zentralen Informationssystem. Die Miniaturisierung der Computertechnik in Form von Mikroprozessoren erleichtert nicht nur die dezentrale Datenerfassung und -verarbeitung. Sie ermöglicht auch die Kombination mit Werkzeugen, Maschinen, Produktionsanlagen und -prozessen den Einsatz des Computers zur direkten Steuerung der Fertigung, wie z.B. der Automatisierung durch Roboter (siehe dazu insbesondere Seite 70ff.)

13 *Die geöffnete Rückseite eines PCs gewährt einen Blick auf die Anordnung seiner physikalischen Bestandteile.*

14 *Große EDV-Anlagen sind komplexer strukturiert als die kleinen Personal Computer, die wir zu Hause stehen haben. Grundsätzlich beinhalten sie jedoch die gleichen Funktionseinheiten.*

15 *Durch ihre Struktur sind Computer extrem vielseitig und können für die verschiedensten Aufgaben eingesetzt werden.*

Periphere Einheiten

Wie wir gesehen haben, verarbeitet ein Computer die erhaltenen Daten und gibt die Ergebnisse auf verschiedene Weise wieder aus. Als Peripherie bezeichnet man die an einen Computer angeschlossenen Geräte, mit deren Hilfe er Eingangsdaten erhält, Ausgangsdaten ausgibt oder Daten speichert. Aus dieser Sicht lassen sich drei Gruppen unterscheiden: **periphere Eingabeeinheiten,** wie z.B. die Tastatur oder ein Sensor, der Signale digitalisiert; **periphere Speichereinheiten,** d.h. Sekundärspeicher, die gleichzeitig auch als Ein-/Ausgabeeinheiten dienen (z.B. eine Magnetband- oder Magnetplatteneinheit); und schließlich **periphere Ausgabeeinheiten,** wie bspw. Drucker. Zusätzlich zu diesen können einem Computersystem andere Geräte angeschlossen sein, z.B. sogenannte intelligente Datenstationen (Terminals), die gewisse Aufgaben allein lösen können. Hierzu gehören Personal Computer oder bestimmte Großrechenanlagen für die Lösung spezieller Probleme (z.B. Datenstationen im Ingenieurwesen, CAD/CAM usw.).

Terminals
Da die Ein- und Ausgabegeräte in ähnlicher Weise arbeiten und sich nur durch die Übertragungsrichtung unterscheiden, wollen wir sie hier gemeinsam behandeln. Die gebräuchlichsten Ein-/Ausgabegeräte sind **Kathodenstrahl- oder Bildröhren** (Bildschirme wie beim Fernsehen) mit einer **Tastatur.** Die Tastatur ist dabei das Eingabegerät, der Bildschirm das Ausgabegerät. Bei dieser Art von Terminal muß der Mensch direkt eingreifen (etwa Eingeben oder Verändern von Programmen im Dialog). Ein sol-

1 *Die Tastatur bei einem Computer unterscheidet sich nicht von der einer normalen Schreibmaschine, enthält aber zusätzliche Befehlstasten sowie vorprogrammierte bzw. programmierbare Funktionstasten.*

2 *Eine Tastatur mit integriertem numerischem Tastenfeld ist nicht unbedingt erforderlich. Es kann auch extern angeschlossen sein, wie die Abbildung zeigt.*

3 *Es gibt verschiedene Codierungen, die die Dateneingabe über periphere Einheiten erleichtern. Eine davon ist der Strichcode.*

4 *Zum Lesen des Strichcodes gibt es eine Reihe peripherer Geräte, darunter den Lesestift.*

1

2

3

4

ches Terminal heißt **„dummes" Terminal** – im Gegensatz zu **intelligenten Terminals,** die hochintegrierte leistungsstarke Mikroprozessoren (VLSI) enthalten und dadurch bestimmte Verarbeitungseigenschaften besitzen. Räumlich können die Terminals entweder dicht bei oder weiter entfernt vom Computer sein. Im ersten Fall sind alle Arten von Verbindung möglich, im zweiten werden kostengünstige und leicht realisierbare Verbindungen vorgezogen. Da die Übertragung durch Terminals im Dialog mit einem menschlichen Operator zustande kommt, sind keine hohen Übertragungsgeschwindigkeiten notwendig. Benutzt wird allgemein die (synchrone oder asynchrone) **serielle Datenübertragung.** Sender und Empfänger müssen dabei denselben Zeitgeber bei der Interpretation der Datenbits benutzen. Zu diesem Zweck wird ein Taktsignal gesendet, das angibt, wann jedes Datenbit ankommt.

Bei der synchronen Übertragung benutzen sowohl Sender als auch Empfänger denselben Taktgeber, so daß eine separate Taktleitung notwendig ist. Bei der asynchronen Methode benutzen Sender und Empfänger jeweils eigene Taktgeber. Hier benötigt man keine separate Taktleitung. Die Frequenzen der beiden Taktgeber müssen allerdings annähernd gleich sein, und zugleich muß der Beginn der Abtastperioden bei jeder Dateneinheit eindeutig feststellbar sein.

Drucker

Drucker erstellen eine gedruckte Kopie der Ausgabedaten oder -texte eines Rechners. Es gibt verschiedene Arten von Druckern, nach der Art der Datenausgabe unterscheidet man jedoch Drukker, die Daten zeichenweise, zeilenweise oder seitenweise drucken.

Allgemein werden Drucker nach dem verwendeten Druckmechanismus eingeteilt: **Mechanische** Drucker arbeiten ähnlich wie elektrische Schreibmaschinen. Der Druckvorgang bei **nicht-mechanischen** Druckern beruht auf elektrostatischen, thermischen oder optischen Verfahren.

Die Druckgeschwindigkeit ist bei den mechanischen Druckern durch das jeweilige mechanische Verfahren begrenzt (max. ca. 1000 Zeilen pro Minute). Bei den nicht-mechanischen Druckern existiert dieses Problem nicht, und es werden Geschwindigkeiten bis zu mehreren tausend Zeilen pro Minute erreicht.

Es gibt zwei Arten von mechanischen Druckern: **Typendrucker** und **Matrixdrucker.** Bei den Typendruckern sind die Zeichen auf einem Band, Rad oder einer Walze angeordnet. Für jedes Zeichen existiert ein Abdruck auf dem Druckkörper. Die zu drukkenden Zeichen kommen entweder direkt vom Computer oder befinden sich bereits im Pufferspeicher des Druckers und werden über eine Schnittstelle in eine für den Drucker verständliche Reihenfolge gebracht. Für jedes Zeichen wird ein Hammer betätigt, der die Type gegen ein Farbband mit Tinte oder Kohle hämmert und so einen Abdruck auf Papier erzeugt.

Bei Matrixdruckern erscheinen die Buchstaben, sobald eine definierte Menge von Punkten gedruckt wird. Diese Punkte sind auf einer Matrix, bestehend aus einer bestimmten Anzahl Zeilen und Spalten (i. a. 9 Zeilen und 6 Spalten), angeordnet. Die Druckqualität wird dabei von dieser Matrix beeinflußt. Matrixdrukker sind weit verbreitet, da sie nicht nur kostengünstig und höchst zuverlässig sind, sondern auch die Darstellung verschiedenster Zeichen sowie von Bildern und Graphiken ermöglichen. Ein Nachteil ist jedoch, daß die gedruckten Zeichen nicht immer klar umrissen sind. Um dieses Problem zu lösen, wird die Zahl der Punkte erhöht, oder einzelne Zeilen werden mehrfach übereinander gedruckt. Matrixdrucker arbeiten mit einer Geschwindigkeit von ca. 200 Zeichen pro Sekunde.

Mit nicht-mechanischen Drukkern lassen sich durch die verschiedenen Techniken erheblich höhere Druckgeschwindigkeiten erreichen: Bei Zeichen- und Zeilendruckern wird mit Erfolg das **elektrostatische** Verfahren angewendet. Das Papier wird dabei über Elektroden in Form von Mustern aufgeladen, die den Zeichen entsprechen. Es muß dazu spezielles Papier verwendet werden, das leitfähiges Material enthält. Geht die elektrische Ladung auf das Papier, so färbt sich seine versilberte Oberfläche an den Stellen schwarz. Wie beim thermischen Verfahren besteht auch hier der Nachteil darin, daß das Druckresultat nur begrenzt haltbar ist.

Bei **Thermodruckern** kommt der Abdruck eines Zeichens durch Wärme zustande, die von einem Wärmeelement im Druckkopf auf wärmeempfindliches Papier gebracht wird und dort eine

5

6

5 Der Joystick, bekannt als Steuerung von Video-Spielen, dient zur einzelnen Eingabe einer Reihe von Daten, deren Beziehung untereinander schwer formalisierbar ist.

6 Der Graphikstift dient ebenfalls zur direkten Dateneingabe, wobei vorliegende Graphikdaten nachgefahren werden.

7

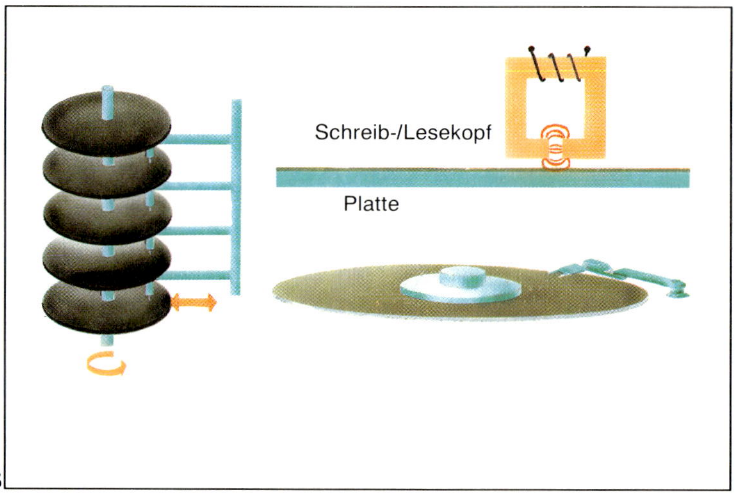

8

9

Schwarzfärbung hervorruft. Auf diese Weise werden 2 Zeilen mit je 20 Zeichen pro Sekunde gedruckt. Der große Vorteil ist, daß alle Thermodrucker absolut geräuscharm sind.

Tintenstrahldrucker arbeiten mit kleinsten elektrisch geladenen Tintentropfen, die aus einer Düse im Druckkopf treten. Die Tropfen werden über ein elektrisches Feld abgeleitet, durch eine dem Zeichen entsprechende Schablone gespritzt und bringen so das jeweilige Zeichen auf Papier. Vorteilhaft bei dieser Methode ist, daß verschiedenfarbige Düsen für Farbdrucke verwendet werden können.

Die wichtigsten nicht-mechanischen Drucker sind **Laserdrukker,** die auf einem ähnlichen Prinzip wie Fotokopierer beruhen. Mit ihnen kann eine ganze Seite auf einmal gedruckt werden. Dazu wird eine Walze mit positiv geladenem fotoleitendem Material von Laserstrahlen belichtet. Dabei verflüchtigt sich die positive Ladung, die der Laserstrahl zerstört hat. Dann wird auf der Walze eine Pulverschicht verteilt, die an den positiv geladenen Stellen haften bleibt. Das auf diese Weise entwickelte Abbild wird auf Papier übertragen. Dort wird es fixiert, und die gedruckte Seite ausgegeben. Gleichzeitig wird das verbleibende Pulver von der Walze entfernt, die nun für die nächste Seite empfangsbereit ist.

Periphere Sekundärspeicher

Da die meisten Rechner mehr Speicherplatz benötigen als im Hauptspeicher zur Verfügung steht und da eine Hauptspeichererweiterung sehr kostenaufwendig ist, hat sich in der Praxis die Speichererweiterung durch **Magnetplatten** und **Magnetbänder** bewährt.

Magnetplattensysteme bestehen aus einer oder mehreren gestapelten Platten, die meist beidseitig mit einer dünnen magnetisierten Metallschicht überzogen sind. Die Platten werden auf einer sich drehenden Unterlage befestigt, damit sie sich beim Einfügen oder Abrufen von Information nahe dem Schreib-/Lesekopf drehen können. Die Platten drehen sich gleichmäßig schnell und dabei ohne Unterbrechung. Der Schreib-/Lesekopf kann so die Daten speichern oder lesen. Beim Speichern wird durch den Kontakt mit dem Schreib-/Lesekopf die Magnetisierung des Films verändert. Beim Lesen arbeitet er wie ein Detektor und deutet so die magnetischen Unterschiede. Schreib-/Leseköpfe können sowohl fest als auch beweglich montiert sein. Sind sie fest, gibt es für jede Spur einen Kopf; ein beweglicher Schreib-/Lesekopf schreibt bzw. liest eine gesamte Oberfläche. Im zweiten Fall ist allerdings mit längeren Zugriffszeiten zu rechnen, da der Kopf bei jedem Schreib-/Lesevorgang auf die richtige Spur gesetzt werden muß. Die Schreib-/Leseköpfe, die wie ein Kamm auf einer Führung montiert sind, bewegen sich vom Rand zur Plattenmitte, um alle Spuren zu erreichen. Der gesamte Vorgang wird von einem Taktgeber synchronisiert, der eine eigene Spur füllt oder mit

7 *Bei den einfachsten Computern kann die Datenspeicherung sogar auf herkömmlichen Tonkassetten erfolgen.*

8 *Das Schaubild zeigt die Anordnung der Platten in einer Festplatteneinheit einer Großrechenanlage.*

9 *Die Diskette (floppy disk) ist aufgrund ihrer besonderen Eigenschaften heute das verbreitetste Speicher- und Verarbeitungsmedium bei Personal Computern.*

10

11

den Daten kombiniert ist. Für die Datenspeicherung ist es wichtig, daß der Abstand zwischen der Plattenoberfläche und dem Schreib-/Lesekopf möglichst gering ist. So wird eine hohe Dichte der Bits und eine hohe Zuverlässigkeit bei dem Schreib-/Lesevorgang ermöglicht.

Jede der Magnetplatten besteht aus mehreren konzentrischen Spuren, die wiederum in Abschnitte (Sektoren) unterteilt sind. Die Datenbits werden auf jeder Spur seriell, also nacheinander organisiert. Um bestimmte Daten zu adressieren, werden daher die entsprechende Plattenoberfläche, die jeweilige Spur und der betreffende Sektor angegeben. Die Spuren, die allen Seiten eines Plattenstapels entsprechen, werden Zylinder genannt.

Platteneinheiten können unterschiedlich strukturiert sein. Als erste sind die Winchesterplatten zu nennen, bei denen die gesamte Einheit in einem Gehäuse hermetisch abgeschlossen ist. Der Abstand zwischen Plattenoberfläche und Schreib-/Lesekopf ist dadurch äußerst gering. Da außerdem keine Gefahr der Verunreinigung durch Staubpartikel o.ä. besteht, die den Zugriff beeinträchtigen könnte, kann die Schreibdichte der Daten auf den Spuren wie auch die Dichte der Spuren selbst beträchtlich erhöht werden. Zusätzlich zu einer höheren Schreibdichte und einer erhöhten Aufnahmefähigkeit bei gleichbleibender Größe ist auch eine höhere Datensicherheit gewährleistet, da die Platten vor Umwelteinflüssen geschützt sind. Eine weitere Plattenart sind die **flexiblen Disketten** (engl. **floppy disk**). Im Gegensatz zu den bisher beschriebenen Systemen, den sogenannten **Festplatten,** sind Disketten preiswerter und leichter. Die biegsamen **Kunststoffdisketten** besitzen einen dünnen Magnetfilm, auf dem die Daten gespeichert werden. Zum Schutz steckt die Diskette in einer Karton- oder Kunststoffhülle, die die Magnetschicht in einem Schlitz freigibt. Dort kommt der Kontakt mit dem Schreib-/Lesekopf zustande. Zur Drehung befindet sich in der Mitte ein Loch, etwas kleiner als das in der Schutzhülle, mit dem die Diskette im Plattenlaufwerk in der richtigen Position fixiert wird.

Auf den Disketten sind die Daten mit den Synchronisationssignalen kombiniert (bei einfacher Schreibdichte). Es gibt auch Disketten mit doppelter Schreibdichte. Dies erfordert allerdings ein etwas komplizierteres System mit komplexeren Schaltkreisen für die Diskettensteuerung. Disketten haben den entscheidenden Vorteil, daß sie sehr preisgünstig sind. Aus diesem Grund sind sie bei Systemen mit Mikroprozessoren die gebräuchlichsten sekundären Datenspeicher. Ihre Speicherkapazität beträgt zwischen 1 und 2 Megabyte, was bei Mikrocomputern völlig ausreicht. Zudem ist von Vorteil, daß die gespeicherte Information problemlos und ohne Gefahr für die Sicherheit der Daten zu transportieren ist.

Ein weiteres Speichersystem sind die sogenannten **Magnettrommelspeicher.** Sie beruhen auf einem ähnlichen Prinzip wie die Festplattenspeicher, sind jedoch nicht scheiben-, sondern trommelförmig. Kleine Ausführungen haben eine ähnliche Speicherkapazität wie Festplatten, große hingegen eine deutlich höhere. Gewöhnlich besitzen sie mehrere Schreib-/Leseköpfe, so daß auf bestimmte Datenbits gleichzeitig zugegriffen werden kann.

Schließlich gibt es noch die Speichermöglichkeit auf **Magnetbändern.** Sie werden verwendet,

10 *In Rechenzentren werden die großen Datenmengen meistens auf Magnetbändern gespeichert.*

11 *Diese Aufnahme eines Diskettenlaufwerks eines PCs zeigt, wie die Teile darin angeordnet sind. Am linken oberen Rand ist zu sehen, wo die Disketten eingelegt werden.*

wenn große Datenmengen außerhalb des Systems gespeichert werden sollen oder zur Datenübertragung zwischen zwei nicht verbundenen Rechnern. Ein Magnetband ist 1/2 Zoll breit. Die einem Zeichen entsprechenden Bits werden senkrecht zur Laufrichtung des Bandes geschrieben. Daher gibt es für jedes Bit einen eigenen Schreib-/Lesekopf. Die einzelnen Bits werden dabei parallel und die Zeichen seriell übertragen. Bei diesem Speichertyp wird jede Gruppe von Sätzen Datei genannt. Der Beginn einer Datei wird durch eine Dateikennung markiert, und der direkt folgende Satz wird als Datei-Identifikation oder -kopf verwendet.

Bei einigen einfacheren Mikrocomputern werden die Daten auf Magnetbandkassetten gespeichert. Dies ist zum einen preiswerter und bietet zum anderen einen höheren Schutz vor Staubteilchen usw. Da die Bänder in den Kassetten schmäler sind, ist der seitliche Platz begrenzt, und die Daten werden – wie bei den Magnetplatten – in Längsrichtung geschrieben und mit den Synchronisationssignalen kombiniert. Man verwendet zur Speicherung auch herkömmliche **Tonkassetten,** wobei die binäre Information (1 und 0) durch entsprechende Töne verschlüsselt wird. Tonkassetten sind zwar preisgünstig, bereiten jedoch Schwierigkeiten bei Speicherung und Datensicherheit.

12
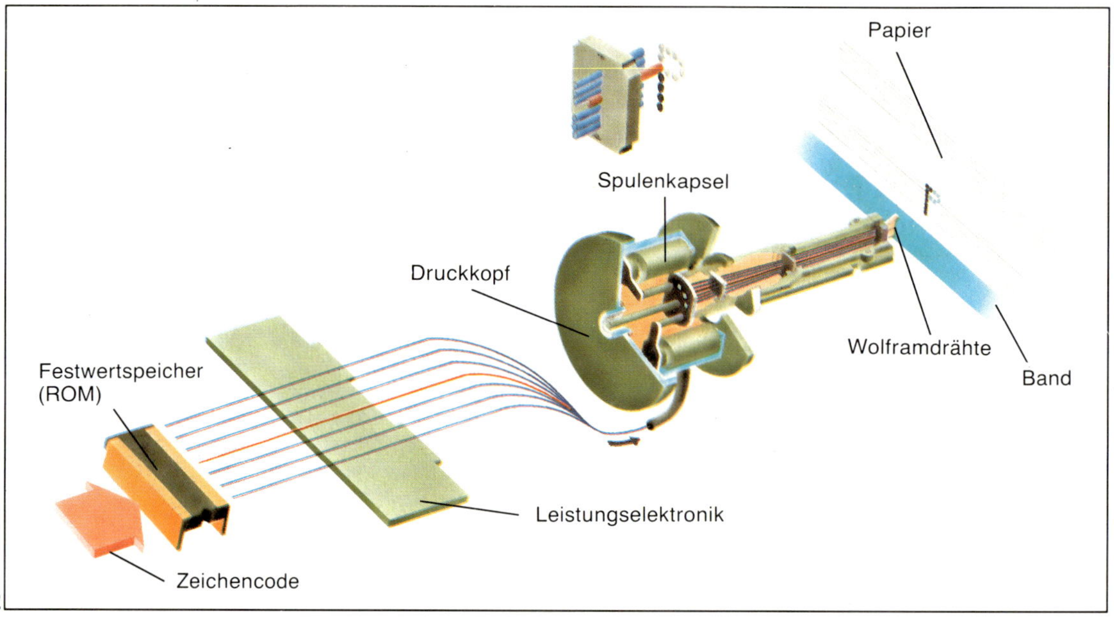

13
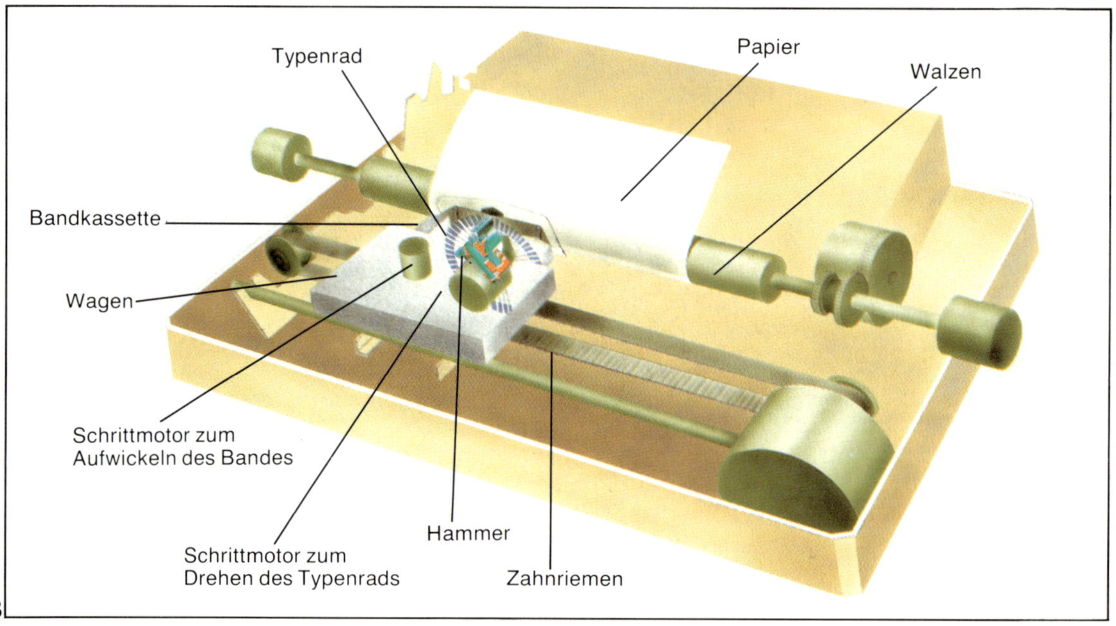

Personalcomputer als periphere Einheiten
Personalcomputer können Aufgaben aus der Datenverarbeitung im Grund allein erfüllen. Sie lassen sich aber auch als intelligente Terminals an einen größeren Rechner oder an ein Netz anschließen. Nützlich ist diese Möglichkeit vor allem dann, wenn eine Maschine benötigt wird, die viele Aufgaben selbst ausführt und gelegentlich an Datenbanken oder andere Recheneinheiten angeschlossen werden soll.

Datenstationen (Workstations)
Ingenieure arbeiten heute – vor allem im Bereich der Konstruktion – größtenteils mit Hilfe von automatisierten Verfahren. Hier können die Möglichkeiten der Computer sehr weit ausgeschöpft werden, ob direkt für die technische Dokumentation, für die Simulation (Nachahmung) der Funktionstüchtigkeit der konstruierten Produkte oder um Konstruktionsfehler auszuschließen. Diese Tätigkeiten lassen sich unter dem Namen **CAD** (engl. Computer-Aided Design, rechnergestütztes Konstruieren) zusammenfassen und werden u.a. bei der Konstruktion von hochintegrierten Chips (VLSI und ULSI) verwendet.
Generell kann ein CAD-Arbeitsplatz Ein- und Ausgabegeräte wie alphanumerische und grafische Sichtgeräte, Eingabetablett, Drucker, Hardcopy-Gerät und Plotter umfassen. Am Arbeitsplatz steht in der Regel ein Rechner mit externen Speichern zur Verfügung. So kann z.B. bei rechenintensiven Aufgaben eine Kopplung mit dem Großrechner erfolgen.

Laptop-Computer
Eine der wichtigsten Neuentwicklungen ist der **Laptop-Computer,** ein tragbares Gerät, das unterwegs zur Kommunikation in der Telefonzelle verwendet werden kann, wie es aber auch praktisch überall eingesetzt werden kann, da dieses Gerät vom Stromnetz völlig unabhängig ist. Laptop-Computer sind bereits mit dem Industriestandard kompatibel, was mit beträchtlichem Komfort bei der Texteingabe und der Textbearbeitung verbunden

12 *Dieses Schema zeigt den Aufbau eines Matrixdruckers. Es ist zu erkennen, daß sich die Buchstaben, Zeichen und Zahlen aus einzelnen Punkten zusammensetzen.*

13 *Der abgebildete Typenraddrucker bietet die gleiche Druckqualität wie eine Schreibmaschine, hat aber den Vorteil, daß er computergesteuert ist.*

14

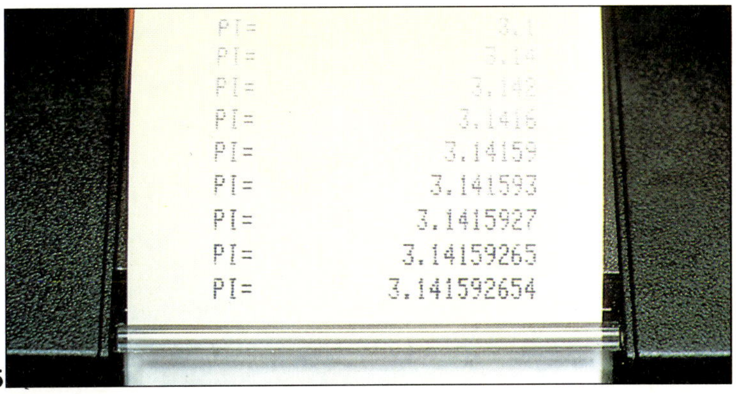

15

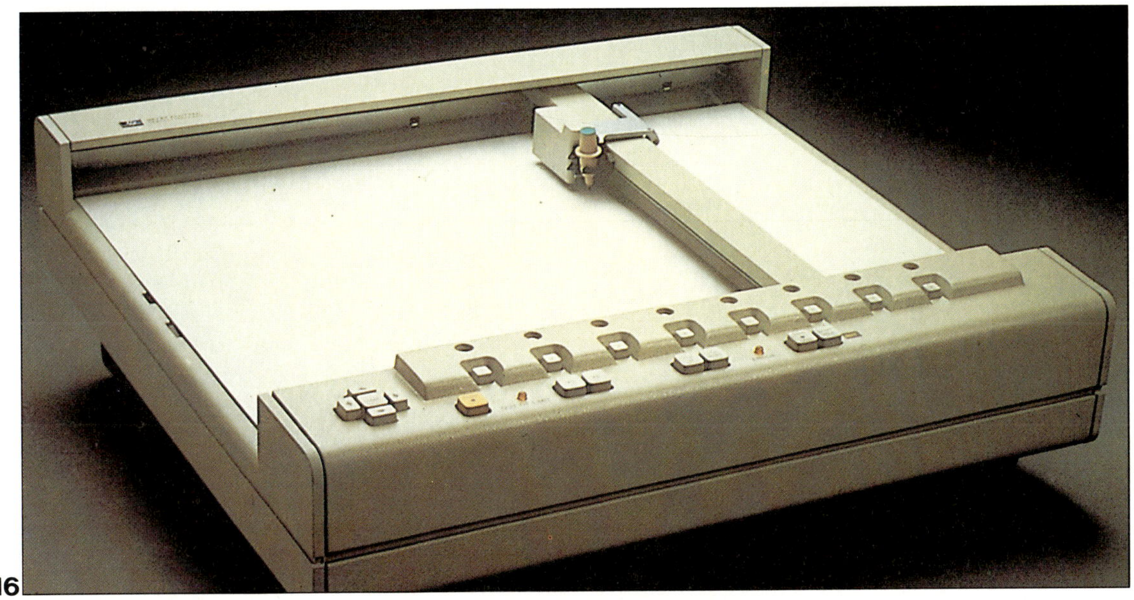

16

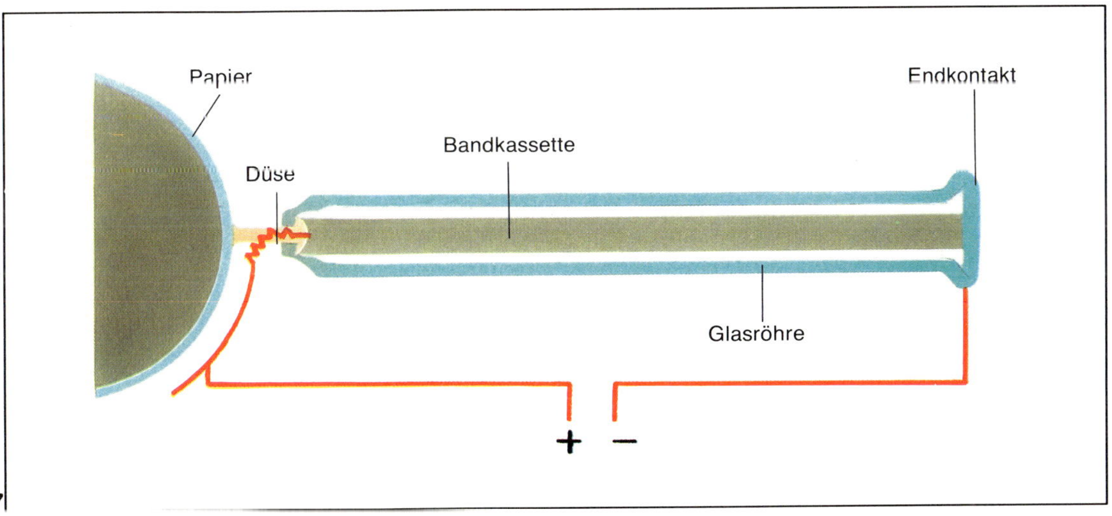

17

ist. Und dies muß der Anwärter bei der Post veranlassen: Um ihm den Übergang in das Datennetz zu ermöglichen, muß er beim Fernmeldeamt eine besondere Kennung beantragen. Hat das Fernmeldeamt diese Kennung erteilt, kann der Teilnehmer zu jeder Zeit ein postalisches Knotenamt anwählen, das ihn an das sogenannte DATEX-P-Netz weiterreicht. Dieses Netz ist auf Datenübertragungen hochspezialisiert, wobei „P" „Paketvermittlung" bedeutet. Diese Bezeichnung will verdeutlichen, daß für die gesamte Übertragungsdauer der Verbindungen keine Leitungen durchgeschaltet werden. Die Datenübertragung wird, wie die Fachleute sagen, in „kleine Pakete zerteilt", die dann über beliebige Leitungen an den Empfänger gesendet werden. Damit die Gebühren gemäß dem DATEX-P-Tarif nur dem Anrufer berechnet werden können, identifiziert die Teilnehmerkennung den Anrufer im Knotenamt.

14 *Thermodrucker erzeugen durch Wärme eine Schwarzfärbung an bestimmten Stellen des beschichteten Papiers.*

15 *Leider sind die Druckresultate von Thermodruckern nur begrenzt haltbar.*

16 *Plotter sind periphere Zeichengeräte, mit denen Zeichnungen hoher Qualität äußerst schnell erzeugt werden können.*

17 *Schema eines Tintenstrahldruckers. Diese immer beliebtere Druckerart erzeugt Druckresultate ausgezeichneter Qualität und arbeitet zudem äußerst schnell und völlig geräuschlos.*

Betriebssysteme

Es gab eine Zeit, in der Computer ohne Betriebssystem auskamen. Heute jedoch sind Rechner, angefangen bei Großrechnern in Rechenzentren bis hin zum Personalcomputer (der in vielen Haushalten seinen Platz neben den anderen Elektrogeräten eingenommen hat) ohne ein solches nicht mehr denkbar.

Das **Betriebssystem** macht ein Datenverarbeitungssystem zu dem, was es ist, ja es steht sogar über dem physikalischen System, der Hardware. Zunächst übernimmt das Betriebssystem die Funktion des logischen Systems, das das physikalische steuert. Allerdings besteht heute die Tendenz, einige logische Funktionen in den physikalischen Bereich zu verlagern. Daher wollen wir allgemein definieren, daß das Betriebssystem aus den Programmen besteht (wo immer sie stehen), die dem Benutzer die Rechenleistung des physikalischen Systems zur Verfügung stellen.

1 Die Betriebssysteme der Rechner der ersten Generation sollten den Wechsel von einer Aufgabe zur anderen flexibler machen und damit den Zeitverlust zwischen der Beendigung einer Aufgabe und dem Beginn der nächsten reduzieren.

2 Rechner der dritten Generation waren große komplexe Maschinen, die allen Benutzern alle Möglichkeiten bieten sollten. Ihre Betriebssysteme waren daher für allgemeine Aufgaben ausgelegt.

3 Die Computer der vierten Generation vertreten den derzeitigen Stand der Technik. Der Ausbau der Rechnernetze und die Dialogverarbeitung schaffen für Benutzer die Möglichkeit, mit Rechnern zu kommunizieren, die weit entfernt von ihren eigenen installiert sind.

1

2

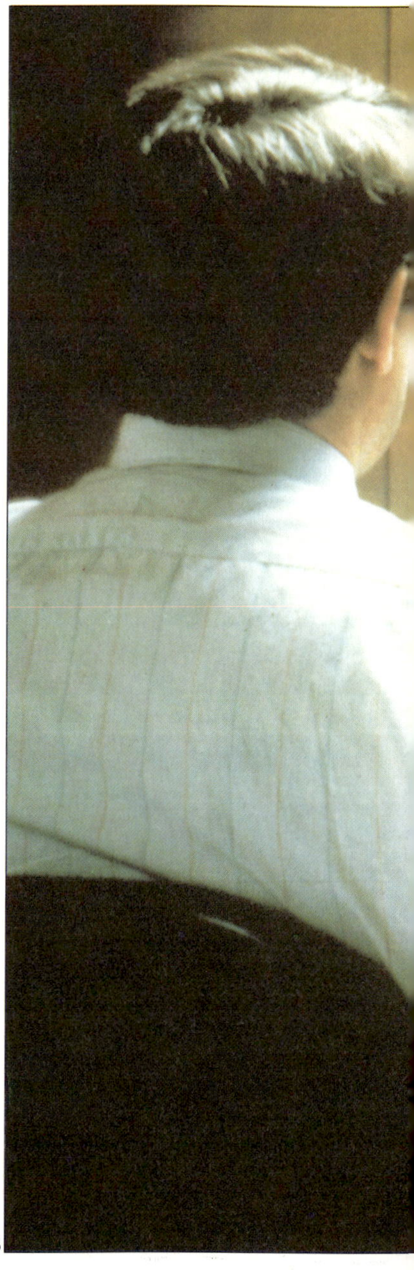

3

Das Betriebssystem, das mehr oder weniger einen Teil der Betriebsmittel ausschöpft, verwaltet das EDV-System und vorwiegend – das physikalische System. Es definiert die Benutzerschnittstelle, stellt das physikalische System und die Daten mehreren Benutzern zur Verfügung, plant die zu verwaltenden Betriebsmittel für die einzelnen Benutzer und erleichtert die Teilnahme am bzw. die Abmeldung vom System. Das Betriebssystem verwaltet hierfür die Prozessoren, die Vorgänge bei der Datenspeicherung, die Ein-/Ausgabeeinheiten und die verarbeiteten Daten.

Entwicklung von Betriebssystemen

Computer besaßen also keineswegs immer ein Betriebssystem. Auch die Betriebssysteme selbst haben sich mit der Zeit verändert, im wesentlichen aufgrund der Entwicklungen im Hardware-Bereich. Bei den ersten Computern hatten die Benutzer Zugang zur gesamten Maschinensprache, und alle Anweisungen an den Rechner mußten von Hand (manuell) verschlüsselt werden. Maschinen dieser Art werden der **Generation 0** zugeordnet. Der **ersten Generation** gehörten die in den 50er Jahren entwickelten Computer an. Die Betriebssysteme jener Rechner sollten den Übergang von einer Aufgabe zu einer anderen flexibler gestalten. Zuvor hatte man nach Beendigung einer Aufgabe einen erheblichen Zeitverlust hinnehmen müssen, bis eine andere beginnen konnte. Es wurde die Stapelverarbeitung eingeführt, bei der die Aufgaben zunächst in einzelne Stapel gruppiert und dann unter der Verwaltung des Betriebssystems verarbeitet wurden. Computer der ersten Generation waren insofern umständlich, als die Benutzer zur Speicherung der Daten eine bestimmte Magnetbandstation benutzen mußten. In diesen Jahren hatten nur die großen Rechenanlagen Betriebssysteme, während die kleinen ohne diese Systeme auskommen mußten. Zwischen 1960 und 1965 kamen die Rechner der **zweiten Generation** auf. Ihre Betriebssysteme arbeiteten schon im **Mehrprogrammbetrieb.** Dabei konnte eine bestimmte Anzahl im Speicher abgelegter Programme zur gleichen Zeit ausgeführt werden, und der Rechner sprang zwischen den Programmen hin und her. Das Verarbeitungsvermögen läßt sich beim Mehrprogrammbetrieb steigern, weil der Prozessor, die E/A-Einheiten und der Mehrprogrammbetrieb jeweils mit einer anderen Geschwindigkeit arbeiten. Einer Recheneinheit sind nämlich mehrere Prozessoren zugeordnet, die zeitweise miteinander verbunden, jedoch unabhängig sind, oder die als Mehrfach-Prozessoren einen gemeinsamen Speicher benutzen. Dies erlaubt eine Kapazitätssteigerung. Im Gegensatz zur ersten Generation erlaubte die **zweite Generation** den Benutzerprogrammen, eine zu speichernde Datei genau anzugeben. Die entsprechende Bandeinheit wurde automatisch gesucht. Bei diesen Rechnern wurden auch die sogenannten **Gemeinschaftssysteme** (time-sharing) eingeführt. Hierbei arbeitet jeder Benutzer über ein Terminal mit Bildschirm und Tastatur im Dialog mit dem System. Der Benutzer gibt die Befehle über die Tastatur ein, und der Computer deutet und verarbeitet sie. Dabei teilt er einem Benutzer eine bestimmte Rechnerzeit zu und geht nach deren Ablauf zum nächsten Benutzer über usw. Da die Antwort des Rechners in Sekundenschnelle erscheint, hat auf diese Weise jeder Benutzer den Eindruck, der einzige Benutzer zu sein. Der Gemeinschaftsbetrieb hatte eine enorme Zeitersparnis zur Folge, denn Fehler konnten schnell erkannt und verbessert werden.

Ein anderes System, das zu jener Zeit aufkam, war der **Echtzeitbetrieb.** Angewendet z. B. in industriellen Prozessen, lieferten die Rechner im Echtzeitbetrieb innerhalb kürzester Zeit die Antworten auf bestimmte Probleme eines Produktionszyklus oder eines militärischen Systems. Diese Systeme sind jedoch von geringerem Nutzen, da ihre Verarbeitungsleistung nur im Krisenfall benötigt wird, sie aber ständig bereitstehen müssen, um die schnellen Antworten zu liefern.

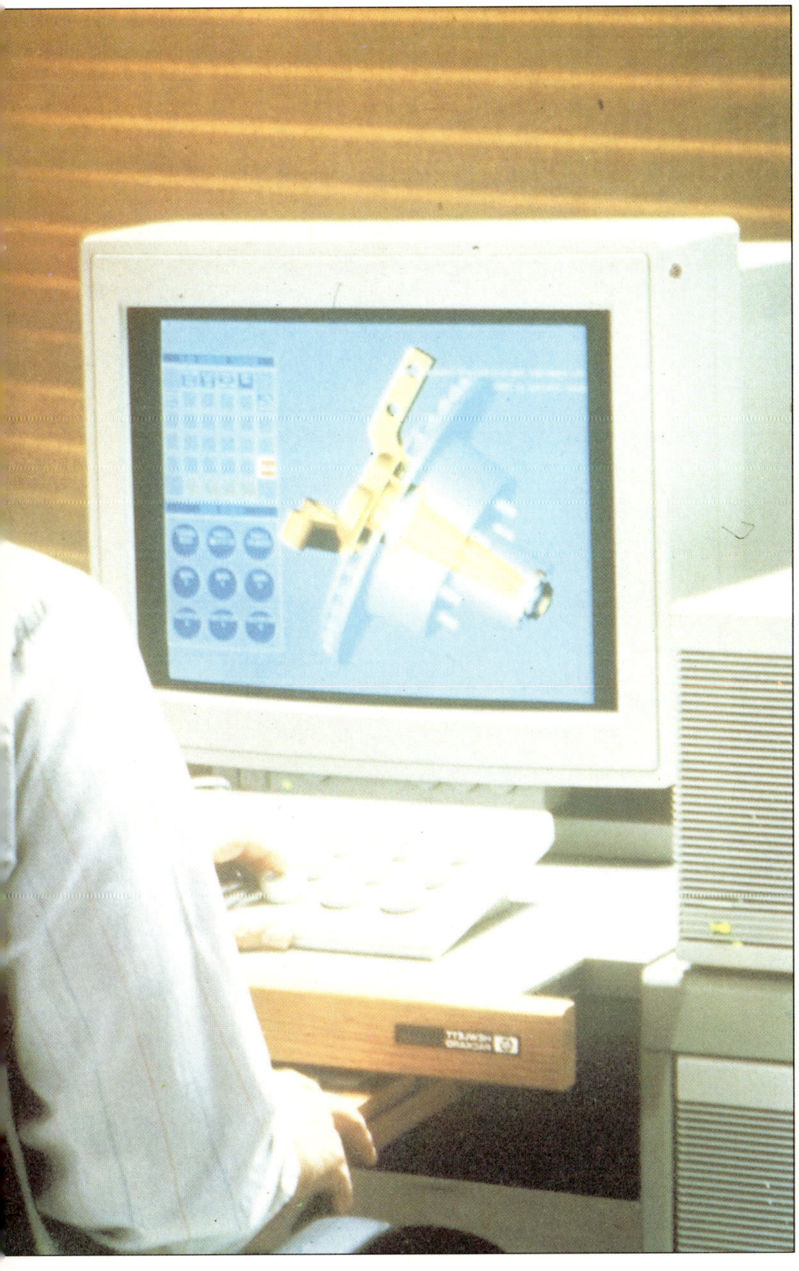

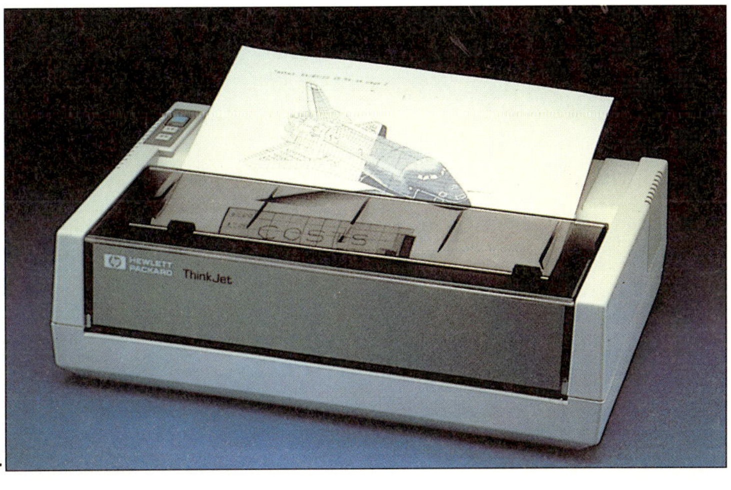

4

4 *Gleichzeitig hat die stetige Verbesserung der Techniken der peripheren Geräte dazu geführt, daß für Rechner der 4. Generation die Qualität der Druckausgabe weiter gesteigert wurde und sogar der Graphikdruck möglich wurde.*

Die restliche Zeit bringen sie jedoch mit weniger wichtigen Aufgaben zu.
Ab Mitte der 60er bis Mitte der 70er Jahre gab es die Rechner der **dritten Generation,** deren Betriebssysteme für allgemeine Aufgaben ausgelegt waren: große Maschinen, die allen Benutzern alle Möglichkeiten bieten sollten. Sie waren äußerst erfolgreich, auch wenn dabei in Kauf genommen werden mußte, daß die Programmausführung länger dauerte, die Handhabung des Systems erst mühsam erlernt werden mußte und die Wartung einer solchen Anlage aufwendig war. Jene Systeme ermöglichten gleichzeitig die Stapelverarbeitung, den Gemeinschafts-, den Mehrprogramm- sowie den Echtzeitbetrieb, so daß sie zwar gegenüber den Systemen der dritten Generation einen Fortschritt darstellten, jedoch äußerst schwer zu bedienen waren.

Die folgende, **vierte Generation** beinhaltet die Computer der 70er Jahre bis zur Gegenwart. Sie vertritt also den gegenwärtigen Stand der Computertechnik. Der Ausbau der Rechnernetze und die Dialogverarbeitung haben für die Benutzer die Möglichkeit geschaffen, mit Rechnern zu kommunizieren, die weit entfernt von ihrem eigenen aufgebaut sind. Hierzu dienen spezielle Terminals, die entweder mit den herkömmlichen Nachrichtennetzen verbunden oder unter sich vernetzt sind.
Gleichzeitig steht den Benutzern durch die Verbreitung der Mikrocomputer, die auch dem Personal Computer (PC) zur Popularität verhalfen, eine beträchtliche Rechenleistung zur Verfügung, auf die sie jederzeit und überall völlig unabhängig zugreifen können. Die spektakuläre Senkung der Anschaffungskosten für einen Computer hat dabei ihr übriges für dessen Verbreitung getan.
Ein Personal Computer verfügt im allgemeinen über eine Schnittstelle zur Ein-/Ausgabe der Daten (z.B. zum Drucker), kann aber auch als Terminal einer größeren Rechenanlage benutzt werden. Der Benutzer ist daher nicht auf einen einzigen Computer beschränkt und kann ohne weiteres an einem System mit Gemeinschaftsbetrieb teilnehmen. Die gestiegene Kommunikation zwischen Computern und die verbreitete Anwendung von Rechnernetzen hat jedoch auch Probleme mit der Datensicherung zur Folge, denn die Verbindungsleitungen sind im allgemeinen anfällig. Daher wurden **Schlüssel** entwickelt, mit denen vertrauliche Information völlig sicher über das Netz geschickt werden kann. Das Original ist dabei auf eine Weise verschlüsselt, die nur der Empfänger kennt.
Die vermehrte Anwendung von Computern und deren Vordringen in Bevölkerungsschichten, die mit der Informatik nicht allzu vertraut waren, hatten die Entwicklung von Computern zur Folge, die speziell auf die Benutzer zugeschnitten sind und ihnen

5

6
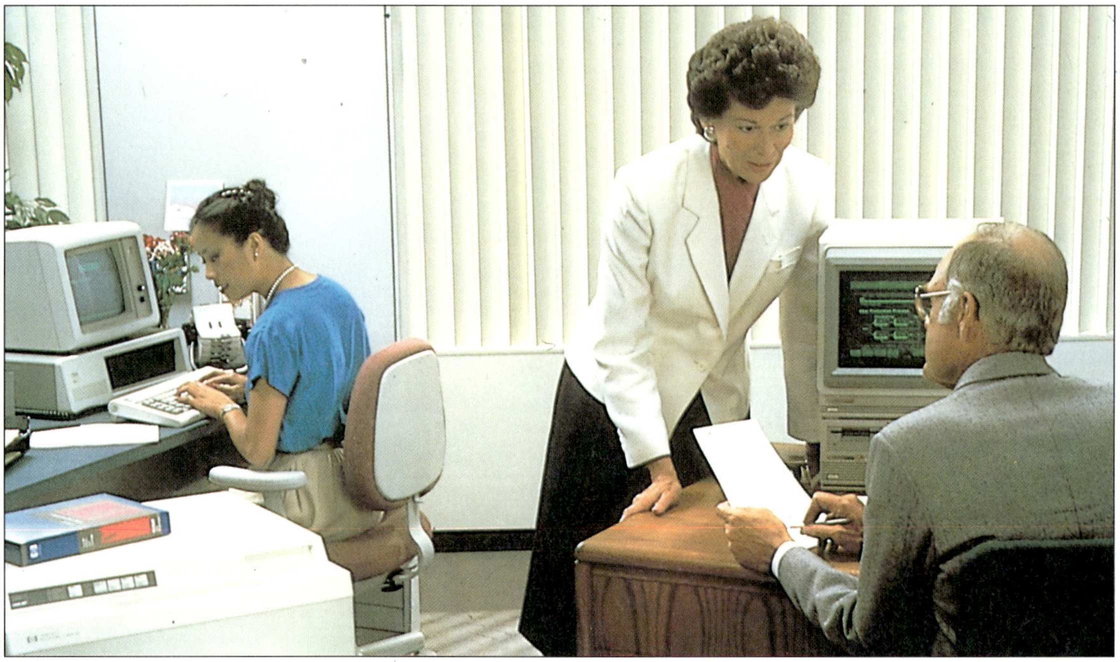

5 Zwar gab es eine Zeit, in der Computer kein Betriebssystem besaßen. Heute jedoch sind alle Rechner, von Großrechnern bis zum Personal Computer, mit einem Betriebssystem ausgestattet.

6 Mit der dritten Rechnergeneration wurde der sogenannte Gemeinschaftsbetrieb (time-sharing) eingeführt. Dabei steht jeder Benutzer über ein Terminal im Dialog mit dem System. Der Benutzer gibt die Befehle über die Tastatur ein, und der Computer verarbeitet sie, indem er jedem Benutzer eine bestimmte Rechenzeit zuteilt.

7

8

den Zugang zu dessen Rechenleistung erleichtern sollten. Die Einführung menügesteuerter Systeme ist kennzeichnend für diese Entwicklung. Ein **Menü** enthält eine Reihe von Optionen (Wahlvorschlägen) in abgekürzter, aber leicht verständlicher Form, aus denen der Benutzer eine auswählt und dem System bekanntgibt. Die betreffende Option wird dann ohne weitere Benutzereingaben ausgeführt.
In solchen Fällen spricht man von **virtuellen Maschinen,** ein Ausdruck für das breite Spektrum, das vom Betriebssystem selbst hergestellt wird. Der Benutzer interessiert sich nämlich nicht für die genauen physikalischen und technischen Vorgänge im System, sondern fordert lediglich, daß die gewünschten Funktionen möglichst schnell, zuverlässig und bedienerfreundlich ausgeführt werden.
Gleichzeitig gewinnen Datenbanken immer mehr an Bedeutung, da der Bedarf in bezug auf Verfügbarkeit, Handhabung und Benutzung von Daten Tag für Tag steigt. Gegenwärtig gibt es in der ganzen Welt Tausende von **Datenbanken,** die mit jedem beliebigen Terminal aus den entlegensten Gegenden über die Nachrichtennetze zugänglich sind. Diese vierte Computergeneration ist von dem Bemühen geprägt, die Rechenleistung dort verfügbar zu machen, wo sie auch gebraucht wird, und nicht – wie zu Beginn – die zu verarbeitenden Daten zu einer zentralen Recheneinheit zu transportieren.
Was die Zukunft angeht, so ist mit einem stetigen Kostenverfall zu rechnen, und zwar in dem Maß, wie die Entwicklung der Hochintegrationstechniken (VLSI und ULSI) fortschreitet. Die Tendenz zur Verwendung virtueller Maschinen wird sich erweitern, und die logischen Systeme werden immer benutzerfreundlicher, selbst für Laien im Gebiet der Informatik. Computer und ihre Rechenleistung werden in immer mehr Bereiche menschlichen Handelns, sei es privat oder beruflich, vordringen und dort verfügbar sein. Verstärkt wird diese Entwicklung noch vom Ausbau der Nachrichtennetze, den technischen Fortschritten in diesem Bereich und von einer erhöhten Informationsverfügbarkeit durch eine große Anzahl allgemein zugänglicher Datenbanken.

Konstruktion logischer Systeme

Die Entwicklung von Betriebssystemen stützte sich zu Beginn auf große Ansammlungen von logischen Systemen. Diese ließen die Tatsache unberücksichtigt, daß sowohl seitens der Hardware als auch der Software (des logischen Systems) bestimmte Garantien bestehen müssen. Aus dieser Notwendigkeit heraus entstand ein Zweig für die **Konstruktion logischer Systeme.** Er bietet einen strukturierten Zugang zur Software-Entwicklung und sorgt zugleich dafür, daß die Systeme zuverlässig arbeiten, verständlich und einfach zu handhaben sind.

Virtuelle Maschinen

Grundsätzlich wird damit die Erweiterung des Mehrprogrammbetriebs in der Weise erweitert, daß jedes Programm sich so verhalten kann, als ob es allein über eine komplette Rechenanlage verfügen würde. Voraussetzung dafür ist, daß der Adreßraum des Hauptspeichers im Sinne eines virtuellen Speichers mehrfach abgebildet werden kann und daß für alle Register, Statusworte, Geräteadressen und Geräte softwaremäßige Nachbildungen bereitstehen.
Das Konzept der virtuellen Maschine gestattet ein Höchstmaß an Portabilität von Programmen zwischen Rechenanlagen mit unterschiedlicher Zusammensetzung. Das Konzept der virtuellen Maschinen wird daher bevorzugt genutzt, wenn es darum geht, Betriebssystemumstellungen bzw. -anpassungen bei laufendem Systembetrieb vorzunehmen. Aber auch bei der Entwicklung neuer Software, wie z. B. Betriebsprogrammen, findet das Konzept der virtuellen Maschinen Anwendung. Auf diese Weise kann dem Programmierer ein eigener Rechner zur Verfügung gestellt werden, ohne daß dabei der normale Betrieb der Rechenanlage gestört wird.

7 *Die vierte Computergeneration ist von dem Bemühen geprägt, die Rechenleistung genau dort verfügbar zu machen, wo sie benötigt wird, ohne Daten zu einer Zentraleinheit transportieren zu müssen, damit sie dort verarbeitet werden.*

8 *Die vermehrte Anwendung von Computern und deren Vordringen in Bevölkerungsschichten, die mit der Informatik nicht allzu vertraut sind, bringen Systeme hervor, in denen Benutzern über Menüs der Zugang zur Rechenleistung erleichtert wird.*

Programmiersprachen (I)

Programmiersprachen können nach zwei Merkmalen unterschieden werden: nach ihrer Abstraktionsebene (wobei man 4 Ebenen unterscheidet) oder nach der Art ihrer bevorzugten Anwendung. In die Unterscheidung fließt auch die geschichtliche Entwicklung der einzelnen Sprachen mit ein. Die vier Abstraktionsebenen der Programmiersprachen sind, angefangen bei der höchsten Ebene: **deklarative Sprachen, höhere Programmiersprachen, Assemblersprachen** und **Maschinensprachen.** Deklarative (erklärende) Programmiersprachen haben am meisten Ähnlichkeit mit dem, was wir generell unter einer Sprache (z. B. dem Deutschen) verstehen. Allerdings geben sie die Befehle in Form von Entscheidungen weiter, die nicht etwa erkennen lassen, wie etwas geschehen soll, sondern lediglich, was gemacht werden soll. Diese Sprachen wurden entwickelt, um Anwendungsprogramme für Benutzer zu vereinfachen, indem die Sprachen angeglichen wurden und keine spezielle Programmierkenntnis oder -praxis mehr vorausgesetzt wird.

Die höheren Sprachen werden am häufigsten zum Programmieren benutzt. Auch wenn sie sich von den deklarativen Sprachen unterscheiden, können mit ihnen die Algorithmen doch in einer einfachen Weise ausgedrückt werden, die von verschiedenen Programmierern oder Benutzern nachvollzogen werden kann. Gleichzeitig bieten sie einen

1 Die Sprache, in der man mit dem Computer spricht, heißt Programmiersprache. Mit ihr werden alle Befehle und Anweisungen weitergegeben.

2 Die für den Einstieg in die Programmierung am besten geeignetste Sprache ist BASIC, von der es mehrere Dialekte gibt und die sehr verbreitet ist.

3 Zur Kommunikation mit Computern ist es – wie bei Menschen, die eine andere Sprache sprechen – notwendig, ihre Sprache zu kennen.

4 CAD-Systeme für die Konstruktion sind gewöhnlich in höheren Programmiersprachen wie FORTRAN oder PASCAL programmiert.

1

2

3

4

wichtigen Vorteil: Sie können nämlich problemlos und ohne größere Änderungen zwischen Maschinen ausgetauscht werden, sind also systemunabhängig. Zu dieser Gruppe gehören die bekanntesten Programmiersprachen wie **APL, FORTRAN, PASCAL, COBOL, LISP, PROLOG, C, ADA** und **PL/I.**
Die Assemblersprachen und die Maschinensprachen dagegen sind in hohem Maß abhängig vom jeweiligen Rechner, d.h. jeder Maschine sind eine bestimmte Assembler- und Maschinensprache zugeordnet. Die Assemblersprache ist nichts als eine symbolische Darstellung der Maschinensprache, zu der sie gehört. Sie hat den Vorteil, daß sie die Programmierung in Maschinensprache erleichtert. Diese ist im Grunde die Sprache der Maschine, und daher müssen auch alle Anweisungen an die Maschine in eben dieser Sprache erfolgen. Der Unterschied zwischen beiden Sprachen besteht darin, daß in der Assemblersprache Symbole für Operationen erlaubt sind (z.B. „M" für Multiplikation), während dies bei der Maschinensprache numerisch verschlüsselt ausgedrückt werden muß, da ein Computer ja nur diese Art von (binärer) Information kennt. Die Merkmale der verschiedenen Programmiersprachen lassen erkennen, daß mit der Abnahme des Abstraktionsgrades eine Sprache mehr Ähnlichkeit mit der Maschinensprache gewinnt, während sie sich gleichzeitig immer weiter von unserer natürlichen Alltagssprache entfernt.
Beim Programmieren ist daher eine **Schnittstelle** zur Maschinensprache erforderlich, um ein ausführbares Programm zu erhalten. Es gibt grundsätzlich drei Arten von solchen Schnittstellen: **Assembler, Kompiler** und **Interpreter.** Die ersten beiden wandeln ein Programm vor der Ausführung in Maschinensprache um. Der Interpreter führt die Anweisungen in einer höheren Sprache direkt aus, d.h. ohne vorherige Umwandlung.
Von den oben genannten Schnittstellen ist der Kompiler bei den meisten Maschinen am wirksamsten, da jede Entscheidung des Programms genau einmal in Maschinensprache übersetzt wird. Der Interpreter dagegen ist dann von Vorteil, wenn bei jeder Ausführung eines bestimmten Programms der Programmtext geändert wird (z.B. bei der Testprogrammierung oder bei Schulungen). Hier nämlich kann ein Fehler viel leichter erkannt und korrigiert werden als bei den bereits kompilierten Sprachen, wo sich Fehlermeldungen des Systems direkt auf Entscheidungen im Quelltext des Programms beziehen.
Schließlich ist noch zu erwähnen, daß die Entwicklung von Maschinen, deren Maschinensprachen bereits höhere Sprachen sind, die Kompilierung überflüssig und damit auch ihre Vorteile gegenüber dem Assembler und Interpreter zunichte macht.

Entwicklung von Programmiersprachen
Die Entwicklung von Programmiersprachen setzt Kenntnisse in verschiedenen Gebieten voraus, wie z.B. der Computerarchitektur, der formalen Sprachen, der Linguistik und der Theorie der Automaten. In der Syntax der Programmiersprachen kann mit kurzen mathematischen Ausdrücken bestimmt werden, ob eine Entscheidung syntaktisch richtig ist oder nicht, d.h. sie ermöglicht eine strenge Definition. Die syntaktischen Möglichkeiten einer Programmiersprache beinhalten u.a. die bereits erwähnte formale Beschreibung und die

5 *Von der Art der Anwendung, für die ein Computer eingesetzt wird, hängt ab, welche Programmiersprache benutzt wird. Verschiedene Anwendungen können unterschiedliche Sprachen erfordern.*

5

6

8

7

Zeichen, aus denen die Sprache besteht, sowie deren Erkennung, die Eindeutigkeit von Ausdrükken und den Zusammenhang zwischen der Art der verwendeten Programmiersprache und Syntax. Hinzu kommt der Gesichtspunkt der Bedeutung, der sich zum einen auf die syntaktischen Strukturen der Programmiersprache und zum anderen auf deren angemessene Darstellung in Maschinensprache bezieht. Alle diese Aspekte spielen bei der Entwicklung von Programmiersprachen eine wichtige Rolle und bestimmen deren jeweilige Merkmale.

Anwendungen der verschiedenen Programmiersprachen

Im allgemeinen werden Programmiersprachen für ganz spezielle Anwendungen entwickelt, z.B. für wissenschaftliche Zwekke, Text- oder Datenverarbeitung, für künstliche Intelligenz oder für die Systemprogrammierung. Bei den wissenschaftlichen Anwendungen geht es um Zahlen und Zahlentabellen, auf die dann mathematische und statistische Verfahren angewendet werden (z.B. numerische Näherungen bei Differentialgleichungen, Regressionsanalysen, statistische Tests usw.).

Die Datenmengen sind zwar generell gering und ihre Struktur einfach, dennoch gibt es Fälle, in denen sie vor einer Analyse verringert werden müssen, etwa bei den Satellitendaten, die zur Erde geschickt werden. Die Sprachen sind mathematisch vielschichtig, ebenso wie die Probleme, die sie zu lösen versuchen. Das Erarbeiten der Algorithmen setzt daher die genaue Kenntnis der zugrunde liegenden mathematischen Prinzipien voraus. Ein weiteres Problem stellt schließlich die **Rechenleistung** dar. Bei dieser Art von Aufgaben beansprucht nämlich die arithmetische Verarbeitung der Daten die Zentraleinheit viel mehr Leistung als die Ein- oder Ausgabe, da weder die Eingangsdaten für die Problemdefinition noch die ausgegebenen Resultate große Datenmengen darstellen.

Die Verarbeitung der Daten umfaßt im wesentlichen Aufgaben wie das Heraussuchen, die Erstellung, Verwaltung und verkürzte Darstellung der Daten in Dateien und Registern. Gewöhnlich wird die Datenverarbeitung zur Lösung betriebswirtschaftlicher Aufgaben eingesetzt in Bereichen wie Lohnbuchhaltung, Buchführung, Rechnungswesen, Lagerverwaltung, Produktionssteuerung, Verkauf sowie für weitere Verwaltungsaufgaben. Die Dateien in diesen Bereichen enthalten große Datenmengen, verschlüsselt in Hunderten von Zeichen und Tausenden von Sätzen. Deren arithmetische oder sonstige Verarbeitung beansprucht jedoch weniger Rechenzeit als Daten in wissenschaftlichen Anwendungen. Die häufigste Verarbeitungsart ist hier nämlich die Ein- und Ausgabe von

6 *Wie bei Menschen kann es auch bei Computern zu Verständigungsschwierigkeiten kommen. Eine Kommunikation kommt daher nur zustande, wenn sie kompatibel sind.*

7 *Hinter jeder Programmiersprache steht das Bemühen, eine oder mehrere spezielle Programmieraufgaben zu erleichtern, wie z.B. die Steuerung.*

8 *Mit einigen Sprachen kann eingegebene oder verarbeitete Information graphisch dargestellt werden. Sie werden vorzugsweise für die Bildverarbeitung verwendet.*

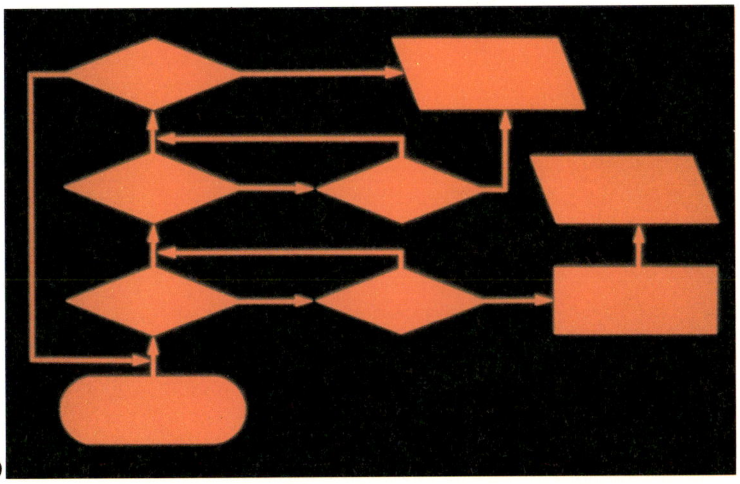
9

10

Daten (Suche, regelmäßige Buchungen, Buchung von speziellen Daten, Zugangs- und Abgangsbuchungen, Änderungsbuchungen usw.). Diese Anwendungen erfordern viel Speicherplatz, nehmen jedoch wenig Rechenzeit in Anspruch. Daher werden sie vorwiegend mit der Stapelverarbeitung (im Batch) und weniger im Dialog verarbeitet. Der Dialogbetrieb ist von Vorteil, wenn eine Aktivität eine Reihe anderer auslöst, wie z.B. bei der Bestellung eines Flugtickets die automatische Reservierung, Bezahlung usw.

Einen besonderen Fall stellt die Textverarbeitung dar. Bei dieser Anwendung geht es hauptsächlich um die Erstellung, Veränderung und Bearbeitung von geschriebenen Texten in natürlicher Sprache und nicht so sehr um Daten mit numerischen Zeichen. Die Textverarbeitung verwendet die Verarbeitungsalgorithmen für die gleichen Funktionen, die auch ein Stenotypist bei der Bearbeitung seines Originals ausführt. Die Algorithmen unterscheiden sich von denen zur Lösung anderer Programmieraufgaben. Sie ermöglichen nämlich das Arbeiten mit natürlichen Sprachen nicht nur mit abendländischem Zeichensatz in allen Varianten, sondern bieten auch andere Zeichensätze, wie z.B. Kyrillisch, Japanisch, Arabisch usw.

Die Programmiersprachen, die zur Lösung von Aufgaben im Bereich der künstlichen Intelligenz eingesetzt werden, dienen zur Nachbildung der Vorgänge im menschlichen Gehirn. Sie enthalten Algorithmen für Spiele (z.B. Schach), Programme zum Verstehen von natürlicher Sprache, für die visuelle Wahrnehmung (das Sehen) durch Computer oder die Programmierung von Robotern und Expertensystemen.

Vor allem die Leistungsanforderungen an Computer der fünften Generation werden die Entwicklung neuer Computersprachen und neuer Anwendungssoftware notwendig machen. Die Basissoftware wird sich nach Expertenmeinung auf drei universelle Wissensbanken stützen können. Diese Banken sind als Bausteine des Wissensbank-Verwaltungssystems angeordnet. Die einzelnen Teile werden neben einem Grundwortschatz einfache Satzmuster und Schriften, Wörterbücher und Satzbauregeln verschiedener Sprachen und verschiedene andere Komponenten bereitstellen, die mit natürlicher Sprache in Zusammenhang stehen. Die im System enthaltene Wissensbank wird Spezifikationen des Systems selber enthalten, eine Komponente mit dem Sprachhandbuch und eine Komponente mit Programmodulen. Drei Kategorien von Programmiersprachen sollen in einem Computer der fünften Generation möglich sein: natürliche Sprache, Kernsprache und höhere Anfragesprachen. Nur die Kernprogrammiersprache wird von den Wissenbank- sowie von den Problemlöse- und Inferenzmaschinen direkt unterstützt. Die Kernsprache soll eine Problemlösesprache sein, die wie PROLOG (siehe Seite 51) auf Prädikatenlogik basiert. Andere Sprachen werden mit Hilfe der Kernsprache ergänzt. Dies soll alle Benutzer von Computern der fünften Generation instand setzen, Sprachen wie PROLOG oder LISP (siehe Seite 50) nicht mehr lernen zu müssen. Statt dessen sollen künftige Computerbenutzer mit den Maschinen durch die natürliche Sprache in Verbindung treten.

Schon heute aber dienen die Sprachen zur Programmierung von Systemen, die als Schnittstelle zwischen der Hardware des Computers und dem Operator oder Programmierer fungieren. Dazu gehören sowohl der Compiler, Assembler und Interpreter als auch verschiedene Ein-/Ausgaberoutinen und Werkzeuge zur Verwaltung und Benutzung der vom Rechner zur Verfügung gestellten Betriebsmittel. Diese Anwendungen unterscheiden sich dadurch, daß mit ihnen die Ausführung verschiedener Programme (die im allgemeinen asynchron verlaufen) gesteuert sowie unvorhersehbare Ereignisse, wie beispielsweise Fehler bei der Ein- oder Ausgabe von Daten, behandelt werden können.

Häufig taucht die Frage auf, wo die optimale Schnittstelle zwischen dem Betriebssystem und der Anlage liegt, welche Funktionen demnach vom Betriebssystem und welche maschinentechnisch zu realisieren sind. Eine allgemeingültige Antwort kann es darauf sicher nicht geben, doch je weniger Funktionen maschinentechnisch verwirklicht sind, um so mehr Funktionen muß das Betriebssystem übernehmen. Für den Benutzer ist daher immer die Schnittstelle zwischen ihm und dem Betriebssystem interessant, die durch eine eigene Sprache, die Betriebssprache, realisiert wird. Benutzeranweisungen an das Betriebssystem erfolgen also mit Hilfe dieser Sprache.

Es muß darauf hingewiesen werden, daß diese Beschreibung der Anwendungsmöglichkeiten keinesfalls erschöpfend ist. Hat doch unter anderem die Verwaltung von Datenbanken in letzter Zeit immer mehr an Bedeutung gewonnen, in der Wissenschaft wie auch im Bereich der künstlichen Intelligenz. Die Textverarbeitung ihrerseits ist mit der künstlichen Intelligenz – was die Techniken für die maschinelle Übersetzung der natürlichen Sprachen betrifft – untrennbar verbunden.

9 *Die Befehlsstruktur in einer Programmiersprache wird in Form von Flußdiagrammen dargestellt, wie auf der Abbildung zu sehen ist.*

10 *Die Unterschiede zwischen einer höheren Programmiersprache (z.B. FORTH) und der natürlichen Sprache zeigen sich im Vergleich zu den entsprechenden Anweisungen an einen Industrieroboter.*

Programmiersprachen (II)

Gegenwärtig gibt es über 100 Programmiersprachen. Einige von ihnen stellen jedoch nur „Dialekte" einer kleinen Gruppe von am häufigsten verwendeten Sprachen dar. Diese gebräuchlichsten Programmiersprachen wollen wir im folgenden kurz darstellen:

ALGOL
ALGOL ist eine von den höheren Programmiersprachen. Der Name setzt sich zusammen aus dem englischen **Algorithmic Language.** Sie entstand 1958, als eine Gruppe europäischer und nordamerikanischer Experten auf ihrem Treffen in Zürich die Sprache **IAL** (International Algebraic Language) schufen, die sich später ALGOL nennen sollte. ALGOL war in den 60er Jahren, und vor allem in Europa, besonders beliebt. Ihr strenger Aufbau führte zu neuen Standards bezüglich der Entwicklung und Verwirklichung von Programmiersprachen. Da sie auf Verarbeitung und Rechenoperationen ausgerichtet war, wurde sie bald zu einer universalen Sprache für die Veröffentlichung von Algorithmen. Sie wurde durch eine ihrer Versionen ersetzt, die den Namen PASCAL erhielt.

PASCAL
Höhere Sprache, die 1970 als verkürzte Version von ALGOL entstand und erst im Jahr 1983 offiziell genormt wurde. Heute ist sie die in den meisten Rechnern eingesetzte Sprache. Durch einige Erweiterungen ist PASCAL zwar allgemein anwendbar geworden, ursprünglich war sie jedoch speziell für die Lehre im Bereich der Konstruktion von Algorithmen und der Programmiermethodik gedacht. Sie ist ausgesprochen gut definiert und bietet daher die Möglichkeit, Algorithmen präzise und elegant auszudrücken. Daher wurde sie zu der am meisten verwendeten Programmiersprache für die Informatik-

1 *Jedes Anwendungsprogramm benötigt für seine Strukturierung und Ausführung eine bestimmte (meist höhere) Programmiersprache.*

2 *Große EDV-Anlagen und kleine Computer bei uns zu Hause verwenden die gleichen Sprachen, abhängig von der jeweiligen konkreten Anwendung.*

3 *Bestimmte militärische Anforderungen führten bisweilen – wie im Fall von ADA – zur Entwicklung von Programmiersprachen für spezielle Probleme.*

ausbildung an Universitäten. Da sie bestens geeignet ist für die Definition von Datenstrukturen, findet sie auch verbreitete Anwendung im Ingenieurwesen, bei graphischen Techniken und in der Büroinformatik.

FORTRAN

Ebenfalls eine höhere Programmiersprache, 1954 entstanden, deren Name sich zusammensetzt aus dem englischen Formula Translating System, d.h. System zur Übersetzung von Formeln. Seit ihrem Entstehen hat sie sich vor allem im wissenschaftlichen Bereich und im Ingenieurwesen durchgesetzt. Sie ist die älteste der höheren Programmiersprachen, hat sich aber gehalten dank ihrer hohen Flexibilität, sich neuen Programmiererfordernissen anzupassen. FORTRAN ist gekennzeichnet durch die große Zahl an mathematischen Formeln, die sie beinhaltet, und die Schnelligkeit, mit der der von ihrem Kompiler generierte Maschinencode ausgeführt wird. Sie findet daher hauptsächlich im wissenschaftlichen und technischen Bereich Anwendung. Einige ihrer erweiterten Versionen können zwar für Daten- und Textverarbeitung verwendet werden, sind aber dafür nicht ausgesprochen geeignet.

COBOL

Der Name COBOL kommt aus dem Englischen und ist die Abkürzung für Common Business Oriented Language. Wie der Name schon andeutet, wurde COBOL speziell für die allgemeinen wirtschaftlichen Anwendungen entwickelt. Damit sollte die Möglichkeit geschaffen werden, Programme und Programmiertechniken von verschiedenen Maschinen nutzbar und zwischen ihnen austauschbar zu machen. Bei der Verarbeitung von Daten ist COBOL die am häufigsten verwendete Programmiersprache. Außerdem ist sie dem natürlichen Englisch ähnlich, so daß ein in COBOL geschriebenes Programm direkt lesbar und verständlich ist. Der erste Entwurf von COBOL erschien 1960 und wurde von einer Gruppe aus Computerherstellern und (privaten und öffentlichen) Benutzern geschrieben. Erst die 1965 entstandene Version wurde vom nationalen Normungsinstitut der USA im Jahr 1968 anerkannt. COBOL war speziell für die Datenverarbeitung gedacht, kann aber auch für Textverarbeitung oder – was seltener der Fall ist – naturwissenschaftliche Aufgaben angewendet werden. Der wesentliche Vorteil von COBOL für die Datenverarbeitung besteht darin, daß sie verschiedene funktionale Bestandteile in sich vereinigt. Sie besitzt daneben andere Vorzüge,

4
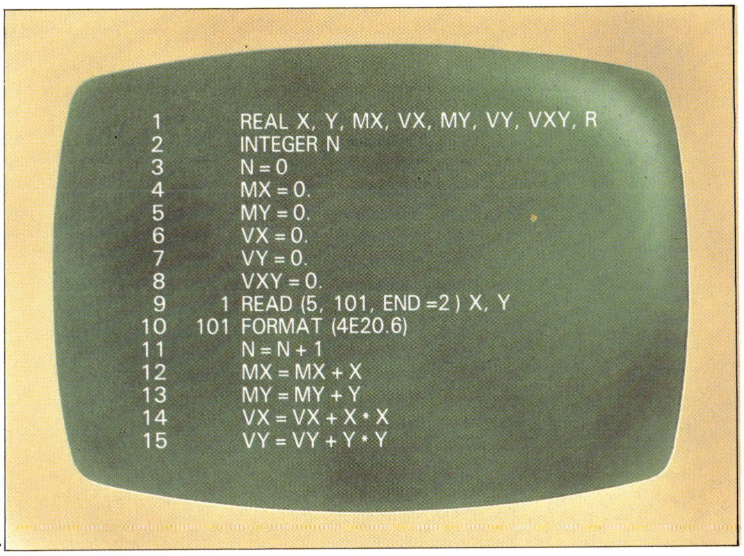

5
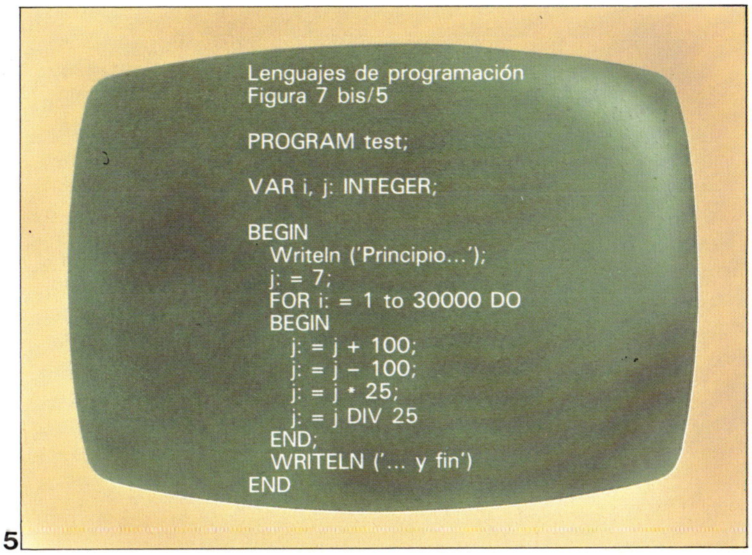

6

4 Auszug aus einem Programm (in FORTRAN IV) zur Berechnung des Korrelationskoeffizienten für eine lineare Regression.

5 Beispiel (in PASCAL) eines speziellen Tests zur Überprüfung der Geschwindigkeit arithmetischer Operationen.

6 BASIC entstand als Allzweckprogrammiersprache für die Einführung in die Informatik.

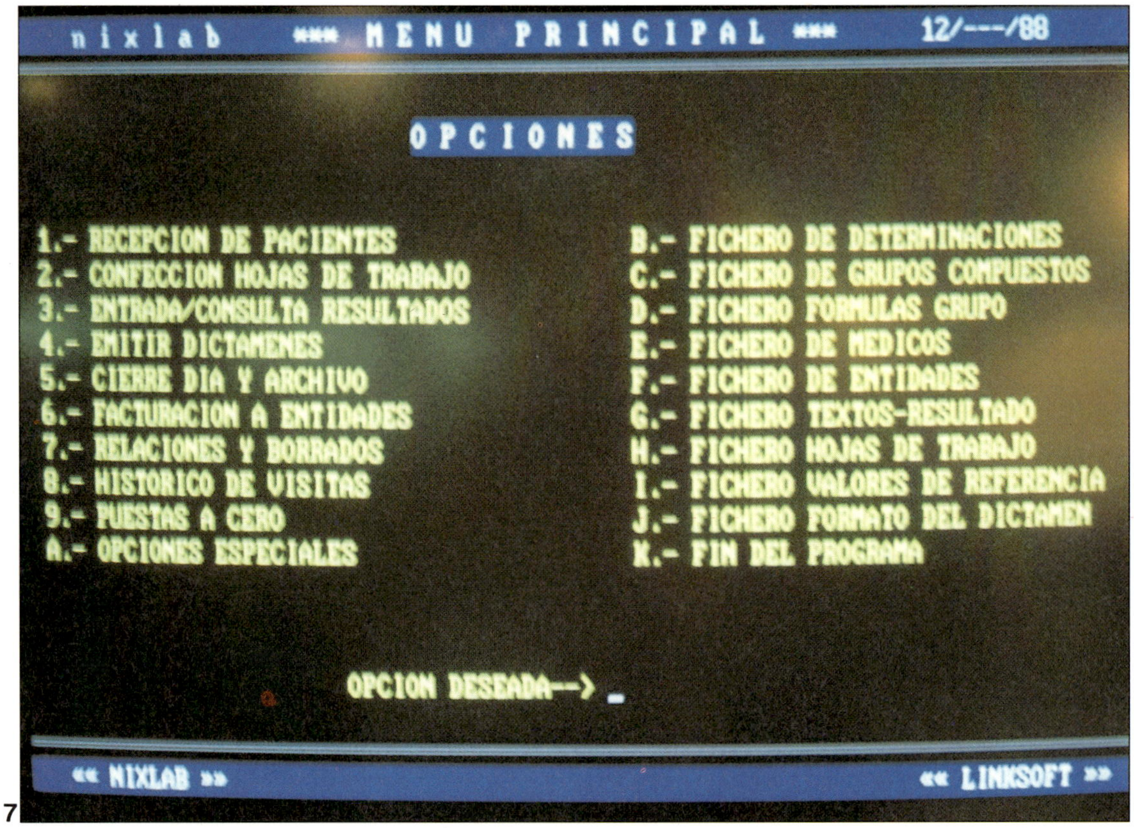

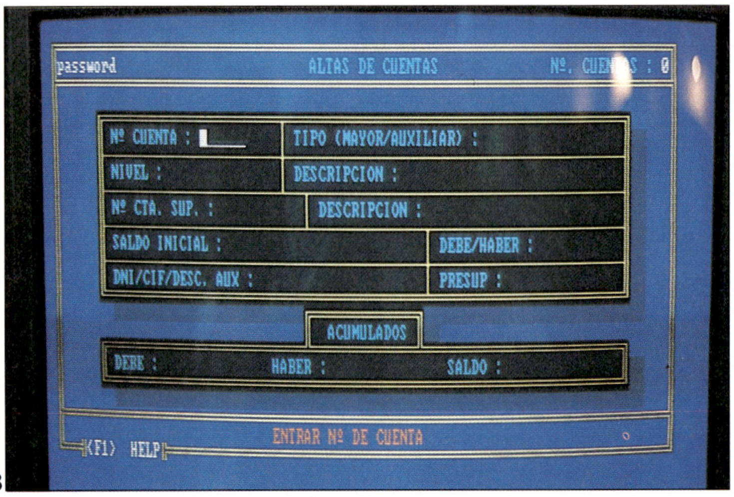

wie z.B. das leichte Sortieren von Daten, eine einheitliche Schreibweise oder eine Suchfunktion für Tabellen, die dem Programmierer das Auffinden, Aktualisieren, Organisieren, Editieren oder die Umstrukturierung von Dokumenten erleichtern.

PL/1

PL/1 ist ebenfalls eine höhere Programmiersprache, die die Vorzüge von COBOL und FORTRAN in sich vereinigen soll. Ihr Name entspricht den Abkürzungen des englischen Worts für die Programmiersprache (Programming Language). Ziel war, eine allgemeine Sprache zu entwickeln, die sowohl wissenschaftliche Anwendungen als auch Daten- und Textverarbeitung unterstützt und sich zugleich für die Programmierung von Systemen auf hoher Ebene eignet. Die erste Version, die zunächst NPL (New Programming Language, dt. neue Programmiersprache) hieß, wurde von IBM zum erstenmal als PL/1 eingesetzt. Zunächst stieß sie auf wenig Begeisterung, setzte sich nach stetiger Verbesserung aber dennoch durch. Es gelang ihr nicht, COBOL oder FORTRAN von ihrer Position zu verdrängen. Sie wird jedoch erfolgreich für die Entwicklung und Verwirklichung von großen Systemen eingesetzt, deren Programmierung eine fortgeschrittene und robuste Sprache erfordert und die vornehmlich für die kombinierte Verarbeitung von Dateien und Texten mit derselben Sprache eingesetzt werden.

APL

Die unter dem Namen APL (engl. Abk. für A Programming Language) bekannte Programmiersprache wird verwendet für die Lösung von Aufgaben mit Tabellen, Vektoren und Matrizen, für die interaktiv (im Dialog) eine Lösung gefunden werden soll. APL beinhaltet eine Reihe von speziellen Symbolen, die sich von den Standardcodes (z.B ASCII) unterscheiden. Sie wurde 1962 von **K. Iverson** entwickelt und enthielt zunächst die Definition einer Menge von Zeichen, die dann in die lineare Form einer Sprache gebracht wurde. Dennoch wurde sie nie standardisiert, denn sie benötigt z.B. ein spezielles logisches System, das sich von den Systemen, die ASCII unterstützen, grundlegend unterscheidet. Zu den Hauptanwendungsgebieten von APL zählen wissenschaftliche und mathematische Aufgaben.

LISP

LISP steht für das englische List Processor und wurde ursprünglich für den Umgang mit symbolischen Formeln entwickelt. Von allen Sprachen eignet sie sich am besten, um regelhaft wiederkehrende (rekursive) Algorithmen darzustellen, die dynamische Datenstrukturen bearbeiten. Außerdem verfügt sie über eine hohe Ausdrucksfähigkeit und einen sehr einfachen Stil. Aus diesem Grund hat sie sich im Bereich der künstlichen Intelligenz neben anderen Sprachen durchgesetzt. LISP wurde zwischen 1956 und 1958 von **J. McCarthy** entwickelt und anfänglich verwendet, um Informationen mittels einer formalen Sprache darzustellen und aufgrund der daraus gezogenen Schlüsse ein Programm zu entwickeln. Die Darstellung geschieht dabei in Listenform. LISP wurde nie standardisiert. Sie ist jedoch eine Sprache für die Programmierung auf hoher Ebene, in der sich das Programm aus einer Reihe von Funktionsdefinitionen (bestehend aus Funktionsname, Parameter und notwendigen Operationen) zusammensetzt. Es gibt drei Arten von Funktionen: Basisfunktionen, Bedingungsfunktionen und solche, die von anderen Funktionen aus aufgerufen werden. Die letzteren schaffen die Möglichkeit, eine Funktion beliebig oft aufzurufen, und deshalb spricht man bei LISP auch von einer hohen Rekursivität. Neben der Anwendung im Bereich der künstlichen Intelligenz zur Verarbeitung von Symbolen hat sie sich neuerdings auch in anderen Gebieten durchgesetzt, wie bei dem Verstehen der natürlichen Sprache oder der Wahrnehmung durch Computer.

7 *Der Benutzer von Anwendungsprogrammen benötigt keine Kenntnis der Programmiersprache, da er mit dem System über Menüs in natürlicher Sprache kommuniziert.*

8 *In kommerziellen Anwendungen ist die Verwendung von Bildschirmmasken weit verbreitet, in denen die einzelnen Daten angezeigt werden.*

9

PROLOG
Diese Sprache, deren Name sich ableitet von Programming in Logic, erlaubt eine vergleichsweise neue Art der Programmierung. Sie stützt sich im wesentlichen auf die Definition von Objekten und Folgebeziehungen zwischen Klassen von Objekten. Entwickelt wurde PROLOG für die künstliche Intelligenz. Sie basiert auf der propositionalen Algebra. Ihre heutige Beliebtheit verdankt sie zum Teil ihrem Einsatz in Computern der sogenannten **fünften Generation.** PROLOG wurde zu Beginn der 70er Jahre von der Forschungsgruppe Künstliche Intelligenz an der **Universität von Marseilles** entwickelt und 1972 zum erstenmal eingesetzt. Da sie ausschließlich im Bereich der künstlichen Intelligenz angewendet wurde, blieb sie nahezu unverändert und wurde auch nicht genormt. PROLOG wurde bei der künstlichen Intelligenz für den Beweis von Lehrsätzen und zur Problemlösung verwendet, aber auch für andere Probleme der mathematischen Logik, des Verstehens natürlicher Sprache und für Expertensysteme. Der von ihr geforderte Programmierstil hat sich in anderen Programmierumgebungen, wie z.B. der numerischen Programmierung oder der Datenverarbeitung, als nicht wirkungsvoll erwiesen, so daß PROLOG höchstwahrscheinlich nicht über den Bereich der künstlichen Intelligenz hinaus Verbreitung finden wird.

C
Auch C ist eine höhere Programmiersprache mit dem Ziel, die Ebene des Ausdrucks für eine Vielzahl von Anwendungen so wirtschaftlich wie möglich zu gestalten. Sie entstand 1972 und eignet sich hauptsächlich für Graphikanwendungen und die Betriebssystementwicklung. Obwohl sie ursprünglich für die Systementwicklung gedacht war, fand sie auch verbreitete Anwendung in numerischen Anwendungen, in der Textverarbeitung oder in Datenbanken.

ADA
ADA geht zurück auf eine Initiative des US-Verteidigungsministeriums, das erkannt hatte, daß das Fehlen einer angemessenen Programmiersprache die Kosten für das logische System ihrer Waffen in die Höhe trieb. 1978 entschied man sich für eine von vier vorgelegten Alternativen und verlieh ihr den Namen ADA, in Erinnerung an **Augusta Ada Byron,** Tochter des Lord Byron. Dieser arbeitete damals mit Ch. Babbage an der Entwicklung von Maschinen, die als Vorläufer der heutigen Computer betrachtet werden. Mit ADA wollte man eine höhere Programmiersprache schaffen. Fragen, die sich bei der Systemprogrammierung stellten, sollten sich mit ihr ausdrücken, entwickeln und verwalten lassen. Aufgrund ihrer Eigenschaften gilt ADA als Programmiersprache für allgemeine Zwecke. Zur Zeit steht noch nicht fest, ob ADA verbreitete Anwendung finden wird, obwohl sie die Fähigkeit dazu in vielen Bereichen der Programmierung mitbringt.

BASIC
BASIC ist unter den in Mikrocomputern verwendeten Programmiersprachen die beliebteste. Ihre ersten Versionen erschienen 1964 und sollten damals Studienanfängern der **Universität von Dartmouth** (USA) den Gebrauch von Computern erleichtern. Ihr Name setzt sich zusammen aus dem englischen Beginners Allpurpose Symbolic Instruction Code, etwa allgemeiner symbolischer Code für die Unterrichtung von Anfängern. Heute ist diese Sprache und ihre Dialekte die bei Anwendungen auf kleinen Computern (z.B. PCs) am häufigsten verwendete Programmiersprache. Sie ist bestens geeignet für die direkte Kommunikation (den Datenaustausch) zwischen Benutzer und der EDV-Anlage, z.B. bei der Textverarbeitung.

9 *Heute kommen Kinder schon sehr früh mit Computern in Berührung, einem Hilfsmittel, das sie für immer begleiten wird und mit dem sie sich „unterhalten" müssen.*

Datenbanken

1

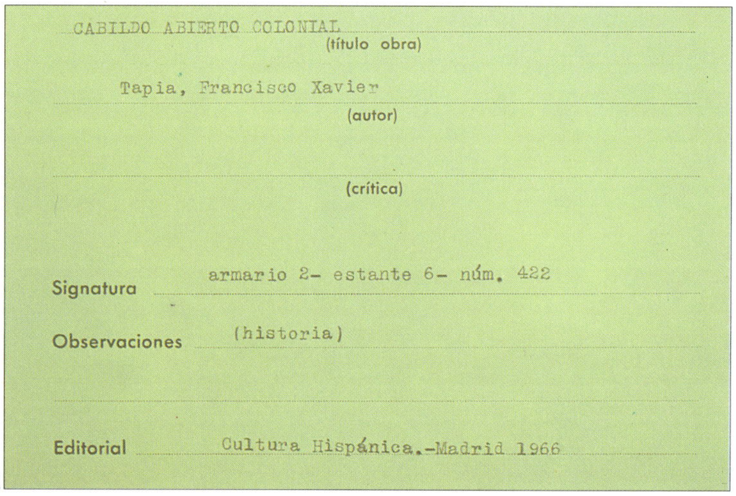
CABILDO ABIERTO COLONIAL
(título obra)
Tapia, Francisco Xavier
(autor)
(crítica)
Signatura armario 2- estante 6- núm. 422
Observaciones (historia)
Editorial Cultura Hispánica.-Madrid 1966

2

3

Die Datenverarbeitung hat es möglich gemacht, immer größere Datenmengen immer besser zu verarbeiten. Mit der Zeit erkannte man die Notwendigkeit, Dateien zentral zusammenzufassen und somit Redundanz, also die mehrfache Speicherung identischer Daten, zu vermeiden. Leider warf diese Lösung wieder neue Probleme auf bzw. verstärkte bereits bestehende. Die Methoden, mit denen man diese Probleme zu lösen versucht, werden unter der Bezeichnung **Datenbanktechniken** zusammengefaßt.

Datenbankverwaltungssysteme wurden parallel zu den physikalischen Systemen und Programmiersprachen entwickelt. Verwirklicht wurden sie jedoch erst mit den Rechnern der dritten Generation. Bei den ersten Systemen dieser Art mußte das Anwendungsprogramm bei einer Anfrage nach benötigten Daten genau angeben, welche Daten gewünscht werden und welcher Zugriffspfad dorthin führt. Die Rechner der vierten Generation ermöglichten Datenbanksysteme, bei denen das System selbst den bestmöglichen Zugriffspfad für die gewünschten Daten ermittelt. Zukünftig, d.h. mit den Rechnern der fünften Generation, wird man nicht mehr von Datenbanken, sondern von **Wissensbanken** sprechen, die sowohl Expertensysteme unterstützen als auch Anfragen in natürlicher Sprache verstehen und sogar beantworten können.

Redundanz

Läßt sich eine Dateneinheit A aufgrund einer gespeicherten Menge von Daten B, C und D usw. bestimmen, so sagt man auch, A ist aus B, C und D usw. ableitbar. Wenn in einem solchen Fall das Datum A zusätzlich zu B, C und D usw. gespeichert wird, liegt **Redundanz** vor, nämlich die Speicherung eines Datums zusammen mit den Daten, von denen es ableitbar ist. A ist also redundant mit B, C und D usw.

Redundanz kann viele Formen annehmen, von der mehrfachen Speicherung ein und desselben Datums unter verschiedenen Namen (z.B. A und B) bis hin zu den Fällen, wo sich Daten von einem oder mehreren anderen ableiten lassen, bspw. durch mathematische Verfahren (fester %-Anteil eines anderen Datums; oder direkt über einen bestimmten Algorithmus).

Man unterscheidet zwei wesentliche Arten von Redundanz: **logische** und **physikalische Redundanz.** Logische Redundanz liegt vor, wenn die Daten bereits vor ihrer Eingabe in den Computer redundant waren. Eine solche Redundanz ist immer unerwünscht, da sie den Umfang an zu speichernder Information erhöht, ohne daß daraus Vorteile entstehen (mit Ausnahme der Möglichkeit, Daten durch Gegenüberstellung zu prüfen). Von physikalischer Redundanz spricht man, wenn sie vom Rechner selbst hergestellt wird. Die redundanten Daten stimmen dabei überein. Diese Redundanz ist ein gewünschtes Hilfsmittel. Sie wird vor allem zur Ermittlung

1 *Ein einfaches Beispiel für eine Datenbank ist das Archiv einer Bibliothek. Jede einzelne Informationseinheit muß jedoch separat erzeugt und aufbewahrt werden, so daß der Platzbedarf steigt und die Daten schwer zugänglich sind.*

2 *Die Karteikarten, auf denen die Information zu den Büchern der Bibliotheken festgehalten werden, sind streng nach Vorschrift strukturiert, so daß Doppeleinträge vorkommen.*

3 *Für die Verwaltung großer Datenmengen mittels Datenbanken gibt es verschiedene Arten von Anlagen. Bei allen ist das Terminal eine der grundlegenden Komponenten und dient der Eingabe, Aktualisierung oder Veränderung der gespeicherten Daten.*

eines Datumswerts verwendet, der sich zwar ableiten ließe, dessen Ermittlung aber ausgesprochen schwierig ist und der zudem über lange Zeit gültig ist. In solchen Fällen ist es ratsamer, den Wert – obwohl er redundant ist – zu speichern, da er so nicht jedesmal neu berechnet werden muß. Diese Probleme treten häufig bei Unternehmen oder Institutionen auf, in denen aus politischen, wirtschaftlichen oder welchen Gründen auch immer – die Automatisierung der Datenverarbeitung und -speicherung unabhängig von der Firma bzw. Institution selbst begonnen wurde. So kam es zu redundanten Dateien mit Information über Lieferanten, Material für die Fertigung, Kunden usw. Die Datenbanktechniken stellen nun zunächst die Datenbank selbst zur Verfügung, in der die Datenbestände redundanzfrei (Ausnahme: physikalische Redundanz) miteinander verbunden sind, sowie ein System für den Zugriff auf die Daten, genannt Zeiger. So kann Redundanz vermieden, der Speicherplatzbedarf enorm herabgesetzt und die Zahl der Prozesse verringert werden. Ferner ist es nicht mehr erforderlich, Unstimmigkeiten zwischen den einzelnen Dateien zu verbessern. Um die Vorteile dieser neuen Datenanordnung nutzen zu können, müssen jedoch die folgenden Voraussetzungen gegeben sein: erstens die Vollständigkeit einer Datenstruktur, d.h., miteinander verbundene Dateien müssen zusammenhängend und weiterhin für den nichtsequentiellen (nicht-fortlaufenden) Zugriff verfügbar sein; zweitens die Steuerung des gleichzeitigen Zugriffs, damit gleichzeitig zugreifende Prozesse sich nicht gegenseitig beeinträchtigen; drittens der Schutz der Programme bezüglich der Veränderung von Merkmalen nicht mehr benötigter Daten; viertens Techniken zur Wiederherstellung von Dateien und schließlich fünftens die Steuerung des Datenzugriffs durch die verschiedenen Datenbankprogramme.

Die Werkzeuge zur Erfüllung der genannten Voraussetzungen werden unter dem Begriff **Datenbankverwaltungssysteme** zusammengefaßt und sind folgendermaßen gekennzeichnet: Die Beschreibung der Datenbank findet außerhalb der Programme statt und wird von dem Datenbankverwaltungssystem verwaltet. Die Programme kennen jedoch die jeweiligen Daten, die sie zu ihrer Ausführung benötigen. Da das Datenbankverwaltungssystem einen Überblick über die Gesamtheit der Daten hat, erfolgt der Zugriff der Programme auf die Daten nicht direkt, sondern eben über dieses. Schließlich steuert das Verwaltungssystem unter anderem auch den Zugriff auf Daten, die keinem bestimmten Anwendungsprogramm zugeordnet sind.

Informationseinheiten der Datenbanken

Die Struktur der Datenbank ist geprägt von einem System hierarchischer Einheiten. So ist zum Beispiel die kleinste Einheit das sogenannte **Elementardatum,** d.h. die Dateneinheit, die sich nicht aus anderen Daten zusammensetzt. Ein Beispiel für ein Elementardatum ist der Name einer Person. Die einzelnen Buchstaben, aus denen er sich zusammensetzt, haben für sich keine Bedeutung. Auf der nächsthöheren Ebene befinden sich Gruppen. Diese können wiederum aus Elementardaten, Gruppen oder beidem bestehen. Gruppen sind zum Beispiel Datumsangaben (Tag-Monat-Jahr).

Für die Übertragung von Daten zwischen Datenbanken bilden sogenannte **Segmente** (Abschnitte) die kleinste Einheit, die von einem Programm zum Datenbankverwaltungssystem übertragen werden kann. Die kleinste Einheit bei der Übertragung von Daten zwischen dem Verwaltungssystem und den Zugriffsmethoden auf die Einheit ist der Datensatz. Eine solche Einheit besteht im allgemeinen aus einem oder mehreren Datensätzen oder aus einem einzigen Segment, das zu mehreren Sätzen gehört. Bei der Übertragung zwischen den Zugriffsmethoden und dem physikalischen System ist die kleinste Einheit ein **Block** oder eine **Seite.** Beide können aus einem oder mehreren Sätzen (oder einem Teilsatz) bestehen und haben entweder eine feste oder veränderbare Länge. Eine **Datei** schließlich ist die größte Dateneinheit für das Betriebssystem. Für das Datenbankverwaltungssystem ist jedoch in Wirklichkeit die Datenbank selbst die größte Dateneinheit, wobei mehrere Datenbanken in einem Datenbanksystem gespeichert sein können.

4 *Ein MODEM ist unverzichtbar, wenn ein Computer an Übertragungsnetze angeschlossen werden soll, über die er entweder mit anderen Rechnern kommunizieren oder jegliche Art von selbst weit entfernt installierten Datenbanken ansprechen kann.*

Transaktion
Unter Transaktion versteht man die Ausführung eines Programms, Teilprogramms oder einer Menge von sich gegenseitig aufrufenden Programmen, mit denen Daten einer Datenbank auf den neuesten Stand gebracht werden. Bei jedem Aktualisierungsvorgang können Daten vervollständigt oder gelöscht werden. Die Aktualisierung ist eigentlich nichts anderes als das Lesen eines Satzes in einer Datei oder die Verarbeitung einer oder mehrerer empfangener Nachrichten.

Wissensbasis
Eine Wissensbasis ist Teil eines Expertensystems und enthält das gesamte Wissen der Experten auf dem jeweiligen Gebiet. Die Darstellung von Wissen erfolgt dabei in Form von Produktionsregeln oder semantischen Netzen (Bedeutungsnetzen). **Systeme zur Verwaltung von Wissensbasen** können nicht nur Information (die zuvor eingegeben wurde) bereitstellen, sondern müssen auch Schlüsse aus dem gespeicherten Wissen ziehen können.
Die Schlüsse werden wiederum als Tatsache gespeichert und für weitere Schlußfolgerungen genutzt. Aus der Sicht des Benutzers erfüllt das Wissensbasis-Verwaltungssystem drei Aufgaben: Einfügen von neuem Wissen, das entweder manuell eingegeben oder aus bekanntem Wissen gefolgert wird; Zugang zum gespeicherten Wissen aufgrund der Verknüpfungen zwischen den Wissensbestandteilen und ihrer Gruppierung. Als dritte Aufgabe Erörterungsvorgänge, die sich entweder auf Nachahmung, Übereinstimmung oder Ableitung gründen.
Das System zur Verwaltung einer Wissensbasis besteht aus drei Teilen: einer **Sachverhaltsbasis,** einer **Reihe von Regeln** für die Schlußfolgerungen und einem **Bestandteil zur Erörterung:** Hier werden bestimmte Regeln auf die Tatsachen angewendet, um dadurch neue Tatsachen in der Art von Schlußfolgerungen zu erhalten. Diese sind entweder aufsteigend (Anwendung der Regeln auf bekannte Tatsachen) oder absteigend (ausgehend von den zu zeigenden Tatsachen wird bewiesen, daß die Tatsachen nur bereits bewiesene Voraussetzungen erfordern). Diese Bestandteile können auf verschiedene Weise verwirklicht sein: über Dateien/Tabellen oder über Programme.
Bei der physikalischen Umsetzung der Tatsachen, Regeln und Erörterungsmechanismen werden die Tatsachen in **Sätzen aus Feldern mit festgelegtem Inhalt** dargestellt. Eine Art dieser Darstellung bedient sich **semantischer Netze,** in denen die Knoten die Tatsachen darstellen und die Verbindungslinien die Beziehung, die zwischen ihnen besteht. Diese kann entweder eine grammatikalische Beziehung, eine Element/Mengen-Beziehung, eine Menge/Teilmengenbeziehung usw. sein. Für die Regeln verwendet man die logischen Verknüpfungen der Prädikatenlogik wie Konjunktion (Verbindung), Disjunktion (Trennung) und Negation (Verneinung) sowie Variablen, Funktionen und Prädikate (die den

5

6

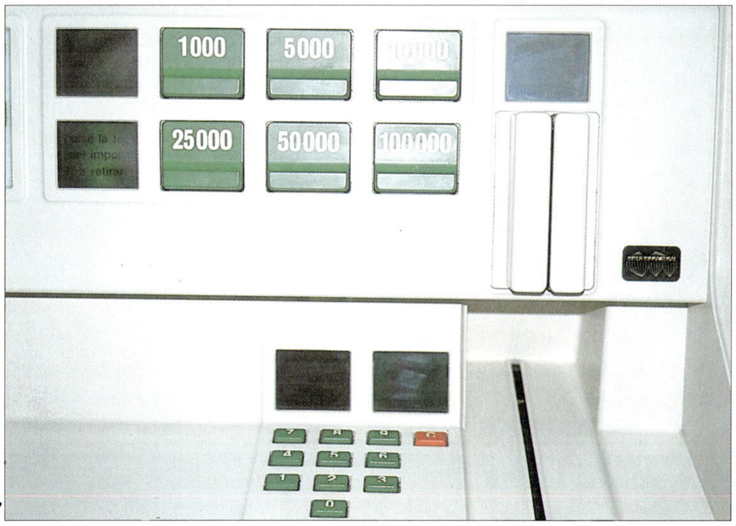

7

8

Registrierung, Steuerung und Verwaltung der Fracht schnell und effizient abgewickelt werden.

5 *Datenbanken vereinfachen die Arbeit in verschiedenen Fachbereichen erheblich, da sie die benötigte Information schnell, zum richtigen Zeitpunkt und in strukturierter Form bereitstellen.*

6 *Bei der Frachtabfertigung (s.Abb.) kann mittels Datenbanken, die die nötige Information bereitstellen und verwalten, die Registrierung, Steuerung und Verwaltung der Fracht schnell und effizient abgewickelt werden.*

7 *Der Bankensektor ist ein deutliches Beispiel für die intensive Nutzung von Datenbanken. Er hat wesentlich dazu beigetragen, daß die Entwicklung der Datenbanken rasch voranschritt.*

8 *Daten können entweder manuell (über die Tastatur eines Computers) oder über andere, automatisch verwaltete Archive eingegeben werden.*

9

10

Wert „wahr“ oder „falsch“ zuordnen) und Schlußfolgerungsregeln. Daneben werden auch Produktionsregeln verwendet. Hier besteht immer eine wenn-dann-Beziehung zwischen einer Situation und einer Aktion.

Der Datenbankrechner

Wie wir gesehen haben, werden Datenbanksysteme heute mit Hilfe mittlerer Rechner, aber auch mit Großrechenanlagen erstellt und stehen für einen allgemeinen Mehrnutzerbetrieb zur Verfügung.

Dabei kann die Belastung des Rechnerkerns sowie des Hauptspeichers und der Kanäle durch den Datenbankbetrieb so groß werden, daß eine starke Beeinträchtigung des übrigen Betriebs entsteht. Weitere Nachteile können sein: a) schwierige Realisierung von sich verändernden, gleichzeitigen Zugriffen von mehreren Benutzern zur Datenbank, b) keine zuverlässigen Maßnahmen gegen unberechtigten Zugriff und c) Schwierigkeiten beim Zugriff von anderen Rechnern eines Netzes auf die Datenbank.

Werden aber große Teile des Datenbanksystems in einen eigenen, nachgeordneten Rechner, den Datenbankrechner, ausgelagert, so lassen sich diese Mängel beseitigen und die bisherigen Nachteile können vermieden werden. Als Lösung bietet sich an, einen konventionellen Rechner mit entsprechend peripheren Einheiten als Datenbankrechner zu nutzen und auf ihm das Datenbanksystem per konventioneller Software zu realisieren. Dabei kann ein angepaßtes Spezialbetriebssystem verwendet werden, das auch in das Datenbanksystem integriert werden kann. Noch besser aber ist, als Datenbankrechner keinen herkömmlichen Rechner zu nehmen, sondern einen Rechner mit einer speziellen Architektur und mit neuartiger Hardware. Einen solchen Rechner bezeichnet man als Datenbankmaschine. Diese Datenbankmaschinen verlagern die Adressierungs- und Suchfunktionen des Datenbanksystems in spezielle Hardware-Komponenten. Mit Hilfe einer Datenbankmaschine vereinfachen sich die Änderungs- und Einfügungsoperationen erheblich.

Man braucht dann zwar eine größere Parallelisierung des Suchvorgangs, um Zeiten zu erzielen, die die bisherigen Software-Suchtecknikcn übertreffen, aber durch dic Parallclisicrung wird erreicht, daß mehrere Speicherbereiche gleichzeitig gelesen werden können.

9 *Die schrittweise Automatisierung in der Industrie wie bei Behörden hat teilweise das Problem der Redundanz (= Überlagerung) in Datenbanken erzeugt.*

10 *Mit den magnetisierten Disketten können beliebig viele Daten gespeichert werden.*

Telematik

Unter Telematik versteht man die Verbindung der charakteristischen Techniken der Telekommunikation und deren Einbindung in die Methoden und Verfahren der Informatik. Oder – anders gesehen – handelt es sich dabei um die Anwendung der Informatik in der Telekommunikation. Zuerst verwendete man den Begriff der **Tele-Informatik,** dessen Verkürzung **Telematik** ergab. Als eigentlicher Vorläufer der telematischen Techniken gilt der **Telegraph,** da seine Anwendung zu Beginn auf einem konkreten Codierungssystem, dem **Morsealphabet,** basierte. Er bestand aus Zeichen (Punkten und Strichen), die durch lange und kurze Stromstöße (Impulse) entstanden und die die Übertragung von Information über große Entfernungen hinweg erlaubten. Heutzutage benutzen sowohl der Sender einer Nachricht als auch der Empfänger die natürliche Sprache. Eine Schnittstelle zwischen der Sprache und den Impulsen, die die Maschine aussendet, empfängt, verschlüsselt und entschlüsselt, ermöglicht dabei die Kommunikation zwischen Sende- und Empfangsstation. Erfindungen wie die des **Telefons** durch **Alexander Graham Bell** (1847–1922), das sich auf die Kommunikation über kurze Entfernung spezialisiert hat, haben dazu geführt, daß der Telegraph vorwiegend für Kommunikationen über lange Strecken verwendet wurde. Charakteristisch für die letzten Entwicklungen auf dem Gebiet der Telekommunikation sind das **Telex** und die wachsende Notwendigkeit der Vernetzung von Computern, da ihre technische Weiterentwicklung immer neue Anforderungen an die Datenübertragung über lange Strecken stellt. Die Notwendigkeit der Kommunikation zwischen Computern sowie zwischen weiter entfernteren Terminals einer Anlage hat zu speziellen Techniken geführt, wie beispielweise dem **Teleprocessing,** dem **Fernwirksystem,** der **Tele-Informatik** usw. Die Telematik bietet heute eine große Zahl von Leistungen, die bereits realisiert oder in der Entwicklung sind. Diese Leistungen reichen von der Telebox, dem Telex bzw. dem **Teletext** bis hin zu **öffentlichen Datenbanken,** dem **Fernbanksystem** und **Videotext.** Außerdem ermöglicht die Telematik die Vernetzung von Computern zur Übermittlung von Daten zwischen ihnen und ihren Terminals anhand speziell hierfür eingerichteter Datennetze, wie z.B. dem Datex-P Netz. Eine weitere Leistung der Telematik ist schließlich die wachsende Vernetzung verschiedenartiger Netze (Datennetze, Telexnetze und Fernmeldenetze) zum sogenannten **Integrierten Sprach- und Datennetz** (ISDN). Seine Einführung in Europa ist für das nächste Jahrzehnt geplant. Das Integrierte Sprach- und Datennetz kann als Netz für die Kommunikation mit digitalisierter Information aller Art verwendet werden. Es existieren zwei grundsätzliche Netzarten, die sich durch das jeweils verwendete Übertragungsmittel unterscheiden: Kupferkabel- bzw. Glasfasernetze. Die erste Netzart heißt auch **Schmalbandnetz** und dient der Übermittlung von Signalen des Telefons, des Videotelefons, des Telex usw. Die zweite Netzart heißt **Breitbandnetz** und ermöglicht zusätzlich noch die Übertragung von Fernseh- und Radiosignalen in High-Fidelity-Qualität. Für diese Kommunikationsarten verwendet man Kommunikationswege mit großer Bandbreite und niedrigen Kosten (wie z.B. die Glasfaser). Dadurch stehen den Benutzern dieser Netze Kanäle zur Verfügung, die breit genug sind, um alle Leistungen des Netzes bieten zu können. Ziel ist die Verkabelung der Städte und großer Industriegebiete mit Glasfasern.
Heute werden die Medien für die Sprachübertragung verwendet, um Daten und digitalisierte Information zu übertragen, aber in naher Zukunft wird man die Digitalisierung der Sprache vorziehen, um nicht nur Daten und

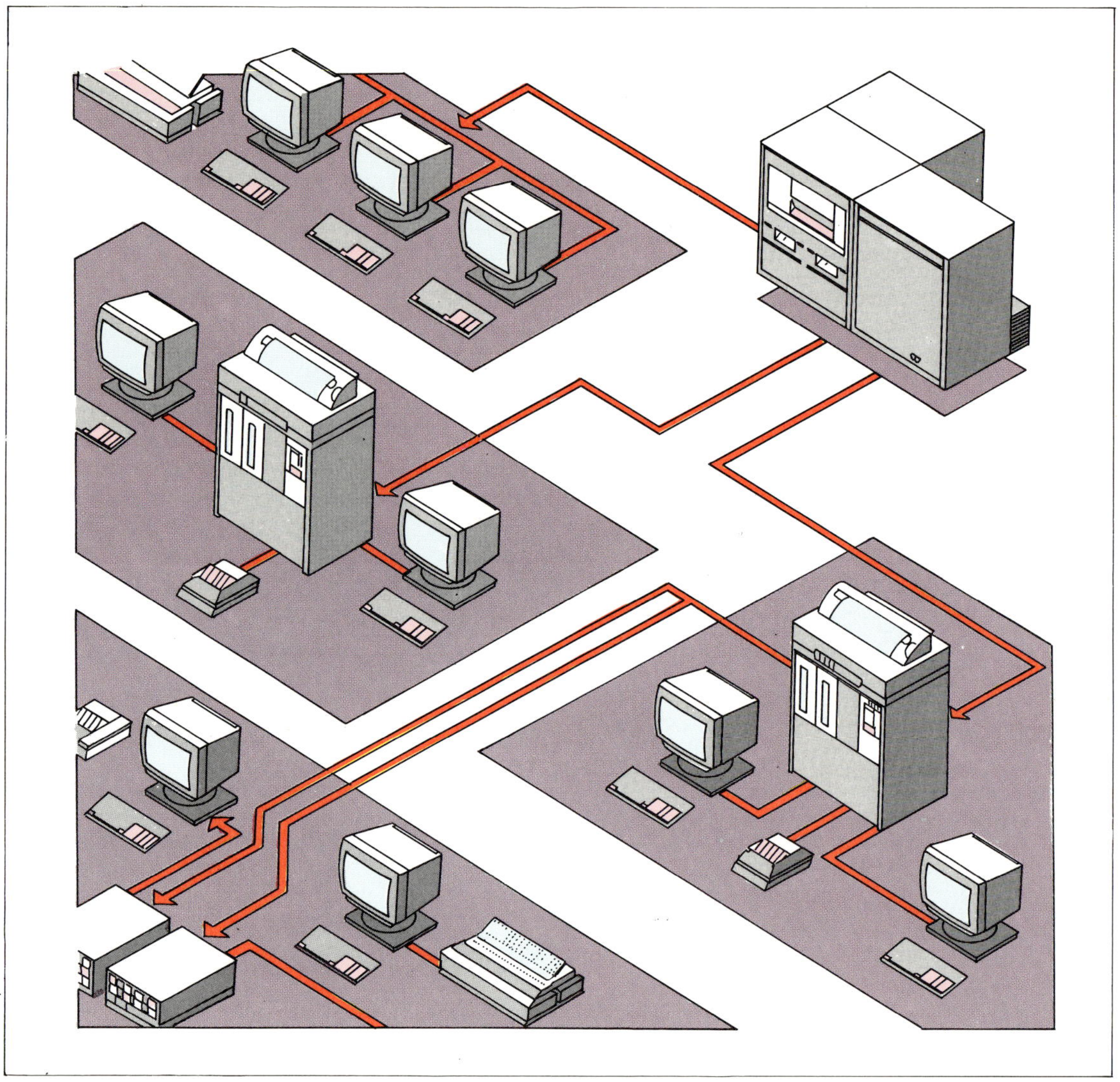

1 *Anhand lokaler Netze können verschiedene Computer eines Arbeitsbereichs miteinander kommunizieren und haben dadurch auch Zugriff auf alle Daten.*

2

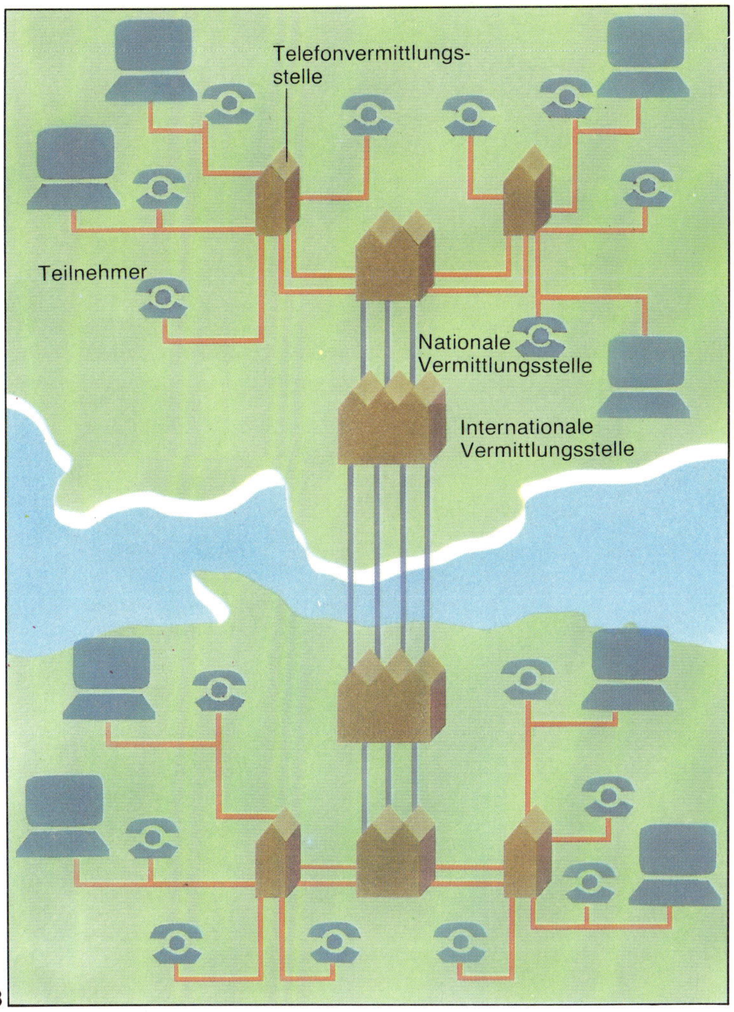

3

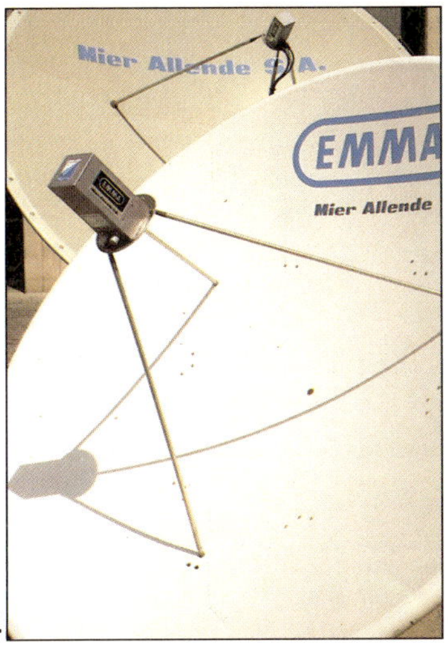

4

5

Information, sondern auch die Sprache selbst über Glasfasernetze übertragen zu können.

Glasfasern
Glasfasern sind optoelektronische Vorrichtungen, die Mitte der 60er Jahre entwickelt wurden. Damals hoffte man, ein stetiges System entwickeln zu können, das ein Lichtsignal speichern und dann von einem Ende der Faser (dem Sender) zum anderen Ende (dem Empfänger) transportieren konnte. Im folgenden Jahrzehnt gelang es, die Glasfaser in ihrer heutigen Form zu entwickeln: einen Glasfaden aus zwei Materialien mit unterschiedlichem Lichtbrechungsindex. Das Lichtsignal, d.h. der Lichtstrahl, der in ein Ende der Faser gegeben wird, wird in der Faser durch die Reflexionen und Lichtbrechungen zwischen diesen beiden Materialien gespeichert. Um die verschiedenen Lichtbrechungsindices zu erhalten, fügt man dem reinen Material Verunreinigungen in verschiedenen Konzentrationen hinzu und zieht es dann auseinander.
Gegenwärtig existieren drei verschiedene Glasfaserarten: Fasern mit klassischer Struktur (die identisch mit der von konventionellen Kupferkabeln ist und die für geringe Kapazitäten verwendet werden), Fasern mit Bandstruktur und Fasern mit schraubenförmiger Rillenstruktur. Zwei dieser Faserarten werden in multimodalen Systemen verwendet, und eine Faser, mit größerer Leistung, wird in monomodalen Systemen verwendet.

Computernetze
Computernetze sind Systeme, die die Kommunikation innerhalb einer Gruppe von Computern erlauben, die durch ein beliebiges System miteinander verbunden sind **(Vernetzung).** Jeden der auf diese Weise verbundenen Computer bezeichnet man als **Netzknoten.** Man spricht von **Einfachvernetzungen,** wenn nur die beiden Computer, die an den Enden einer Verbindung stehen, miteinander kommunizieren. **Mehrfachvernetzungen** sind gegeben, wenn verschiedene Knoten innerhalb eines Netzes miteinander verbunden werden. Die Netze werden nach dem Bereich, den sie umfassen und der Verbindungsart zwischen den Knoten dieses Netzes eingeteilt. Auf diese Weise werden fünf grundsätzliche Netzarten unterschieden. Die erste Art sind **lokale Netze.** Sie sind am häufigsten vertreten und entstehen auf natürliche Art, z.B. wenn die Kapazität einer Rechenanlage durch einen zweiten Computer erweitert wird. Sie dienen der Verbindung von Computern, die nahe beieinander stehen, zur Übertragung von Information zwischen ihnen und zur gemeinsamen Nutzung der peripheren Geräte einer Anlage (Terminals, Drucker usw.). Als Teil derselben Datenverarbeitungsanlage verrichten sie ähnliche oder sich ergänzende Aufgaben. Diese Merkmale führen zu einer sehr hohen Datenübertragungsgeschwindigkeit (über eine Mio. Bits pro Sekunde), aber auch zu bestimmten Einschränkungen hinsichtlich der maximalen Ent-

2 *Für die Satellitenübertragung von Daten werden sehr große Antennen verwendet.*

3 *Anhand nationaler Netze, wie sie unser Schema zeigt, können weit entfernte Computer und Rechenzentren miteinander kommunizieren.*

4 *Um Daten von Satelliten empfangen zu können, reicht eine kleine Parabolantenne aus.*

5 *Der Telex ist der Vorläufer der telematischen Techniken, die in kurzer Zeit Datenübertragung und Datenempfang über weite Entfernungen hinweg revolutioniert haben.*

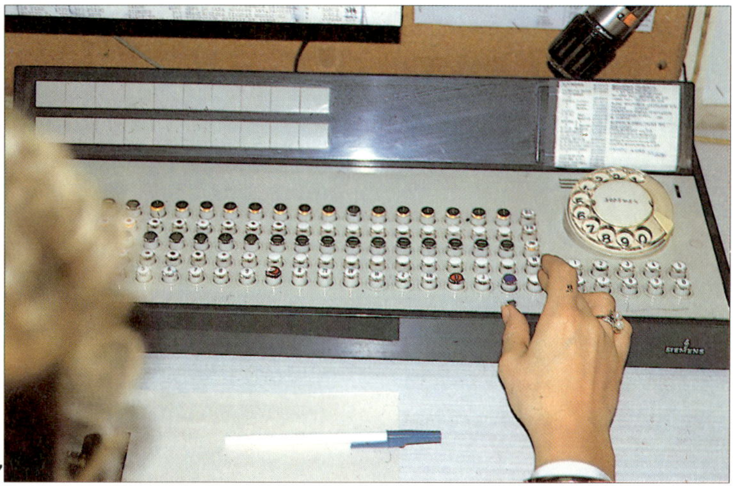

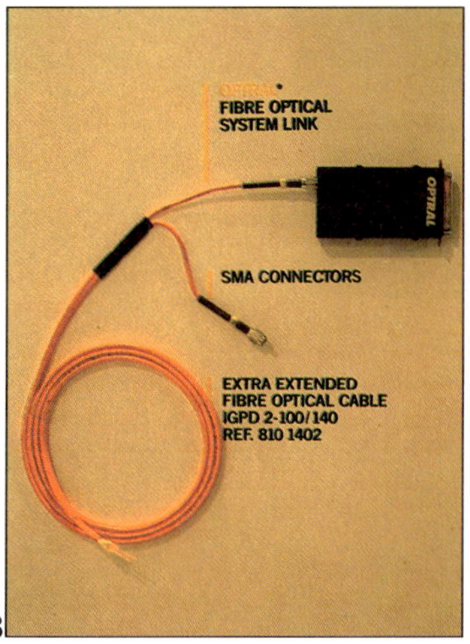

fernung zwischen zwei aufeinanderfolgenden Knoten des Netzes. So ist die maximale Ausbreitung lokaler Netze auf durchschnittlich einen Kilometer im Radius eingeschränkt. Die zweite Art von Netzen sind die **städtischen Netze.** Sie verbinden zusammengehörende Computer untereinander, die in verschiedenen Stockwerken eines Gebäudes oder in verschiedenen Abteilungen eines Gebäudekomplexes untergebracht sind. Dies ist z. B. bei einem Betrieb der Fall, der Filialen in verschiedenen Gebäuden der Stadt hat oder bei Computern, die in verschiedenen Fakultäten und Instituten einer Universität stehen. Gegenwärtig liegt die Übertragungsgeschwindigkeit in solchen Netzen nicht über 100000 Bits pro Sekunde. Die maximale Entfernung zwischen zwei miteinander verbundenen Knoten eines Netzes beträgt dabei etwa 20 km. Die dritte Art von Netzen wird von den Fernmeldeämtern aufgebaut und kann national oder regional sein. Man nennt sie **öffentliche Netze,** um sie von den lokalen und städtischen Netzen zu unterscheiden, die in der Regel nur von einem Betrieb oder der Hauptgeschäftsstelle, die diese Netze unterhalten, benutzt werden. Wegen ihrer großen Ausdehnung ist die Übertragungsgeschwindigkeit sehr gering und liegt bei ca. 10000 Bits pro Sekunde, auch wenn in speziellen Fällen höhere Geschwindigkeiten erreicht werden können. Diese Netze haben den großen Vorteil, daß man viele Anlagen verbinden kann, wobei allerdings Zwischenglieder benötigt werden, in denen Konzentrations- und/oder Umstellungsprozesse stattfinden. Gleichzeitig erfordern diese Prozesse Netzklassifikationen, wie z.B. Baumnetze oder Maschennetze. Die öffentlichen Netze ermöglichen auch die Bildung von Privatnetzen, wie sie z.B. in verschiedenen Städten bestehen, oder etwa auch bei Banken. Dank dieser Möglichkeit kann das Privatnetz seine Terminals an das öffentliche Netz und dadurch auch an seine zentralen Computer anschließen, wie z.B. bei einigen Videotext- und Telekommunikationssystemen usw. Jene Netze, die ihre Verbindung durch das umgeschaltete Telefonnetz herstellen, bezeichnet man auch als **spontane Netze.** Diese Netze werden hauptsächlich von Benutzern von Mikrocomputern (mit dem gleichen Betriebssystem) benutzt. Sie dienen der Übertragung von Dateien mit Daten, Dokumenten oder Programmen der Bibliothek, die dieser Computerart angehört. Schließlich existieren noch die sogenannten **internationalen Netze** oder **Netze ohne Grenzen.** Das sind Netze, die entweder lokale Netze unter sich oder mit städtischen Netzen oder verschiedene öffentliche Netze miteinander verbinden und dadurch Netze mit internationalem Umfang aufbauen. Da die verschiedenen Netze unterschiedliche Sprachen (Protokolle) verwenden, ist es für die Kommunikation notwendig, über **Verbindungsknoten (Verbindungsbrükken)** zu verfügen, die das Protokoll eines Netzes in das Protokoll eines anderen übersetzen.

Netzklassifikationen

Wie schon erwähnt, existieren zwei große Gruppen von Datennetzklassifikationen: die Einfachvernetzungen und die Mehrfachvernetzungen. Im ersten Fall kommuniziert jeder einzelne Knoten einzig und allein mit den Knoten, mit denen er direkt verbunden ist. Das bedeutet, daß er die Knoten, die zwischen ihm und dem Zielknoten liegen, einbeziehen muß, wenn er mit einem entfernteren Knoten kommunizieren will. Hierbei werden drei Arten unterschieden: Das **Baum- oder Sternnetz,** bei dem der größte Teil der Verbindungen durch einen zentralen Knoten

6 *Kommunikationssatelliten sind ein grundlegender Teil der heutigen internationalen und interkontinentalen Netze. Mit ihnen können alle Punkte der Erde verbunden werden, ohne daß Kabel zu weit entfernten und schwer zugänglichen Stellen verlegt werden müssen.*

7 *Fernmeldeämter und Telefonnetze sind notwendig, um die Telematik und ihre Vorteile vollständig nutzen zu können.*

8 *Mit optischen Leitern können Daten viel zuverlässiger und schneller als mit herkömmlichen Methoden übertragen werden.*

9
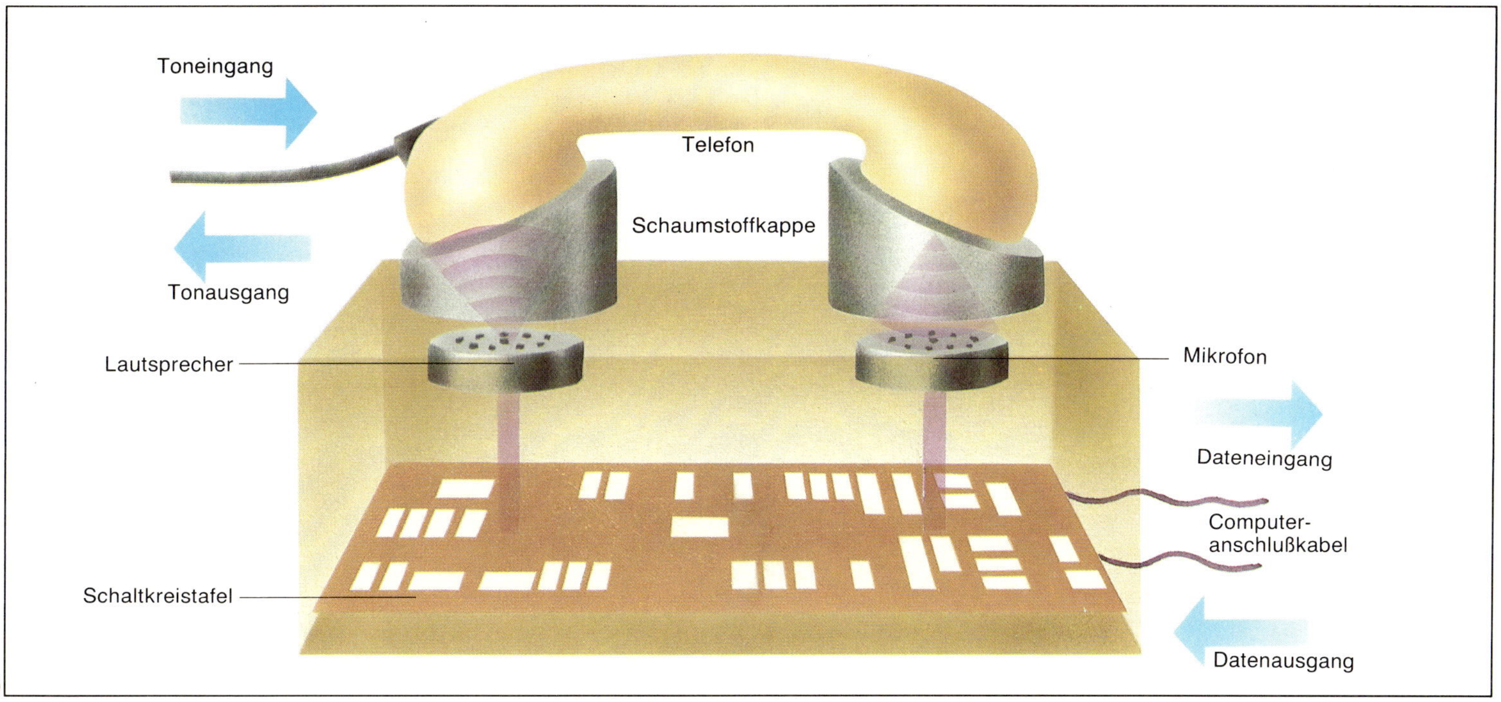

10

11
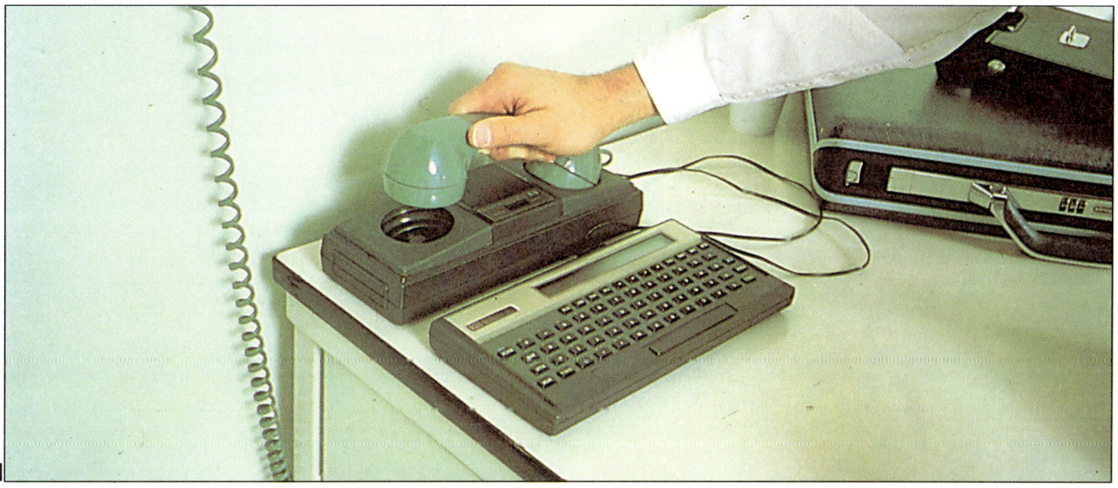

geht; **das Maschennetz,** bei dem alle Knoten direkt miteinander verbunden sind, und schließlich das **Ringnetz,** bei dem die Zahl der Verbindungen zwischen den Knoten möglichst gering gehalten ist, wodurch die Form eines Rings zustande kommt.
Bei den Mehrfachvernetzungen verwenden alle Knoten ein einziges gemeinsames Kommunikationsmittel. Obwohl bei ihnen die Übermittlung von Nachrichten an alle Knoten möglich ist, haben sie den Nachteil, daß ihre Ausbreitungsmöglichkeit sehr eingeschränkt ist. Man unterscheidet zwei Arten: **Schleifennetzsysteme** und **Busnetzsysteme.** Die ersten sind eine Variante der Ringnetze und erlauben, alle Knoten an ein einziges Kabel anzuschließen. Mit dem Busnetzsystem, das auf lokaler Ebene am häufigsten verwendet wird, erhält man ein höheres Maß an Zuverlässigkeit bei der Datenübertragung.

Telebox
Im Rahmen ihres Netzsystems und unter der Bezeichnung **Telebox (TBx)** bietet die Post einen neuen elektronischen Dienst an, der die internationale Bezeichnung **elektronischer Briefkasten** (electronic mailbox) hat (siehe dazu auch Seite 60).
Gegen eine entsprechende Gebühr erhält jeder TBx-Teilnehmer einen eigenen Speicherplatz im Computer der Post und ein Codewort, das den Zugang freigibt. Die Teilnehmer können sich gegenseitig elektronische Briefe zusenden, die im „Briefkasten des Empfängers“ gespeichert werden. TBx stellt darüber hinaus auch einen Texteditor mit Formular- und Formatierungsfunktionen zur Verfügung.
Die Telebox erfordert neben einer elektronischen Schreibmaschine oder einem Computer nur ein Modem oder einen Akustikkoppler. Sie setzen die Computersignale so um, daß sie das Telefon übertragen kann. Dasselbe funktioniert in umgekehrter Richtung. (Siehe dazu auch „Laptop-Computer“ Seite 38).

9 *Dieses Schema zeigt detailliert die verschiedenen Teile eines Modems.*

10 *Einer der Bereiche, in denen sich die Telematik immer mehr durchsetzt, ist die Verwaltung der Verkaufstätigkeiten (Fakturierung, Lagerhaltung, Bestellungen usw.) mittels tragbarer automatischer Geräte. Dies führt zu einer enormen Zeitersparnis und Verbesserung innerhalb der gesamten Datenverwaltung.*

11 *Tragbare Modem-Einheiten ermöglichen die Kommunikation mit jedem anderen Computer, vorausgesetzt, es besteht eine entsprechende Verbindung.*

1

2

3

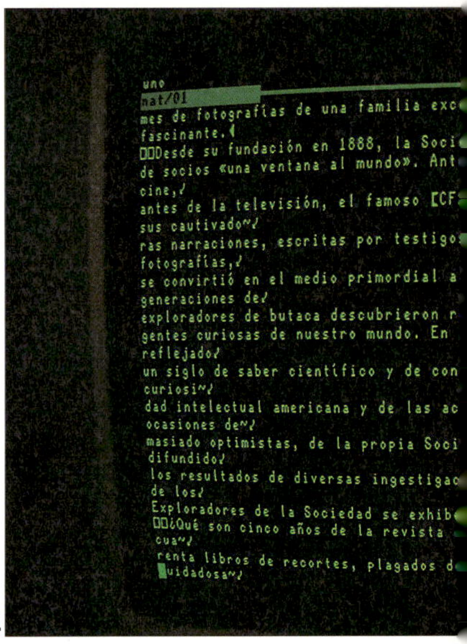
4

Büro-informatik

Die Büroinformatik ist der Teil der Informatik, der sich mit der Erforschung von Techniken zur Lösung von Problemen in Büros mittels Computer beschäftigt. Hierfür werden eine Reihe neuer Techniken zur Bearbeitung und Übertragung von Texten eingesetzt, die neue Möglichkeiten der Organisation und der Abwicklung dieser Arbeiten schaffen. Erreicht wird dies durch die enge Verknüpfung von Telekommunikation und Informatik. Die Büroinformatik beschäftigt sich mit den Techniken zur Anwendung von Programmpaketen für die Textverarbeitung, seien es Schriftstücke, Briefe oder Formblätter, die somit formalen Anforderungen entsprechend gestaltet werden können. Diese Programmpakete werden üblicherweise unter dem Begriff **Textverarbeitung** zusammengefaßt und für die Ausführung bestimmter Funktionen verwendet, z.B. Druckaufbereitung, d.h. Druckersteuerung durch das logische System, Formatierung, Textpaginierung und automatische Erstellung eines Registers. Außerdem erlauben diese Programme auch weitere Arten der Textbearbeitung, wie z.B. das Verschieben von Textteilen (Zeilen, Blöcken usw.), das Zusammenfügen von verschiedenen Texten, das Einfügen einzelner Texte in andere usw.

Teil der Büroinformatik ist auch der sogenannte **Teletext,** mit dem Texte zwischen verschiedenen Speicherschreibmaschinen oder zwischen verschiedenen Textverarbeitungssytemen von Computern übertragen werden können, die miteinander vernetzt sind. Unter die verschiedenen Anwendungen des Teletextes fällt auch die sogenannte Telebox, über die noch unverschlüsselte und wenig strukturierte Information übertragen wird. Im Gegensatz dazu arbeiten das Teleprocessing oder die Televerarbeitung mit vollständig verschlüsselten und strukturierten Daten. Die Büroinformatik benutzt auch die Übertragung von Unterlagen oder Bildmaterial durch Telefax. Hierfür wird das Original des Faksimile in verschiedene Grautöne zerlegt, verschlüsselt und dann auf digitalem Weg dem Empfänger übermittelt. Dieser entschlüsselt diese wieder und kann so über weite Entfernungen hinweg Schriftstücke, Unterlagen und Zeichnungen oder Schemata exakt reproduzieren. Schließlich verwendet die Büroinformatik in großem Umfang Datenarchive und -banken und alle anderen Techniken, die die Verarbeitung von Texten, Sprache und Grafiken erlauben. Historisch gesehen war die Textverarbeitung der erste Schritt des Automatisierungsprozesses im Büro. Es folgten Techniken zur Verarbeitung der auf diese Weise strukturierten und auf entsprechenden Trägern gespeicherten

1 *Methoden, die mit Hilfe von Computern Bürotätigkeiten ausüben, werden unter dem Begriff Büroinformatik zusammengefaßt.*

2 *Die Bearbeitung und Ausgabe von Texten ist durch die Büroinformatik in hohem Maß vereinfacht und rationalisiert worden. Heute kann man mit verschiedenen Programmen direkt am Bildschirm arbeiten und genau sehen, wie das Endergebnis später gedruckt aussieht.*

3 *Die Vervielfältigung von Dokumenten entfällt, da man die verschlüsselten Daten mit den Techniken der Büroinformatik direkt weitergeben kann.*

4 *Beim Setzen werden die auf magnetischen Trägern gespeicherten Texte direkt in die Maschine eingegeben. Dies erspart nicht nur Abschriften, sondern erleichert und beschleunigt auch die Korrektur, den Umbruch und das Setzen selbst.*

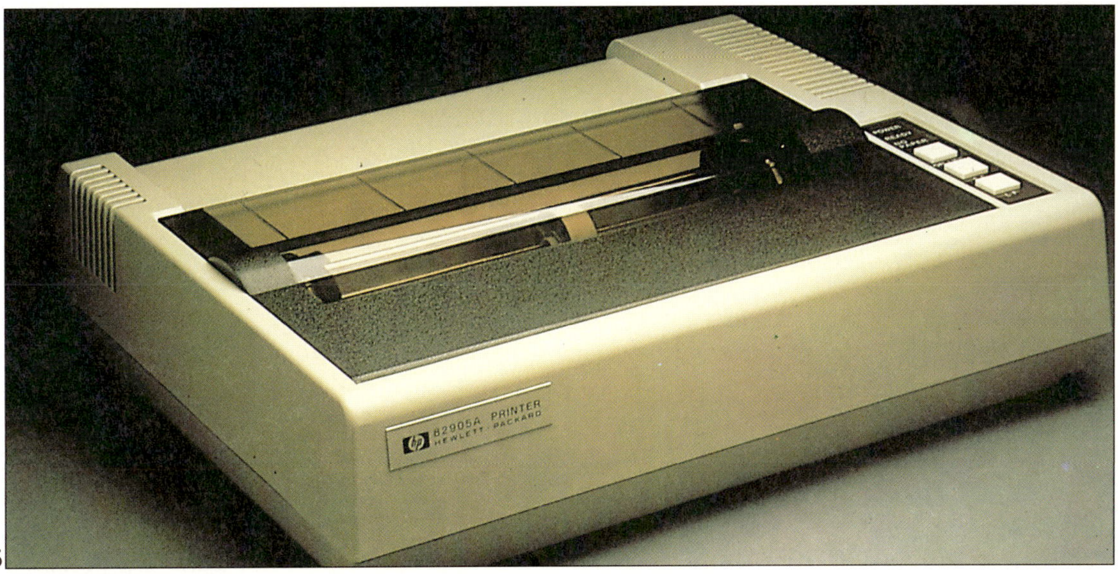

5

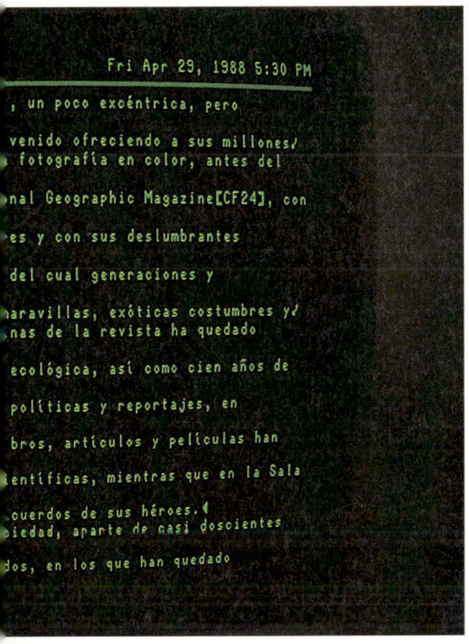

6

Information. Sie ermöglichten die direkte Übermittlung der Information zwischen den Benutzern sowie die Archivierung und elektronische Bearbeitung der Korrespondenz. Die Entwicklung der Büroinformatik verläuft parallel zu der der Informatik und Telematik und bringt immer perfektere Bürosysteme hervor. Hierfür werden alle Techniken verwendet, die eine größtmögliche Automatisierung der Bürotätigkeiten erlauben und die dem Ziel dienen, die Tätigkeiten innerhalb eines Büros – als eigenständiges System der Informationsverarbeitung – zu organisieren. Auf diese Weise schließt die Büroinformatik völlig neue Techniken und Verfahren mit ein, die aus der fachübergreifenden Zusammenarbeit in verschiedenen technischen Bereichen entstanden sind. Ein sehr anschauliches Beispiel hierfür ist die Möglichkeit der Fernkonferenzschaltung. Die gleichzeitige Übertragung und der Empfang sowohl von Bildern als auch Stimmen mehrerer Personen an unterschiedlichen Orten macht es möglich, Sachverhalte zu diskutieren, ohne daß die Teilnehmer sich persönlich gegenüber sitzen. Auch die Verbindung durch Computernetze ermöglicht diesen Personen die sofortige Übermittlung wichtiger Unterlagen sowie die fast direkte, abwechselnde Bearbeitung der Basisunterlagen, die man am Ende jedem Teilnehmer zukommen lassen kann. All diese Fortschritte und neuen Techniken werden die genannten Tätigkeiten in ein neues Licht rücken sowie die Entwicklung einer Reihe von Techniken zu ihrer Verwirklichung ermöglichen.

Der zukünftige Büroarbeitsplatz wird völlig anders aussehen als heute: Eine große Zahl an Papieren, kleinen Merkbüchern und Ordnern mit den am häufigsten gebrauchten Telefonnummern, Postleitzahlen sowie Adressen und anderen Daten über Kunden, Lieferanten und andere Personen wird dann verschwinden. In nächster Zukunft wird die Benutzung der Computer im Büro und deren Vernetzung durch lokale Netze es ermöglichen, mit intelligenten Terminals drei wesentliche Funktionen zu erfüllen: erstens die direkt mit dem elektronischen Datenverarbeitungsprozeß verknüpften Aufgaben (Fakturierung, Bestellungen, Planung, Disposition usw.), zweitens die Aufgaben mit speziellem Charakter (Datenverarbeitung, wie Bildverarbeitung, Erstellung von technischer Dokumentation, elektronischer Terminkalender usw.) und drittens die grundlegenden Funktionen, die an jedem Arbeitsplatz bestehen. Hierzu gehört die Verarbeitung von Texten und Formularen, die Korrespondenz, die Archivierung, das Auflisten der täglichen Termine oder der Besprechungsteilnehmer und schließlich das ständige Bereithalten der Unterlagen (Formulare, Schriftstücke, Briefe usw.), die für die Abwicklung der eigentlichen Arbeit selbst benötigt werden.

5 *Zu den Vorteilen der Büroinformatik gehört auch die Möglichkeit, zu jeder Zeit über aktualisierte Kopien der benötigten Daten verfügen zu können.*

6 *Die Korrektur möglicher drucktechnischer Fehler kann direkt an der entsprechenden Datei durchgeführt und sofort abgeschlossen werden.*

Künstliche Intelligenz

Schon zu Beginn der 50er Jahre erschienen die ersten Programme, die mit formalen Elementen rechneten und es ermöglichten, den Computer, statt wie bisher nur als Rechenmaschine, nun auch für das Umgehen mit Symbolen einzusetzen. Was jedoch später als künstliche Intellignez bekannt werden sollte, hatte seinen wahren Ursprung – im Bereich der Informatik – in dem ersten Programm, das in der Lage war, Lehrsätze aus der propositionalen Logik (Aussagenlogik) darzustellen (**Logic Theorist** von **Newell, Shaw** und **Simon**). Das besagte Programm wurde während einer Forschungskonferenz am College von Darmouth (1956) vorgestellt. Bei dieser Gelegenheit wurde auch der Begriff der künstlichen Intelligenz geprägt. Dieser Fortschritt war Folge des Fehlens von Algorithmen (Formeln), mit denen eine bestimmte Art von geistigen Vorgängen beschrieben werden können, wie etwa das visuelle Erkennen (Sehen) von Objekten, das Verstehen der natürlichen Sprache (in Wort und Schrift), die Diagnose von Krankheiten beim Menschen oder das Erkennen von Defekten bei Maschinen usw. Die künstliche Intelligenz entstand demnach durch das Zusammenfließen zweier unterschiedlicher Strömungen: der wissenschaftlichen Strömung zum einen, deren Ziel es war, Einblick in die Mechanismen der

1 *Das Hauptproblem der auf Roboter angewendeten künstlichen Intelligenz ist die Wahrnehmung optischer Reize. Während sensorisch erfaßte Information relativ leicht interpretiert werden kann, ist die Verarbeitung und fehlerfreie Interpretation aufgenommener Bilder noch nicht zufriedenstellend.*

2 *Eine für uns leichte Aufgabe, wie das Sortieren von Teilen, Produkten usw. nach Größe oder Gewicht, stellt für die künstliche Intelligenz immer noch eine Herausforderung dar.*

3 *Die automatische Zeichenerkennung, die bis Ende der 70er Jahre Teil der Forschung auf dem Gebiet der künstlichen Intelligenz war, ist inzwischen im Bankwesen beim Erfassen von Schecks mit optischen Lesegeräten weit verbreitet.*

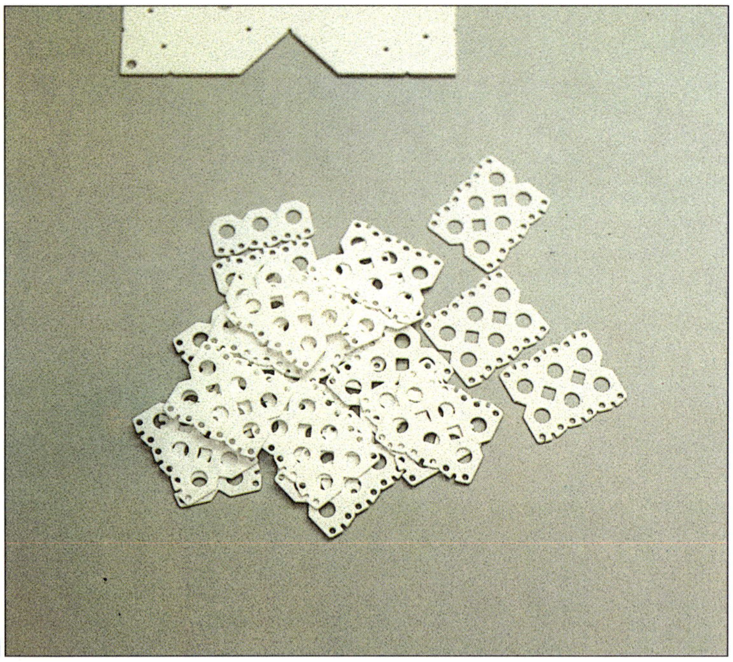
1

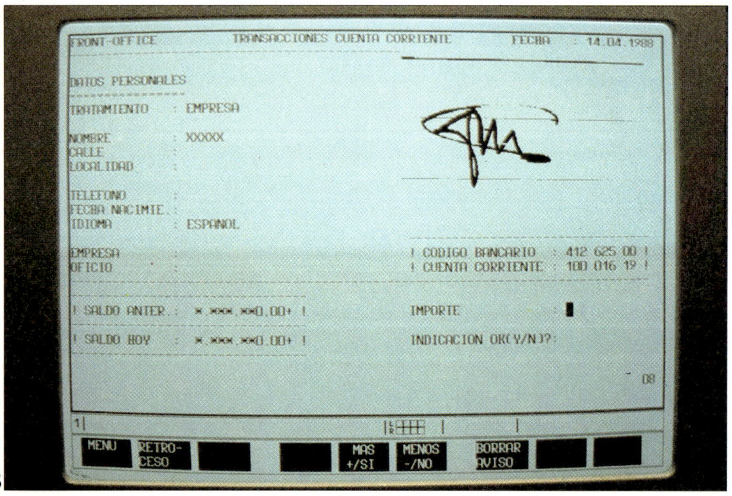

3

2

menschlichen Intelligenz zu gewinnen, indem sie zu diesem Zweck Computer einsetzte. Zum anderen der Technik, die den Computer mit der Fähigkeit zu denken ausstatten wollte, die der des Menschen möglichst nahe kam, ohne jedoch die einzelnen Schritte, mit denen der Mensch solche geistigen Vorhaben verfolgt, bis ins Detail kopieren zu wollen. Dieser Prozeß wurde außerdem durch die Entwicklung von Programmiersprachen verstärkt, die der künstlichen Intelligenz angepaßt waren und deren umfangreichste **LISP** ist (entwikkelt von **McCarthy** ab 1960). Der Zeitraum zwischen 1956 und 1968 war in diesem Bereich geprägt von der Suche nach und der Gestaltung von bestimmten **allgemeinen Prinzipien der Intelligenz** (Anwendungen wie Maschinenübersetzung, visuelle Wahrnehmung usw.). Ende der 60er Jahre wurde mit der Entwicklung intelligenter Systeme für die Anwendung in der **Robotik** begonnen (künstliches Sehen, Handhabung von Objekten, automatische Navigation usw.). Hierfür war eine Vielzahl von Spezialkenntnissen über die Probleme erforderlich, die man mit dieser Technik lösen wollte. Dieser Prozeß war der Anfang der Erforschung sogenannter **Expertensysteme,** mit denen sich die Wissensforschung beschäftigt. Expertensysteme sind im wesentlichen durch ihre Fähigkeit gekennzeichnet, Wissen zu bearbeiten. Sie stellen einen Bereich der künstlichen Intelligenz dar, der neben der Verarbeitung der natürlichen Sprache und dem Verstehen von Bildern gegenwärtig am weitesten erforscht ist. Expertensysteme sind in der Lage, durch Anwendung bestimmter Regeln und aufgrund von Fakten, die ihnen in Form von Daten zur Verfügung stehen, Diagnosen zu stellen, Schlüsse zu ziehen oder Urteile zu bilden. Zur Lösung der Probleme, die sich durch die künstliche Intelligenz ergaben, mußten eine Reihe spezieller Techniken entwickelt werden: zum Beispiel die Darstellung und Gestaltung von Wissen, die Erstellung von Handlungsplänen, induktives und deduktives Lernen (vom Einzelnen zum Allgemeinen bzw. umgekehrt), Wissenserwerb usw.

Die künstliche Intelligenz beschäftigt sich außerdem mit Themen, die sich im Lauf der Zeit und mit dem jeweiligen Entwicklungsstand der Technik ändern. So sind dann z. B. Techniken, sobald sie einen ausreichenden Entwicklungsstand erreicht haben und allgemein verwendet werden, nicht mehr Gegenstand der Forschung im Bereich der künstlichen Intelligenz. Ein Beispiel für diese Entwicklung stellt das optische Erkennen von Zeichen dar, d.h. das maschinelle Lesen von Zeichen, das bis Ende der 70er Jahre zum Forschungsbereich der künstlichen Intelligenz gehörte. Ab diesem Zeitpunkt wurde diese Technik dann in großem Umfang eingesetzt, wie z.B. im Bankwesen, wo mit optischen Lesegeräten Schecks gelesen werden. Ende der 70er Jahre schlug die im Bereich der künstlichen Intelligenz tätige Forschung erneut eine andere Richtung ein: Die ersten **Roboter** entstanden. Versuchsroboter, die daraufhin gebaut wurden, waren Automaten, die in der Lage waren, Informationen aus der äußeren Umwelt (z.B. von Sensoren, Fernsehkameras usw.) auf- sowie Befehle des Menschen entgegenzunehmen. Auf diese Weise legte der Roboter einen Plan fest und führte die erhaltenen Befehle in Übereinstimmung mit diesem Plan aus, wobei er sich auf ein Modell der Umwelt, in der er sich befand, stützte. Er war sogar in der Lage, die Folgen seiner Handlungen vorauszusehen und solche, die sich als sinnlos oder zu einem gewissen Zeitpunkt als schädlich herausstellen sollten, zu vermeiden. Diese ersten Versuchsroboter waren aufgrund ihrer vielfach höheren Wahrnehmungsfähigkeit ihres Umfeldes um einiges intelligenter als die Industrieroboter, von denen bereits die Rede war und die in der industriellen Fließbandproduktion eingesetzt werden. Die zu

4

5

4 *1974 gelang zum erstenmal die Konstruktion eines Expertensystems, das eine bakterielle Infektion diagnostizieren und die entsprechenden Antibiotika zur Bakterienbekämpfung verschreiben konnte (Mycin). Diese Systeme sind als Hilfe für die Medizin gedacht.*

5 *Die Maschinenübersetzung ist heute zwar ein Hilfsmittel für menschliche Übersetzer, kann sie aber nicht ersetzen.*

diesem Zeitpunkt erreichten Ergebnisse sind aber bis heute noch nicht nennenswert verbessert, da das grundsätzliche Problem, dem sich die auf Roboter angewandte künstliche Intelligenz gegenübersieht, die Wahrnehmung von Umfeldreizen ist. Information, die sensorisch erfaßt wird, kann verhältnismäßig leicht interpretiert und Teil des Wirklichkeitsmodells werden, aufgrund dessen der Roboter Entscheidungen trifft. Die Verarbeitung aufgenommener Bilder und ihre fehlerfreie Interpretation ist hingegen noch nicht zufriedenstellend.

Hinsichtlich der Interpretation der von einem beliebigen System aufgenommenen Bilder hat man inzwischen das Wiedererkennen von vorprogrammierten bzw. bekannten Formen erreicht. Dadurch können einige Roboter Teile zusammenfügen oder aus einer willkürlichen Lage in ihre korrekte Lage bringen. Dennoch ist es noch keinem System gelungen, Bilder durch eine Außenkamera einzufangen und sein Verhalten den neuen Gegebenheiten anzupassen. Es gibt aber andere Forschungsrichtungen, die wichtige Ergebnisse brachten und dadurch der künstlichen Intelligenz neue Impulse gegeben haben. Hierzu gehört auch das **Dendralprogramm** der Stanford Universität, mit dem Daten analysiert wurden, die man mit einer experimentellen Apparatur, dem **Massenspektrometer,** erhalten hatte. Da die Menge an Wissen, die für eine solche Aufgabe gebraucht wurde sehr groß und wenig verbreitet war, mußten die Experten auf diesem Gebiet ihr Wissen in Computer eingeben. So entstanden neue Möglichkeiten, große Datenmengen zu bearbeiten und miteinander in Verbindung zu bringen, aus denen die später unter dem Begriff **Expertensysteme** bekannt gewordenen Systeme hervorgingen. Auf der anderen Seite markierten der 1969 abgehaltene erste Kongreß über künstliche Intelligenz und das Erscheinen der ersten Zeitschrift, die ausschließlich diesem Thema gewidmet war, den Beginn einer eigenständigen Disziplin, die sich endgültig von der Informatik getrennt hat. Zwischen 1970 und 1975 wurden in zwei Richtungen eine Reihe von aufsehenerregenden Fortschritten erlangt. Auf der einen Seite Fortschritte in der Bearbeitung von natürlicher Sprache und auf der anderen Seite Fortschritte bei der Verarbeitung großer Datenmengen mit Computern. Im Bereich der Bearbeitung natürlicher Sprachen wurde die Arbeit, die wegen der Sperrung der Gelder durch die Regierung der USA (1964) zum Stillstand gekommen war, erneut aufgenommen. Jetzt kam man von der primitiven Auffassung ab, eine natürliche Sprache ließe sich durch ein Programm in eine andere übersetzen (z. B. vom Deutschen ins Spanische), und führte einen **Zwischentext** ein. Dieser stellt nur die Bedeutung dar und läßt die Oberflächenstruktur des Originaltextes außer acht. Auf diese Weise werden für die Maschinenübersetzung einer Sprache in eine andere nur zwei Programme benötigt: eines, das die erste Sprache in die Zwischendarstellung überführt, und ein anderes, das diese in die zweite Sprache überträgt und ein anderes für die umgekehrte Richtung. Das erste nennt man **Analysator,** das zweite **Generator.** Somit braucht man für n Sprachen n Analysatoren und n Generatoren, um die Übersetzung irgendeiner Sprache in eine beliebige andere durchzuführen. Außer dem Fortschritt bei der maschinellen Übersetzung natürlicher Sprachen hat dieser Prozeß auch andere Anwendungen möglich gemacht, wie bspw. die Übermittlung von Befehlen an Roboter. Hinsichtlich der zweiten Entwicklungslinie, der Verwendung großer Mengen an Wissen durch den Computer, ging man von den an der **Stanford Universität** erreichten Ergebnissen zur Spektralana-

6

7

8

6 *Apparate wie z.B. der Autopilot bei Flugzeugen können sich durch künstliche Intelligenz und Expertensysteme völlig verändern.*

7 *Expertensysteme sind Zwischenglieder zwischen menschlichen Experten und Benutzern eines Systems, die es mit derselben Kompetenz wie ein Spezialist zur Lösung ihrer Probleme einsetzen und dadurch eine zusätzliche Fertigkeit erlangen können.*

8 *Die Auswahl und Positionierung von Teilen erfordert gewisse Fertigkeiten, die die Maschinen noch nicht besitzen.*

10

lyse aus. 1974 gelang zum erstenmal die Konstruktion eines Expertensystems, das in der Lage war, eine bakterielle Infektion zu diagnostizieren und die entsprechenden Antibiotika zur Bakterienbekämpfung zu verschreiben (Mycin).

Expertensysteme

Expertensysteme entstehen durch die Simulation der menschlichen Erörterungsfähigkeit.

Die menschliche Erörterungsfähigkeit beinhaltet für die Wissenschaft zwei wichtige Aspekte: einerseits die Analyse der Überlegungen, die ein menschlicher Experte in einem Gebiet durchführt und deren Verschlüsselung in einer Computersprache ; andererseits die künstliche, mechanische Synthese der Erörterungsprozesse, so daß diese denen ähneln, die ein menschlicher Experte bei der Lösung vorgegebener Probleme durchführt. Aufgrund dieser zwei Interessenbereiche hat die Wissenschaft auf dem Gebiet der künstlichen Intelligenz (in dem die Expertensysteme ein bevorzugtes Gebiet darstellen) versucht, neue Methoden zu entwickeln, die den Austausch mit menschlichen Experten durchführen und mit denen verschiedene Erörterungsmethoden (Induktion, Deduktion, formale Überlegungen usw.) erarbeitet und die zur Darstellung notwendigen Elemente entwickelt werden konnten. Jedenfalls ist dieser Bereich noch sehr jung. Man hat bis heute noch kein globales und allgemein akzeptiertes Modell entwikkeln können. Expertensysteme sind somit Zwischenglieder zwischen dem menschlichen Experten, der sein Wissen in das System überträgt, und dem Benutzer dieses Systems, der es mit derselben Fachkundigkeit wie ein Spezialist zur Lösung seiner Probleme einsetzt. Der Benutzer kann außerdem durch die Beobachtung der Handlungen der Maschine eine dem Experten ähnliche Fähigkeit zur Problemlösung erlangen. Expertensysteme sind daher sowohl Ausführungssysteme als auch Systeme zur Weitergabe von Wissen. Gleichzeitig sind die Expertensysteme durch ihren Aufbau definiert. Sie erhalten also eine greifbare Wirklichkeit. Während man bei den klassischen Programmiervorgängen nur zwischen dem eigentlichen Programm und den Daten unterscheidet, werden bei den Expertensystemen drei grundsätzliche Bestandteile unterschieden: die Wissensbasis, die Sachverhaltsbasis und das Schlußfolgerungselement. Die **Wissens-**

9 *Bilder von Videokameras, wie sie z.B. in Überwachungs- und Sicherheitssystemen verwendet werden, können nicht direkt vom Computer interpretiert werden. Dies erschwert die Konstruktion optischer Systeme.*

10 *Zu den Ergebnissen, die der künstlichen Intelligenz starke Impulse gegeben haben, gehört auch das Dendralprogramm, das an der Stanford Universität entwickelt wurde und Daten einer experimentellen Apparatur, dem Massenspektrometer, analysierte.*

basis enthält das gesamte, für den erwünschten Bereich kennzeichnende Wissen. Sie ist in einer besonderen Sprache geschrieben, mit der sich das Wissen beschreiben läßt und in der der Experte sein eigenes technisches Vokabular bestimmen kann. Im Gegensatz zu klassischen Programmen, wird hier das Wissen ungeordnet aufgenommen, da die Reihenfolge die Ergebnisse nicht beeinflußt. Dies ist möglich, weil jede Wisseneinheit für sich allein verständlich ist, ohne daß sie auf ihren Kontext bezogen werden muß. Das Wissen wird üblicherweise durch Produktionsregeln bzw. semantische Netze (Bedeutungsnetze) dargestellt. Die Produktionsregeln sind beim Aufbau von Wissenselementen in Expertensystemen die gängigste Methode. Sie werden auch logische Implikationen (Einbeziehung) genannt und haben folgende Struktur: Bei bestimmten Ursachen gibt es bestimmte Auswirkungen, bzw. bei bestimmten vorgegebenen Bedingungen gibt es bestimmte Folgen. Zu jeder Regel wird auch ihre Wahrscheinlichkeit gespeichert. Diese gibt die prozentuale Wahrscheinlichkeit der Ergebnisse bei der Anwendung der Produktionsregel an. Bei den semantischen Netzen handelt es sich um eine Methode zum Aufbau einer Wissensbasis. Dazu werden in einer Grafik die einzelnen Wissensbestandteile oder Objekte durch Knoten und deren Beziehungen durch Verbindungslinien dargestellt.

11

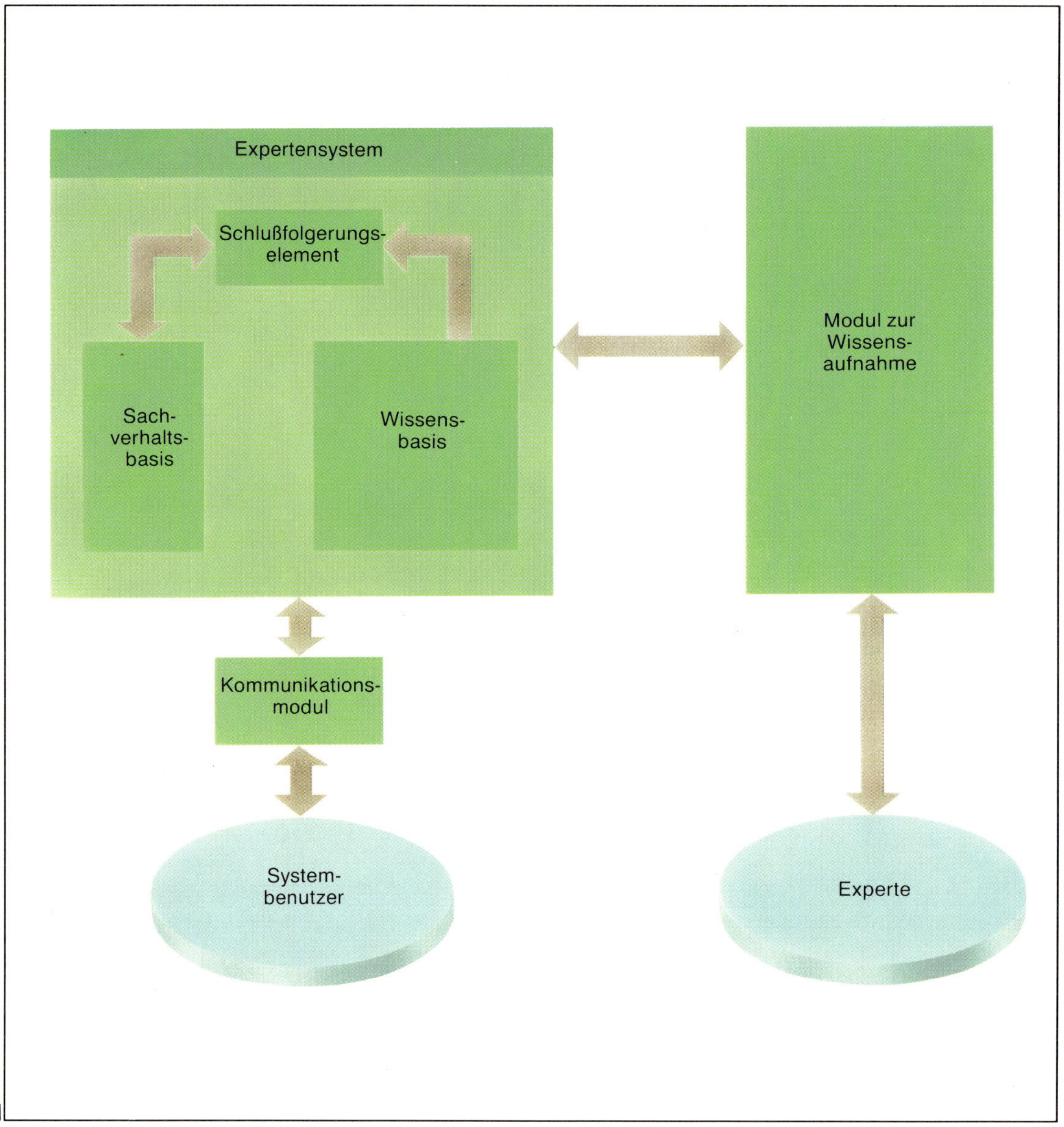

Zusätzlich verfügt das Expertensystem über die sogenannte **Sachverhaltsbasis,** in der die Daten des zu bearbeitenden Problems gespeichert sind. Gleichzeitig kann die Sachverhaltsbasis, obwohl sie den Arbeitsspeicher darstellt, auch als Hilfsspeicher dienen. Der Arbeitsspeicher enthält alle Zwischenergebnisse, so daß die durchgeführten Erörterungsschritte nachvollzogen werden können. Er kann somit zur Bestimmung der Quellen, aus denen sich das System während einer Arbeitssitzung die Informationen holt, genutzt werden, aber auch das Verhalten des Expertensystems selbst beschreiben. Zu Beginn einer Arbeitssitzung enthält die Sachverhaltsbasis nur die Daten, die der Systembenutzer eingegeben hat. Im Verlauf des Schlußfolgerungsprozesses erhält es zusätzlich noch die Schlußfolgerungsketten, die das System bei der Anwendung der Regeln entwickelt.

Das **Schlußfolgerungselement** schließlich ist ein Programm, das durch die Anwendung des Wissens das vorgegebene Problem lösen kann. Die Lösung erfolgt mittels der Daten, die in die Sachverhaltsbasis des Expertensystems eingegeben wurden. Im allgemeinen haben die Regeln, die die Wissensbasis bilden, folgende Struktur: Wenn A gilt, läßt sich B als Folge ableiten. Das heißt, das Schlußfolgerungselement wählt, überprüft und aktiviert die Regeln, die schließlich zur Lösung des vorgegebenen Problems führen.
Ein Expertensystem besteht somit aus zwei Gruppen von Elementen: den Elementen, die dem Wissensbereich des jeweiligen Problems zugeordnet werden (die Wissens- und Sachverhaltsbasis), und den Elementen, die ganz allgemein auf eine Vielzahl von Problemen aus verschiedenen Gebieten angewendet werden können (Schlußfolgerungselement). Das Schlußfolgerungselement ist jedoch keine universelle Methode zum Ableiten von Urteilen und Ergebnissen, da es zwei verschiedene Arten gibt: Die Methode, die Wahrscheinlichkeitsurteile verwendet (bei der das Ergebnis falsch sein kann), und eine Methode, die eine Art der Urteilsfindung verwendet, bei der man entweder zu absolut korrekten oder zu keinem Ergebnis gelangt.
Obwohl es keine allgemein akzeptierte Methode zur Entwick-

11 *Während man bei klassischen Programmiervorgängen nur zwischen dem eigentlichem Programm und den Daten unterscheidet, werden bei Expertensystemen drei grundsätzliche Bestandteile unterschieden: die Wissensbasis, die Sachverhaltsbasis und das Schlußfolgerungselement.*

12

13

14

lung von Expertensystemen gibt, wird doch im allgemeinen ein Schema anerkannt, das aus drei Phasen besteht. In der ersten Phase steht die Diskussion mit dem oder den menschlichen Experten. Man versucht einerseits, das zu lösende Problem einzugrenzen und andererseits die für seine Lösung verwendeten Erörterungsschritte herauszuarbeiten. Die zweite Phase umfaßt die Gliederung der Methode zur Darstellung des Wissens und die Festlegung desjenigen Schlußfolgerungselements, das für diese Methode angemessen ist. Zuletzt wird in der dritten Phase die Wissensbasis in Zusammenarbeit mit den menschlichen Experten entwickelt und die Funktionstüchtigkeit des Expertensystems anhand von Beispielen überprüft und angepaßt.

Obwohl man nicht über ein allgemein gültiges Modell verfügt, existiert doch Einvernehmen in der Annahme von drei verschiedenen Wissensebenen. Ihnen entsprechen drei verschiedene Forschungsphasen, die im allgemeinen die Grundlage eines Expertensystems darstellen. Diese Ebenen sind die **Strukturierungsebene**, die **Ebene der Konzeptualisierung** und die **Erkenntnisebene.**

Die erste Ebene definiert das Verfahren, das den Bestimmtheitsgrad der gefundenen Ergebnisse festlegt. Dieses Verfahren ist unterschiedlich bei jedem Anwendungsbereich des Expertensystems, da die offenkundigen Fakten in verschiedenen Bereichen unterschiedlich sind. Die Festlegung der Strukturierungsebene erlaubt die Definition der Methode zur Darstellung des Wissens sowie die Auswahl eines angemessenen Verfahrens zur Bildung von Schlußfolgerungen. Die Ebene der Konzeptualisierung bestimmt die Menge der Begriffe (Konzepte), die dann der menschliche Experte in diesem Bereich anwendet. Jedes Konzept entspricht einer Verbindungslinie innerhalb des Erörterungsprozesses des Experten. Diesen wird ein beschreibendes Element zugeordet, das man über die Darstellungsmethode auf der Strukturierungsebene überprüft. Die Erkenntnisebene entspricht der Wissensmenge, die ein menschlicher Experte bei der Lösung des vorgegebenen Problems anwendet. Diese Wissensmenge kann durch die gewählte Methode zur Darstellung des Wissens in die vorher festgelegte Sprache übersetzt werden. Bezogen auf die aktuelle Forschungsentwicklung auf dem Gebiet der Expertensysteme, beschäftigt man sich in der ersten Phase mit der Entwicklung von Systemen und Programmen, die direkt die natürliche Sprache bearbeiten. Hier bestehen heute noch gewichtige Hindernisse, nämlich wie man eine große Menge an Information wirksam handhaben kann, ohne die Kombinatorik (Gruppenbildungslehre) einzusetzen. Das System muß also Fähigkeiten besitzen, um die Möglichkeiten des Systems auszuschöpfen und gleichzeitig neues Wissen automatisch zu entwickeln. Diese Fähigkeiten

12 *Semantische Netze stellen eine Methode zum Aufbau einer Wissensbasis dar, bei der in einer Graphik die einzelnen Konzepte oder Objekte durch Knoten und deren Beziehungen durch Kanten dargestellt werden.*

13 *Zum Lesen optischer Erkennungscodes werden optische Lesegeräte eingesetzt, die manuell (optischer Stift oder Pistole) oder mittels Felder (Scanner) arbeiten und schwache Laserstrahlen aussenden.*

14 *Strichcodes, die nicht nur bei Konsumprodukten, sondern auch zum Kennzeichnen von Chargen in Blutbanken, Büchern in Bibliotheken usw. verwendet werden, besitzen eine Reihe von Vorteilen, sowohl für die Produkthersteller als auch für die Konsumenten.*

sind notwendig, da es nicht möglich ist, das gesamte Wissen in so umfangreichen Feldern wie dem der medizinischen Diagnostik zu sammeln.

Optische Zeichenerkennung (OCR)

Wie schon erwähnt, ist die optische Zeichenerkennung ein Ergebnis aus der Forschung der künstlichen Intelligenz, das zur verbreiteten Anwendung in verschiedenen Wirtschaftsbereichen gelangt ist. Hierzu gehören einerseits die spezifischen Codes zum Erkennen von Merkmalen mittels Computer, mit denen Daten automatisch gelesen und in die entsprechenden Verarbeitungsanlagen eingegeben werden können. Andererseits gehören dazu die Strichcodes, deren Anwendung sich immer mehr auf alle Bereiche menschlicher Tätigkeiten ausdehnt, angefangen bei Geschäftsaktivitäten (wo sie schon bei Konsumprodukten, von Nahrungsmitteln bis zu Zeitschriften, weit verbreitet sind) bis hin zu sportlichen Aktivitäten (z.B. das Lesen der Rückennummern bei Sportlern usw.). Die bekanntesten optischen Erkennungscodes, sind die der normierten Schriften A und B, die den OCR-A- bzw. OCR-B-Codes entsprechen (OCR = Optical Character Recognition, optische Zeichenerkennung). Der OCR-A Code wurde durch die internationale Normungsorganisation (ISO) entwikkelt und unter anderem auch durch das Deutsche Institut für Normung (DIN) übernommen. Der zweite Code, OCR-B, wurde durch die Europäische Vereinigung der Computerhersteller (ECMA) entwickelt und sollte auch durch die ISO übernommen werden, obwohl er einige Probleme beim Lesen aufweist, wenn der Druck nicht einwandfrei ist. Diese internationalen Standardcodes werden bspw. zur Vermerkung bestimmter Information (Kontonummern, Bankleitzahlen usw.) bei Bankunterlagen verwendet, z.B. bei Schecks und ähnlichen Formularen sowie bei allen Abläufen, bei denen die gedruckte Information nicht anders dargestellt werden kann. Diese Codes waren lange Zeit weit verbreitet. Da aber nur eine einzige Merkmalsart verwendet werden konnte, arbeitete man an der Entwicklung physikalischer und logischer Systeme, die alle Arten gedruckter Merkmale erkennen können. Auf diese Weise ist auch die automatische Eingabe der Inhalte von Dokumenten durch Geräte gelungen, die jegliche Schrift erkennen, codieren und automatisch eingeben können, so als ob dies direkt mit der Tastatur geschehen würde. Dies bedeutet z.B. eine große Erleichterung bei der umfangreichen Archivierung geschriebener Information.

Auf der anderen Seite entstanden durch die Übernahme der universellen Produktcodes (UPC) durch die USA 1973 die **Strichcodes.** Diese Codes stellen eine andere Methode dar, Schriften zu verschlüsseln und Zeichen automatisch zu erkennen. Sie ermöglichen die eindeutige und wirtschaftliche Bezeichnung aller hergestellten Produkte durch die Verwendung von 12 Ziffern. Obwohl es das erste Codierungssystem war, hat der UPC das europäische Codierungssystem (EAN), das 1977 entstand, in seiner Verbreitung nicht übertreffen können. Das EAN Codierungssystem besteht aus 13 Ziffern, da es einerseits mit dem UPC vereinbar sein und andererseits diesen nach einiger Zeit ersetzen sollte.

Die Ziffern des EAN haben je nach Position verschiedene Bedeutungen. So entsprechen die ersten zwei Ziffern der Nummer, die die Organisation EAN dem jeweiligen Produktherstellungsland zuweist. Die zehn folgenden Ziffern entsprechen der Kennzeichnung des Produkts im Herstellungsland. In einigen Ländern beispielsweise kennzeichnen die ersten fünf Ziffern der Zehnergruppe den Hersteller, während die übrigen fünf der Nummer entsprechen, mit der der Hersteller selbst sein Produkt kenn-

15

15 *Strichcodes werden beim Passieren des Lesefensters des Lesegeräts erkannt. Das durch die weißen Zwischenräume zurückgestrahlte Licht wird in elektrische Impulse transformiert (d.h. digitalisiert) und in den Computer eingegeben, der die gesamte Information des entsprechenden Produkts (Preis usw.) enthält.*

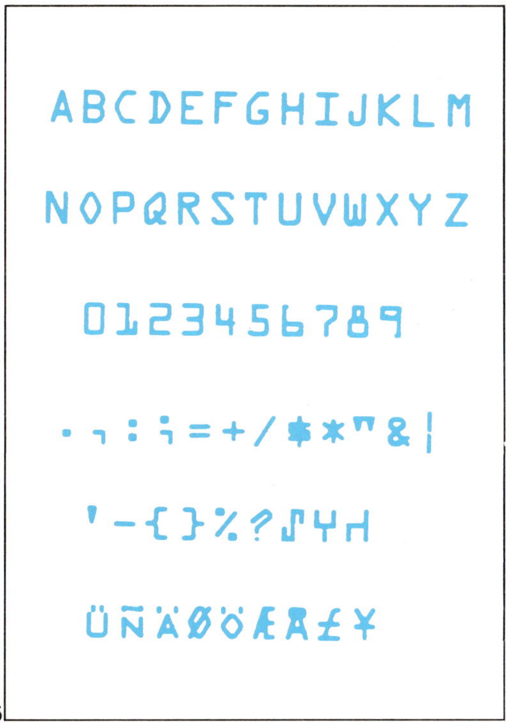

16

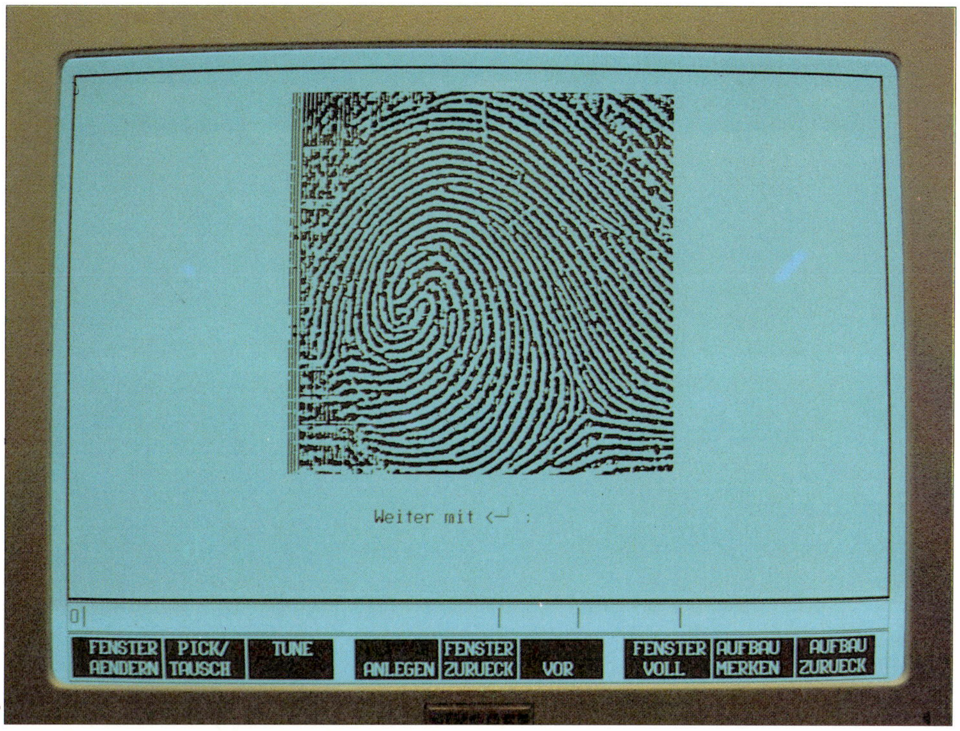

17

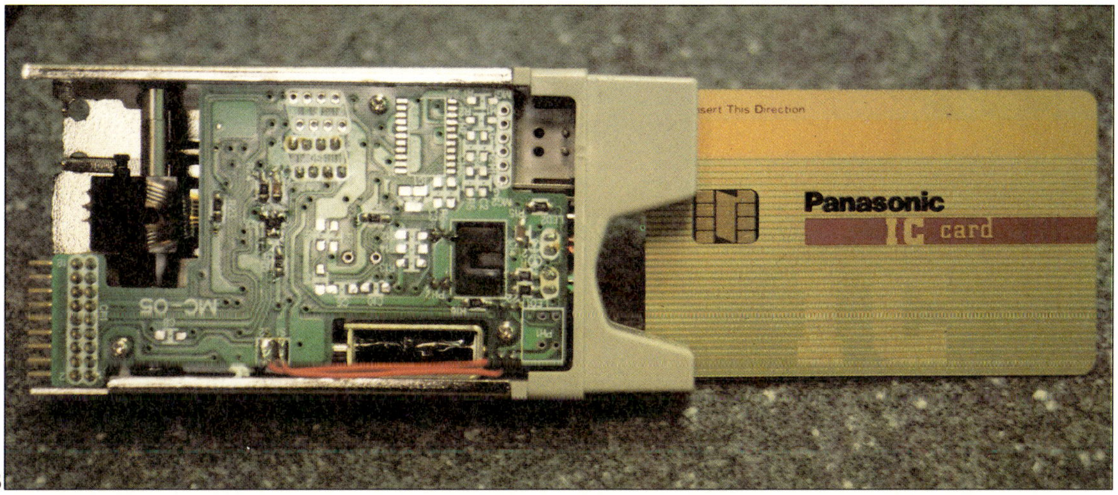

18

zeichnet. Die letzte Ziffer ist eine Kontrollzahl, um die Informationsaufnahme zu überprüfen. Diese Ziffer erhält man durch die Anwendung einer bestimmten mathematischen Regel.
Der Code ist so strukturiert, daß er durch automatische optische Lesegeräte erfaßt werden kann und durch den Computer, der die Information erhält, direkt verstanden wird. Zu diesem Zweck hat man zur Darstellung der verschiedenen Ziffern senkrechte Striche mit verschiedener Breite (Balken) im Wechsel mit weißen Zwischenräumen gewählt. Diese Codierung wird nicht nur bei Konsumgütern verwendet, sondern auch um die Posten in Blutbanken, Bücher in Bibliotheken usw. zu kennzeichnen. Sie hat eine Reihe von Vorteilen, sowohl für die Produkthersteller als auch für die Konsumenten. Der Konsument kann durch dieses System eine Quittung erhalten, auf der Produkt und Preis genau angegeben sind. Außerdem wird hierdurch das Bezahlen beschleunigt und eine größere Zuverlässigkeit bei den Preisen gewährleistet. Von Vorteil für den Händler bzw. den Lieferanten ist z.B. die Möglichkeit, genaue Informationen über die Geschäfte, die er beliefert, der verbleibenden Bestände usw. zu erhalten.
Die Anwendung dieser Systeme erfordert den Einsatz von **optischen Lesegeräten.** Diese Geräte, die manuell (optischer Stift oder optische Pistole) oder mit Feldern (Scanner) arbeiten können, bestehen aus Sendern, die schwache Laserstrahlen aussenden. Der gebündelte Laserstrahl erkennt die Zeichen, sobald diese das Lesefenster passieren. Das durch die weißen Zwischenräume zurückgestrahlte Licht wird in elektrische Impulse umgewandelt (d.h. digitalisiert) und in den Computer, der die gesammte Information des entsprechenden Produktes enthält (Preis usw.), eingegeben. Am Ende listet der Computer die Produkte und ihre Preise auf, gibt die Gesamtsumme an, zeigt ggf. das Wechselgeld an und entscheidet über die Annahme von Kreditkarten.

16 *OCR-A-Codes, Optical Character Recognition der Art A.*

17 *Das Wiedererkennen von Merkmalen, Codes und aller anderen Bilder hat sich sogar auf die Wiedererkennung menschlicher Fingerabdrücke als unnachahmliche Erkennungsmerkmale ausgedehnt.*

18 *Schließlich sorgt der Computer dafür, daß die Produkte, ihre Preise und die Gesamtsumme ausgegeben werden. Falls nötig, gibt er das Wechselgeld an und entscheidet über die Annahme von Kreditkarten. Solche Kreditkarten, wie sie auf dem Bild zu sehen sind, enthalten auf einem Chip große Informationsmengen.*

Automaten

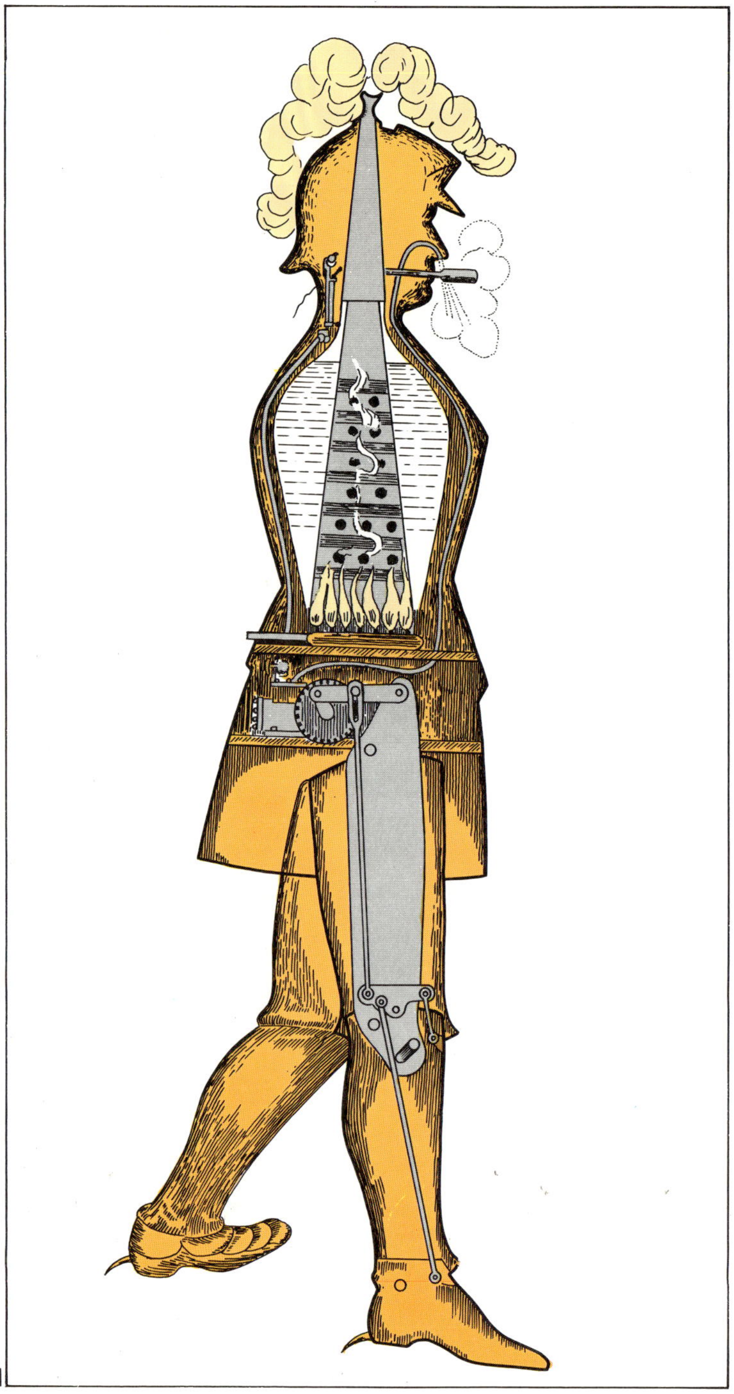

1 Automaten (Androiden) wie der künstliche Feuerwehrmann sollten den Menschen vor Gefahren bei der Feuerbekämpfung schützen.

2 Automaten, wie sie unser Bild zeigt, gehören zur zweiten Generation, da sie schon einige sensorische Aufgaben erfüllen können.

3 Automaten sind zu einem grundlegenden Teil bei der Automatisierung von Produktionsprozessen geworden, da sie diese beschleunigen, verbessern und rationalisieren. Heute werden die Maschinen, die am Automatisierungsprozeß beteiligt sind, Roboter genannt.

Vorläufer

Schon seit jeher hatte der Mensch den Wunsch, Apparate zu erschaffen, die in der Lage sind, die gleichen Arbeiten wie er selbst mechanisch auszuführen. Dabei verfolgte man zwei Ziele. Zum einen wollte man sich von schweren und mühseligen Arbeiten befreien, zum anderen wollte man der Natur in Hinblick auf Form und Funktion ihrer Geschöpfe nacheifern. Eines der eindrucksvollsten Beispiele hierfür ist die Entwicklung der sogenannten **Automaten.** Diese Entwicklung verlief, was den Ausgangspunkt und die Fortschritte betrifft, parallel zu der Entwicklung von Computern aus einfachen Rechenmaschinen. Diese Apparate reichen von **Jacquards** Webstuhl bis zu jeglicher Art von Maschinen, wie beispielsweise Automaten, die Süßigkeiten, Erfrischungen, Tabak usw. ausgeben. Die wichtigsten Vorläufer, die es schon im antiken Griechenland gab, waren verschiedene Uhren mit Mechanismen, die die Bewegungen der Planeten um die Sonne nachbilden konnten. Durch ihre Konstruktion wollte man die These stützen, die Natur sei eine Uhr, die von Gott geschaffen war und sich in völlig regelmäßigen und über Jahrzehnte hinweg festgelegten Bahnen bewegte. Zu Theoretikern dieser Idee gehört vor allem **Julien La Mettrie** (1709 – 1751). In seinem Werk **Der künstliche Mensch** vertrat er die Meinung, der menschliche Organismus sei dem Mechanismus einer Uhr ähnlich. Gefühle und Neigungen seien daher überflüssig. Später entwickelte und baute der französische Mechaniker **Jacques de Vaucanson** (1709 – 1782) eine Reihe von Automaten, die bestimmte Vorgänge im menschlichen Körper imitieren konnten. Zu diesen gehörte eine mechanische Ente **(Canard digérateur),** die „essen“, „verdauen“ und die Verdauungsreste „ausscheiden“ konnte, sowie ein Trommler und ein Flötenspieler, die er 1783 der Königlichen Akademie der Wissenschaft vorstellte. Außerdem war er der Konstrukteur der ersten Drehbank mit beweglichen Werkzeughaltern (1751).

Jaquet-Droz (1752 – 1791) seinerseits baute drei Androiden (Automaten mit menschlicher Erscheinung): ein junges Mädchen, das Orgel spielte, einen jungen Mann, der zeichnete und einen Schreiber. Dieser Schreiber konnte aufgrund eines äußerst komplizierten Mechanismus die Feder in das Tintenfaß tauchen, sie ausschütteln, eine Hand auf das Papier legen und in bester Schönschrift den berühmten Satz des Philosophen und Mathematikers **R. Descartes** schreiben: „Ich denke, also bin ich.“

1912 baute der spanische Inge-

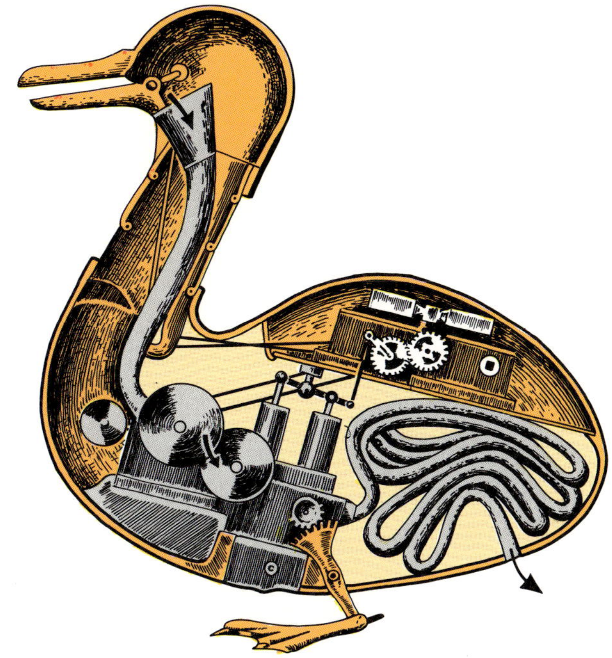

4

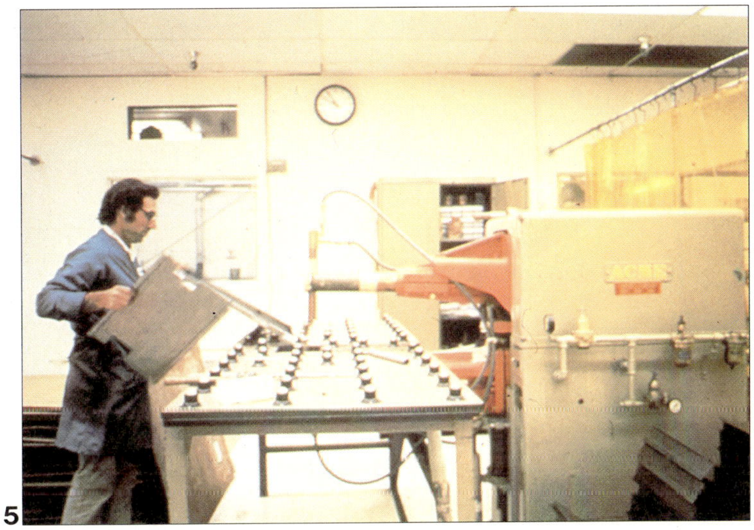

5

nieur und Erfinder **Leonardo Torres Quevedo** (1852 – 1936) seine berühmten Schachspieler, die bestimmte Schlußstellungen zwischen Turm und König gegen den König lösen konnten, und außerdem verschiedene Rechenmaschinen.

Als Folge dieser Bemühungen entstand eine Vielzahl automatischer Maschinen; Automaten, die sowohl zu Vorführungszwekken als auch zur Ausführung bestimmter Aufgaben eingesetzt wurden, wie z. B. die schon erwähnten Verkaufsautomaten. Diese Automaten sind zur Grundlage für die Automatisierung der Fertigungsprozesse geworden und werden heute als **Roboter** bezeichnet.

Der Name Roboter stammt aus dem tschechischen Begriff **Robota** (Arbeiter, Diener). Damit bezeichnete der Schriftsteller Karel Capek zunächst in seinem Roman und drei Jahre später in seinem Theaterstück **R.U.R** *(Rossums universelle Roboter,* 1920) die Androiden, die der Gelehrte Rossum entwickelt hatte, um die Menschheit von der Arbeit zu befreien. Sie wurden in großen Mengen hergestellt und als billige Arbeitskräfte verkauft. Heute wird der Begriff Roboter für alle mechanischen Apparate verwendet, die elektronisch betätigt und gesteuert werden und einfache Bewegungsabfolgen durchführen können. Dadurch können sie alle Lade- und Entladearbeiten durchführen, Werkzeugmaschinen bedienen, montieren, schweißen usw. Man verfolgt dabei das Ziel, Maschinen zu bauen, die mit ihrer Umwelt interagieren, also in Beziehung treten können (Formen erkennen, Entscheidungen treffen usw.).

Die Wissenschaft, die sich mit der Erforschung und Entwicklung von Robotern beschäftigt, heißt **Robotik,** die Vereinigung der Automatik und der Informatik. Die Robotik konzentrierte sich zunächst auf die Erforschung und Entwicklung der Roboter der **ersten Generation.** Diese konnten keine Signale aus der Umgebung erfassen, sondern nur vorgegebene und gleichbleibende Aufgaben verrichten. Es folgten die Roboter der **zweiten Generation,** die schon einige sensorische Fähigkeiten besaßen. Prototypen mit mehreren Sensoren, die in hohem Maß mit der Umwelt interagieren können, gehören der **dritten Generation** an. Hierfür bedient sich die Robotik verschiedener Fachgebiete, wie beispielsweise der Mechanik, der Mikroelektronik und der Informatik. Außerdem stattet sie die Apparate mit Techniken aus, etwa der digitalen Wiedererkennung und Bildanalyse, der Entwicklung sensorischer Systeme usw.

Der wachsende Fortschritt der Roboter und ihre ständige Verbesserung haben dazu geführt, daß sie in immer stärkerem Maß in industriellen Prozessen eingesetzt werden und hier die menschliche Arbeitskraft ersetzen. Diese Entwicklung, die 1970 begann und als **Robotisierung** bezeichnet wird, hat zu teilweise oder völlig mit Robotern ausgestatteten Fertigungshallen geführt (z. B. in der Automobilindustrie). Man schätzt, daß es 1990 auf der ganzen Welt ungefähr 100 000 Industrieroboter geben wird. Gegner dieser Entwicklung vertreten die Meinung, dies führe zu massiver Zerstörung von Arbeitsplätzen, während die Befürworter alle der Auffassung sind, diese Entwicklung werde die sozioökonomischen Bedürfnisse der Bevölkerung befriedigen und außerdem einen beträchtlichen Produktionsanstieg mit sich bringen.

4 *Der französische Mechaniker Jacques Vaucanson (1709 – 1782) baute eine Reihe von Automaten, die bestimmte physiologische Prozesse imitieren können, darunter eine mechanische Ente, die „essen", „verdauen" und die Verdauungsreste sogar „ausscheiden" konnte.*

5 *Der wachsende Fortschritt bei den Robotern und ihre ständige Verbesserung haben dazu geführt, daß sie immer häufiger in Industrieprozessen als Ersatz für die menschliche Arbeitskraft eingesetzt werden. Gegnern dieser Entwicklung zufolge führt dies zur massiven Zerstörung von Arbeitsplätzen, während die Befürworter der Auffassung sind, diese Entwicklung werde die sozioökonomischen Bedürfnisse der Bevölkerung befriedigen.*

Industrieroboter

Im allgemeinen bezeichnet man mit dem Begriff Industrieroboter Maschinen, die bedienungsunabhängig arbeiten, verschiedene Funktionen mittels eines geeigneten Programms ausführen können und sich um mindestens drei Freiheitsgrade bewegen können.
Von diesem Standpunkt aus lassen sich Roboter nach verschiedenen Gruppen einteilen: nach ihrer Tätigkeit, ihrer Vielschichtigkeit und dem Programm, mit dem sie arbeiten. Man unterscheidet also **einfache Manipulatoren, sequentielle Roboter, Lernroboter, numerisch gesteuerte Roboter** und **intelligente Roboter.**
Manipulatoren sind einfache mechanische Systeme mit verschiedenen Gelenken, die viele Funktionen ausführen können. Sie werden direkt durch den Menschen bedient. Ihr Automatisierungsgrad ist demnach sehr gering bzw. gleich Null. Sequentielle Roboter sind in der Lage, schrittweise und selbständig sich wiederholende Arbeiten zu verrichten. Diese Roboter können in zwei Gruppen unterteilt werden: Roboter mit festgelegter Sequenz, bei denen weder die Schrittreihenfolge noch die Arbeitsbedingungen verändert werden können, und Roboter mit variabler Sequenz, bei denen auf-

1 *Heute ersetzen Roboter, sowohl in der Industrie als auch im Labor, den Menschen bei allen gesundheitsgefährdenden Tätigkeiten.*

2 *Auch wenn Industrieroboter ihre Aufgaben immer genauer verrichten, sind dennoch bei den konventionellen Modellen vor Inbetriebnahme sehr komplizierte Anpassungsvorgänge notwendig.*

3 *Die Roboteranwendungen in der Industrie werden immer umfangreicher und verschiedenartiger. Auf unserem Bild bestimmt ein Dosierroboter die Mischung, vermindert die Zeit für die Dosierung und spart Material ein.*

1

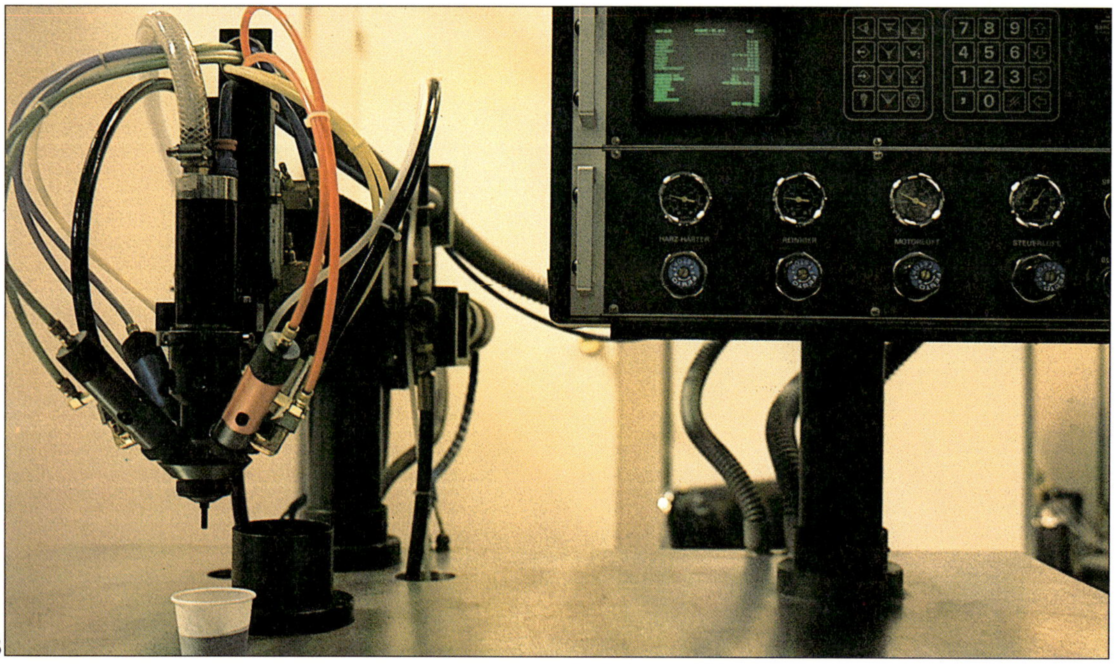
3

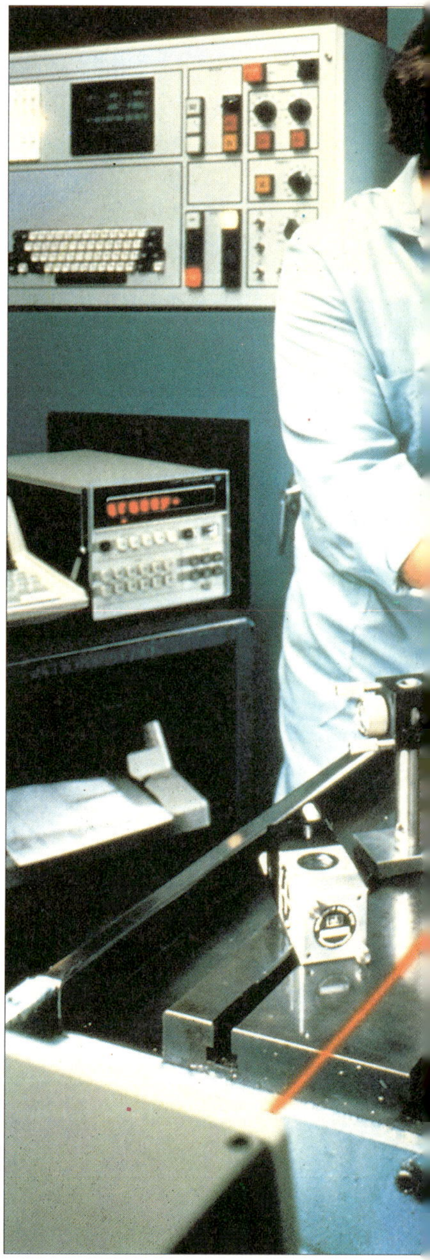
2

grund einer gewissen Flexibilität sowohl die Schrittreihenfolge als auch die Umgebungsbedingungen veränderbar sind.

Lernroboter „lernen“ und speichern eine bestimmte, von einem Facharbeiter vorher eingegebene Sequenz, die sie dann selbständig ausführen. Im Gegensatz hierzu erhalten numerisch gesteuerte Roboter die Anweisungen hinsichtlich der Bewegungsreihenfolge und der Arbeitsbedingungen direkt über die numerische Information.

Die intelligenten Roboter schließlich sind die eigentlichen Roboter. Es handelt sich hierbei um Maschinen mit einem hochentwickelten Steuerungssystem, mit einem gewissen Grad an künstlicher Intelligenz und mit einer Reihe von Sensoren. Sie können, wenn auch nur bedingt, Veränderungen in ihrem Umfeld erfassen und innerhalb eines angemessenen Zeitraums und in Abhängigkeit von den gegebenen Bedingungen entscheiden, welche Handlungen in welcher Reihenfolge ausgeführt werden müssen. Sie besitzen das höchste Automatisierungsniveau, das bei dieser Art von Apparaten erreicht werden kann.

Industrieroboter bestehen im wesentlichen aus einer mechanischen Struktur und einer Steuerungseinheit. Beide Bestandteile sind für das korrekte Funktionieren des Roboters von grundlegender Bedeutung. Außerdem beweisen sie, daß die Technologie, die sich mit diesen Maschinen beschäftigt, einen fachübergreifenden Charakter besitzt.

Um die Struktur eines Roboters und ihre Funktion besser erklären zu können, wollen wir eine grobe Parallele zwischen Mensch und Roboter ziehen: Die mechanische Struktur des Roboters, die dem menschlichen Körper entspricht, besteht aus zwei Grundelementen, dem Gerüst, das dem menschlichen Skelett entspricht, und den sogenannten Steuerungsorganen mit ihren entsprechenden Leitungen.

Das Gerüst wiederum besteht aus verschiedenen Teilen, die durch Gelenke miteinander verbunden sind, wodurch sie sich relativ zueinander bewegen lassen. Für diese Bewegungen verwendet man zwei unterschiedliche Systeme, das prismatische oder Translationssystem (durch „P“ gekennzeichnet), bei dem ein Teil über Leitschienen oder Führungsleisten eine Längsverschiebung gegenüber den anderen Teilen ausführt. Das zweite System ist das Winkel- oder Rotationssystem (durch „R“ gekennzeichnet), bei dem zwei Teile an einem Punkt miteinander verbunden sind und sich winkelförmig gegeneinander bewegen. Das Gerüst kann auch in drei Bestandteile unterteilt werden. Das erste ist das Positionierungselement, das die Funktion der Arme übernimmt. Es entspricht den ersten drei Teilen des Roboters und hat die Aufgabe, ihn an die Stelle zu bringen, an der er arbeiten soll. Das zweite ist das Orientierungselement, das der menschlichen Hand entspricht. Seine Aufgabe besteht darin, den Greifer oder das Werkzeug auszurichten. Dieses Element, dessen Gelenkdrehachsen aufeinander abgestimmt sein müssen, ist meistens winkelförmig und unabhängig vom Positionierungselement. Manchmal werden Gelenke mit weniger als drei Freiheitsgraden benutzt (unvollständige Gelenke), da dies für die zu verrichtende Arbeit ausreicht. Die Zahl der Teile des Orientierungselements ist veränderbar und hängt von der jeweiligen Arbeit ab. Schließlich gibt es noch das Greif- oder Werkzeugelement, das den Fingern beim

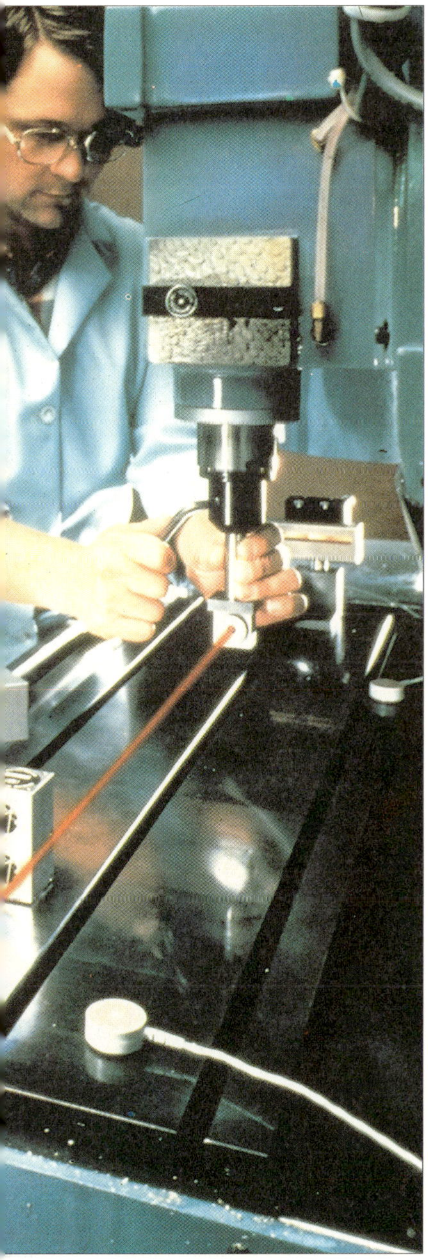

4

5

4 *In der Industrie werden heute zur Steuerung Roboter mit Laserstrahlen eingesetzt. Hierdurch kann der Herstellungsprozeß äußerst präzise gesteuert werden.*

5 *Zu den einfachsten Industrierobotern gehören die Trommelroboter, die verschiedene numerisch gesteuerte Maschinen mit Werkzeugen versorgen und künftig noch weitaus flexibler und damit auch noch nützlicher sein werden.*

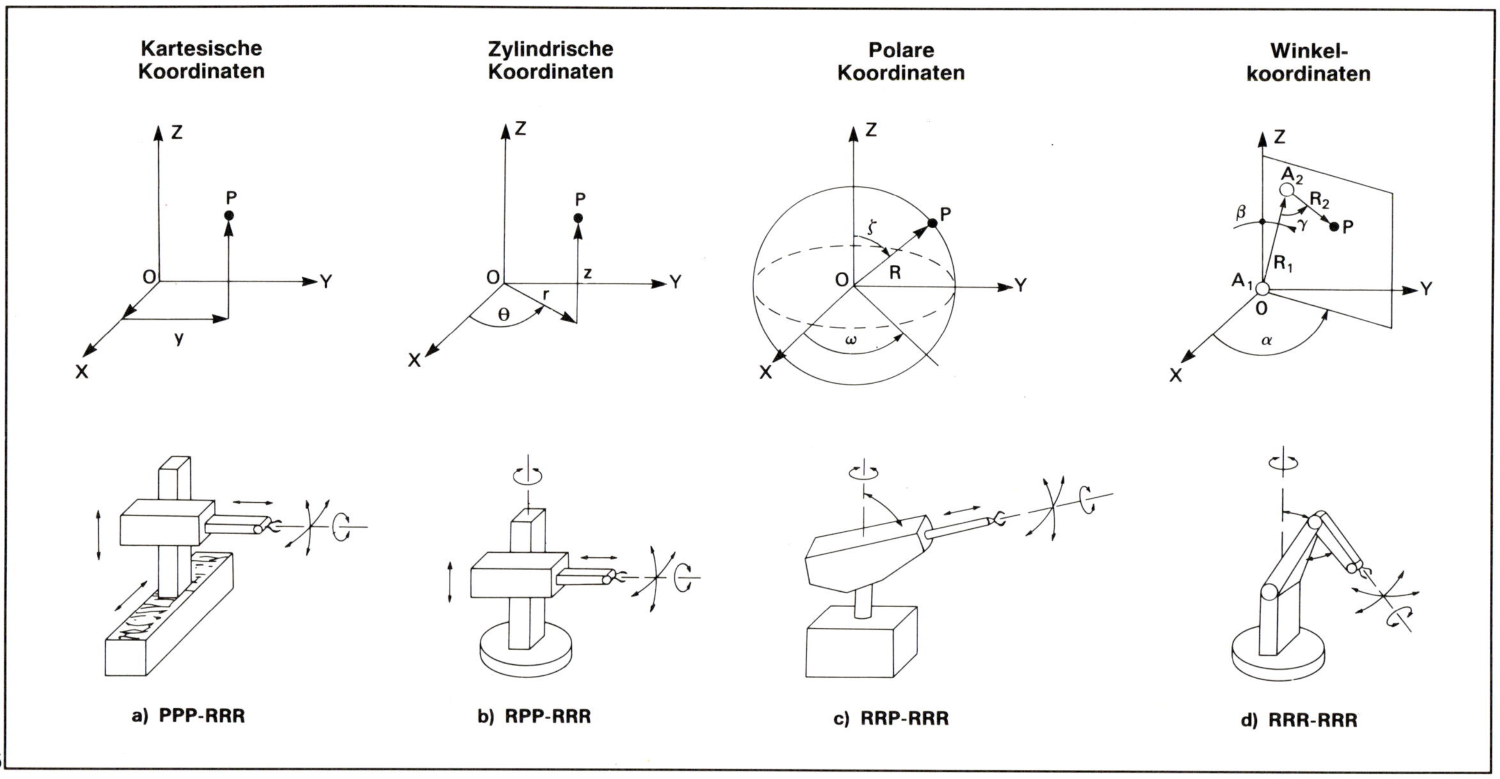

6

7

8

Menschen entspricht. Durch dieses Element kann der Roboter die Werkstücke greifen und bearbeiten. Die Art des Greifelements richtet sich völlig nach seinem Zweck, so daß es für jede Anwendung speziell konstruiert wird. Dennoch wird an der Entwicklung einer Hand gearbeitet, die für alle Arbeiten eingesetzt werden kann. Um die Handlungen zu erleichtern, werden häufig doppelte Greifelemente benutzt. Zu den gebräuchlichsten gehören

6 *a) Schema der kartesischen Koordinaten und eines PPP-RRR-Roboters; b) RPP-RRR-Roboter funktionieren nach dem Schema der sogenannten zylindrischen Koordinaten; c) den polaren Koordinaten entsprechen die RRP-RRR-Roboter; d) zu dem Schema der Winkelkoordinaten gehören die RRR-RRR-Roboter.*

7 *Computer verleihen den Industrierobotern eine gewisse „Intelligenz“, so daß sie – ähnlich dem Menschen – Aufgaben wie die Kontrolle produzierter Teile und ihrer Maße durchführen können.*

8 *Eine der Herausforderungen für Roboter ist das Erkennen von Formen und die Fähigkeit, verschiedene, durcheinanderliegende Teile zu unterscheiden.*

9

10

Zangen mit variabler Fingerzahl, verschiedene Preßvorrichtungen, Saugnäpfe und Magnete.
Hinsichtlich der genannten Bestandteile können Roboter verschieden unterteilt werden. Bezieht man sich auf die unterschiedlichen Gelenkfunktionen des Positionierungselements, lassen sich vier Hauptgruppen unterscheiden. Sie werden mit den Buchstaben der Koordinaten gekennzeichnet, mit denen die räumliche Position des Roboters bestimmt wird. Diese vier Gruppen sind: **kartesische Roboter, zylindrische Roboter, polare Roboter** und **Winkelroboter.** Die kartesischen Roboter besitzen drei prismatische Gelenke und werden mit der Buchstabenfolge PPP gekennzeichnet. Es gibt auch eine spezielle Art dieser Roboter, die **Portalroboter** genannt werden und an der Decke hängen. Die zylindrischen Roboter, die durch die Buchstabenfolge RPP gekennzeichnet werden, haben als erstes ein Winkelgelenk und dann zwei prismatische Gelenke. Bei den polaren Robotern sind die ersten zwei Gelenke winkelförmig, das dritte Gelenk ist prismatisch. Sie werden deshalb durch die Buchstabenfolge RRP gekennzeichnet. Bei den Winkelrobotern schließlich sind alle drei Gelenke winkelförmig, weshalb sie mit RRR gekennzeichnet werden.

Obwohl es keine festen Normen für die Bezeichnung der einzelnen Teile der Roboter gibt, verwendet man dazu doch meistens menschliche Körperteile. Der unbewegliche Teil ist die Basis, die ersten drei Bestandteile werden Stamm, Arm und Unterarm genannt, das zweite Gelenk wird Schulter, das dritte Ellenbogen und das vierte Handgelenk genannt.
Hinsichtlich der Orientierungselemente, die das Gerüst bewegen sollen, kann man Roboter nach der Energiequelle für die Antriebsmotoren und den Übertragungssystemen (die die Funktion der Muskulatur übernehmen) einteilen. Bei der Einteilung nach der Antriebsart unterscheidet man **Preßluftroboter, hydraulische Roboter** und **elektrische Roboter.** Preßluftroboter führen einfache Bewegungen aus und besitzen keine Positionssteuerung. Sie sind sehr schnell und äußerst sauber, können sehr viel leisten und arbeiten problemlos. Obwohl sie anfangs vornehmlich bei Ladearbeiten eingesetzt wurden, sind sie heute vollständig durch andere Systeme ersetzt worden. Hydraulische Roboter sind vor allem für Aufgaben geeignet, die eine große Leistung erfordern. Diese Antriebsart hat eine äußerst gute Leistungs/Masse-Relation und ist vor allem für den Einsatz in gefährlicher Umgebung geeignet. Sie hat aber auch gewisse Nachteile: hohe Kosten, da ihr Antrieb eine äußerst präzise Mechanik erfordert, eine aufwendige Instandhaltung, gelegentliche Verstopfungen der Flüssigkeitsleitungen sowie gelegentliches Auslaufen der Hydraulikflüssigkeit. Die elektrischen Roboter schließlich werden immer häufiger bei Arbeiten niedriger oder mittlerer Leistung eingesetzt. Von Vorteil ist dabei ihre leichte Steuerung und Transportfähigkeit sowie die hohe Genauigkeit und Qualität ihrer Bewegungen, so daß sie bei einigen speziellen Anwendungen unentbehrlich geworden sind. Die häufigste elektrische Antriebsart sind Schrittmotoren, mit denen man die Position steuern kann, ohne sie zu messen, und Gleichstrommotoren. Hydraulische Motoren werden dann eingesetzt, wenn eine schnelle Bewegung erwünscht ist, ohne daß sich der Roboter von der Stelle bewegt.

Ein weiterer immer häufigerer Bestandteil von Robotern sind Sensoren, die den menschlichen Sinnen entsprechen. Man unterscheidet hierbei zwei Gruppen: die **propiozeptiven** Sensoren, mit denen Merkmale des Roboters gemessen werden, wie z.B. die Winkelposition der Gelenke, die Bewegungsgeschwindigkeit, die Funktionstüchtigkeit seiner Antriebsmotoren usw. und die **exterozeptiven** Sensoren, die die Eigenschaften des Umfelds und

9 *Bei Schweißrobotern in der Fließbandproduktion von Automobilen ist die Strecke zwischen zwei Punkten beliebig.*

10 *An den Enden der Arme besitzen Roboter, je nach Aufgabenfeld, sehr unterschiedliche Instrumente (Zangen, Greifer, Magnet).*

dessen Interaktion mit dem Roboter bestimmen. Unter die erste Gruppe fallen Stellungs- oder Geschwindigkeitssensoren, zur zweiten Gruppe gehören taktile (Berührungs-), optische (Seh-) und auditive (Hör-)Sensoren, die Sprache erfassen können, usw.

Den letzten und wichtigsten Bestandteil von Robotern bilden die komplexen elektronischen Elemente, wie z.B. die Mikroprozessoren, die vier wichtige Aufgaben erfüllen. Sie übernehmen die Steuerung des mechanischen Gerüsts, die Sicherung des gesamten Systems und die Programmierung und Verarbeitung der sensorisch erfaßten Information. Sie entsprechen dem Gehirn und dem Nervensystem des Menschen.

Für die Steuerung der Roboter gibt es, je nach Aufgabenfeld, drei Möglichkeiten: Wenn der Roboter viele verschiedene Aufgaben durchführen soll, wird er direkt ferngesteuert. In diesem Fall ist die Steuerungseinheit das menschliche Gehirn. Soll der Roboter einfache und sich stets wiederholende Aufgaben durchführen, wird als Steuerungseinheit meistens ein Mikroprozessor verwendet. Soll er aber komplizierte Tätigkeiten durchführen (schweißen, Teile lackieren usw.), wird er computergesteuert.

Je nach verwendeter Steuereinheit unterscheidet man **Roboter mit Servoregelung** und **Roboter ohne Servoregelung.** Bei den letzteren können die einzelnen Gelenke nur in Extremposition fixiert werden, was in der Regel durch mechanische Anschlagstifte geschieht. Die einzige Veränderungsmöglichkeit besteht darin, die Anschlagstifte zu variieren, was die Zahl der möglichen Stellungen einschränkt. Solche Roboter sind zumeist Preßluftroboter und werden mit dem englischen Ausdruck **„pick and place"** bezeichnet. Bei den Robotern mit Servoregelung kann die Steuerungseinheit auf jedes Gelenk einwirken und somit den Roboter in jede beliebige Stellung bringen. Unter diesen Robotertyp fallen beispielsweise die **Lernroboter**, die **numerisch gesteuerten Roboter** und die **intelligenten Roboter.** Die Servoregelung kann unterschiedlicher Art sein und hängt von vielen Faktoren ab, unter anderem von den zu regelnden Größen: z.B der Stellung oder der Geschwindigkeit (kinetische Regelung), von der Motorentätigkeit (dynamische Regelung) oder von den gesamten Systemeigenschaften (adaptive Regelung). Tatsächlich erfolgt die Robotersteuerung durch die sogenannte **Punktsteuerung;** das heißt, es werden der Anfangs- und Endpunkt der Strecke gesteuert, die der Roboter durchläuft. Die Punktsteuerung erreicht z.B. bei Robotern, die Karosserien lackieren, bis zu 80 Punkte pro Sekunde. Bei diesen komplizierten Aufgaben ist es besonders wichtig, daß der Weg zwischen zwei Punkten dem direkten Weg so ähnlich wie möglich ist. Es besteht die Tendenz, Steuerungssysteme zu bauen, die Mikroprozessoren mit logischem System verwenden. Die Verwendung von elektronischen Steuerungssystemen setzt voraus, daß die Punkte, die der Roboter durchlaufen muß, gespeichert werden und dadurch der Roboter gesteuert und an die relevanten Punkte geführt werden kann (Programmierung durch Lernen). Um diese Programmierung durchzuführen, gibt es verschiedene Methoden, von der Positionierung des Roboters durch den Menschen mit Speicherung der Position bis hin zur Verwendung des Joysticks an der Programmierkonsole, mit dem zwei Gelenke gleichzeitig bewegt werden können. Durch die Verwendung von Mikroprozessoren lassen sich noch ausgefeiltere Programme erstellen. Außerdem ermöglichen sie den Einsatz verschiedener Techniken der Informatik, wie z.B. bedingte Sprünge, Unterprogramme, speziell für

11 *In der Automobilindustrie müssen die Bewegungen von Lackierrobotern vollkommen festgelegt sein und einer feststehenden Sequenz folgen, damit die Farbe gleichmäßig aufgetragen wird.*

12

13

14

Roboter entwickelte Programmiersprachen, die von einer entsprechenden Konsole aus eingegeben werden, usw. Momentan gibt es höhere Progammiersprachen, die dem Roboter eine große Flexibilität verleihen. Unter diesen Sprachen sticht v.a. FORTH hervor, die Anweisungen wie „90 ROT L“ (Linksdrehung um 90°) verwendet. Diese Sprachen dienen der Verarbeitung der Information, die durch die komplexen Sensoren des Roboters (Sensoren zum Sehen, Tasten usw.) erfaßt werden, sowie für Entscheidungen, die darauf gründen. In Abhängigkeit der verwendeten Programmiersprache kann die Robotersteuerung auf vier verschiedenen Ebenen erfolgen: auf der **Antriebsebene,** auf der das Verhalten der Antriebssysteme für jeden der Freiheitsgrade festgelegt wird; auf der **Extremitätenebene,** auf der die Bewegungen und Tätigkeiten der Gliedmaßen der Roboter gesteuert werden; auf der **Objektebene,** die die Tätigkeiten steuert, die der Roboter mit den Gegenständen durchführen soll, wie z.B. das Verschieben eines Teils von einer Stelle zur anderen. Und schließlich auf der **Zielebene,** auf der das Ziel festgelegt wird, das man mit den Handlungen des Roboters erreichen will, z.B. das Sortieren von Teilen nach bestimmten Kriterien (z.B. Größe), die auf einer Ebene willkürlich verteilt sind. Diese letztgenannte Steuerebene setzt voraus, daß der Roboter über genügend Intelligenz verfügt, um selbständig die zur Zielerreichung nötigen Handlungen auszuwählen und zu koordinieren.

Perspektiven in der Robotik

Forschung, Entwicklung und Anwendung der Robotik zeigen, daß Industrieroboter kompetenter, flexibler und intelligenter werden. Diese Entwicklung ist sehr eng mit dem Fortschritt des Forschungszweigs verbunden, der sich intensiv mit der fünften Computergeneration befaßt. Dies verdeutlicht auch die Breite der Publikationen, die über den Industrieroboter und damit verbundene Zukunftsperspektiven vorliegen. Dabei werden insbesondere neue oder verbesserte Anwendungen zum Schmieden, zum Montieren, zum Bogenschweißen usw. beschrieben.

Die Forschung spiegelt aber auch, wie Industrieroboter noch flexiblere Arbeitsintelligenz erwerben werden, die auf der Beschaffenheit entsprechender Mikroprozessoren beruht. Generell kann gesagt werden, daß eine verbesserte Roboterintelligenz in Verbindung mit benutzerfreundlicheren Mensch/Maschine-Schnittstellen entstehen wird. Diese Schnittstellen werden in zunehmend verbesserter Form in der Lage sein, ihre Industrie-, aber auch Haushaltsroboter anzuweisen, was sie exakt zu tun haben. Demnach dürften die Anwendungen der Robotik immer interessanter und eindrucksvoller werden. Der einstige Traum vom Maschinenmenschen, der für den Menschen arbeitet, ist Wirklichkeit geworden, die sich in immer flexibleren und technisch vollkommeneren Robotern zeigt. Die Roboter der kommenden Jahre werden mit Computern der fünften Generation gekoppelt werden und noch nützlicher sein.

12 *Der sowjetische Viking ist ein wissenschaftlicher Roboter, mit dem ohne direktes menschliches Eingreifen die Oberflächen verschiedener Planeten (in unserem Fall der Mond) erforscht werden können. Heute wird an der Entwicklung eines Roboters dieser Art gearbeitet, der die Marsoberfläche erforschen soll.*

13 *In vielen Fällen führen Roboter äußerst riskante Aufgaben durch, die oft zu ihrer Zerstörung führen, wie z.B. bei der Bombenentschärfung.*

14 *Durch den Unterwasserroboter ALVIN konnten die Reste des Transatlantikliners TITANIC viele Jahre nach der Tragödie ihres Untergangs erforscht und verschiedene Objekte geborgen werden.*

Computer in der Industrie

In den vorausgehenden Kapiteln haben wir die Anwendungsmöglichkeiten von Computern im Büro (Büroinformatik), bei der Datenübertragung (Telematik) und bei den verschiedensten Tätigkeiten der Wirtschaftswelt (z.B. optische Zeichenerkennung) dargestellt. In diesem Kapitel wollen wir uns mit den Anwendungsmöglichkeiten der Computer im Bereich der Industrie beschäftigen. Diese reichen von der Konstruktion, Entwicklung und Herstellung neuer Produkte durch Ingenieure bis zur Automatisierung des Fertigungsprozesses. Die Automatisierung der Methoden ist inzwischen grundlegend für die Konstruktionsarbeit von Ingenieuren geworden, da die bisherigen manuellen Methoden bei den hohen technischen Anforderungen der Fertigungsprozesse nicht mehr wettbewerbsfähig sind. Alle bei automatisierten Konstruktionsaufgaben angewendeten Techniken basieren auf der Computeranwendung. Diese Anwendungen reichen von verschiedenen Werkzeugen, die in unterschiedlichem Maß die automatische Dokumentation bis hin zu komplexen Simulationsanlagen ermöglichen, mit denen das neu entwickelte Produkt relativ genau auf Fehlerfreiheit und seine Anwendungssmöglichkeiten hin überprüft werden kann. Diese Tätigkeiten bezeichnet man mit dem allgemeinen Begriff **CAD** (engl. **Computer-Aided Design,** rechnergestütztes Konstruieren).

1 *Flexible Produktionseinheiten stellen einen sehr wichtigen Fortschritt dar, da man – ausgehend von den Konstruktionsdaten geringe Stückzahlen direkt herstellen kann.*

2 *Durch Simulationstechniken können Vorgänge und Phänomene sichtbar gemacht werden, die sonst nur an einem Prototyp beobachtet werden könnten.*

3 *Mit der rechnergestützten Konstruktion werden alle für die Entwicklung eines neuen Teils, Geräts oder einer Maschine notwendigen Tätigkeiten ausgeführt.*

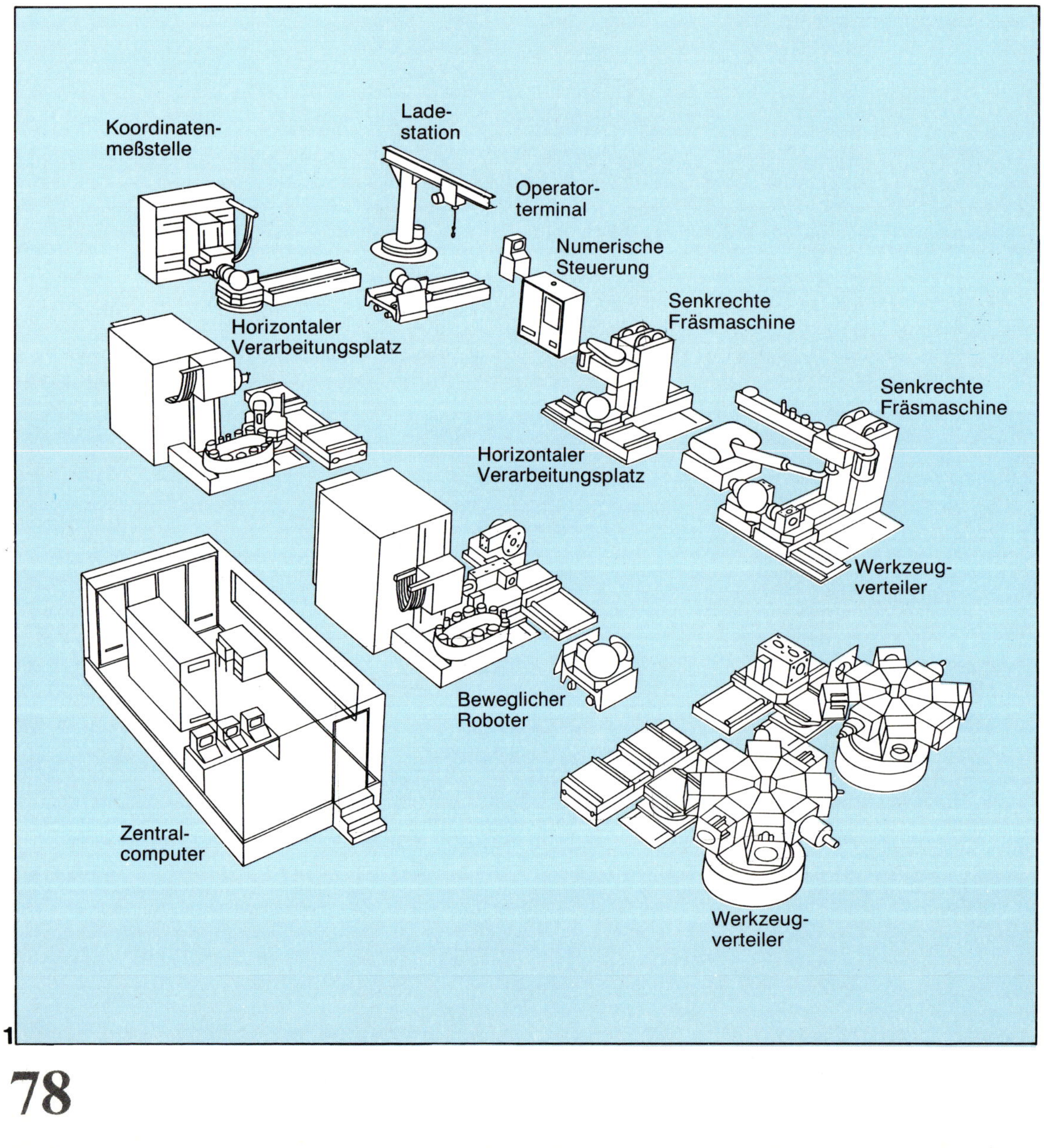

1

2

3

Die Entwicklung eines Produkts, z.B. eines elektronischen Geräts, geht folgendermaßen vor sich: Zunächst werden kurz die Eigenschaften des zu entwickelnden Geräts bestimmt, als Voraussetzung für die entsprechenden Schaltkreise. Dazu werden folgende Phasen durchlaufen: Erstens **Festlegung der gewünschten Funktionen in einem Pflichtenheft;** zweitens **Konstruktion eines entsprechenden logischen Schaltkreises** mit logischen Gleichungen oder Gattern und Darstellung in einem **logischen Schaubild;** drittens **Entwicklung eines logischen Plans** (d.h. Anpassung an die Integrationstechnik bei größtmöglicher Ausnutzung von genormten logischen Bauelementen); viertens **Layout** (d.h. Anordnung auf möglichst geringem Raum) und schließlich **Simulation** (d.h. Überprüfung des Entwurfs anhand eines Computers). Ist der Entwurf zufriedenstellend, müssen nur noch die angemessenen Arbeitsschritte zur Herstellung des Produkts festlegt und die Testmethoden für seine Überprüfung ausgewählt werden. Die oben genannten Schritte werden durch die CAD-Systeme stark vereinfacht. Beim Entwurf der Schaltkreise kann der Konstrukteur auf einen Speicher mit bereits entwickelten Schaltkreismodulen zurückgreifen. Außerdem können neue Schaltkreise auf dem Bildschirm gezeichnet und gleichzeitig bereits entwikkelte Module eingefügt werden. Ein Schaltkreis kann auch relativ einfach kopiert, seine Lage verändert und verschiedene Teile können miteinander verbunden werden. Schließlich kann die Funktionstüchtigkeit des Schaltkreises am Ende der Entwicklungsphase ohne Erstellung eines Prototyps geprüft werden. Hierfür dient ein Simulationsprogramm, das die eingegebenen Daten sofort bei der Konstruktion des Schaltkreises am Bildschirm erhält. Bei der Simulation können ebenso später vorgenommene Änderungen überprüft werden. Danach kann, auch mit Hilfe des Computers, eine Auflistung der Verbindungen für diesen Schaltkreis ausgegeben werden. Schließlich bleibt noch die Funktionsüberprüfung des Endprodukts. Diese Aufgabe wird von einem Programm des CAD-Systems ausgeführt, unter Anwendung einer Reihe geeigneter Prüfmethoden (in der Regel eine Folge von Eingangs- und entsprechenden Ausgangsdaten).

Die einfachste Anlage, mit der Techniken des rechnergestützten Konstruierens angemessen durchgeführt werden können, besteht aus einem Zentralcomputer. An ihn sind eine Reihe peripherer Graphikterminals angeschlossen. Diese Anordnung ist vor allem dann ideal, wenn ein leistungsstarker Zentralcomputer vorhanden ist, auf dem im Gemeinschaftsbetrieb verschiedene Anwendungen einer Firma laufen. Der Nachteil dabei ist allerdings, daß die Konstruktion zumeist einen hohen Anteil der Rechnerleistung beansprucht und somit andere Tätigkeiten behindert werden könnten. Um diese Probleme zu umgehen, wird bisweilen ein Großteil der rechnergestützten Konstruktion auf eine kleinere Computeranlage, eine sogenannte **Ingenieur-Datenstation,** ausgelagert. Hier ist Echtzeitbetrieb möglich, da es sich dabei um ein System mit eigenem Mikroprozessor handelt. Weiterhin werden bei der Konstruktion hochwertige Graphikinstrumente benötigt: ein Graphikprozessor mit hochauflösendem Bildschirm, eine große Variationsmöglichkeit für direktes Zeichnen und jegliche Art der Bildbearbeitung. Das System verfügt über einen Hauptspeicher und einen Sekundärspeicher, die groß genug sind, die meisten der CAD-Funktionen lokal nutzen zu können. Die beschriebenen CAD-Tätigkeiten führen zu großen Datenmengen, die zur Automatisierung des Fertigungsprozesses des entwickelten Produkts verwendet werden können. Die Nutzung dieser Daten für die Automatisierung der Fertigung wird als **rechnergestützte Fertigung** meist abgekürzt als **CAM (Computer-Aided Manufacturing)** bezeichnet. Die immer engere Verknüpfung von rechnergestützter Konstruktion und Fertigung führten zu integrierten Lösungen für die Automatisierung sowohl der Konstruktion als auch der Fertigung. Diese werden mit der Abkürzung **CAD/CAM** bezeichnet. Ist eine Datenstation Teil eines CAD/CAM-Systems, ist sie auch mit dem Zentralrechner und mit den verschiedenen peripheren Einheiten

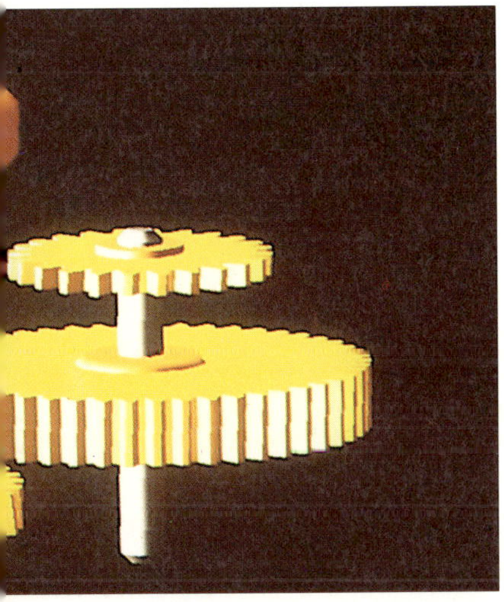

4

4 Computer sind heute an vielen industriellen Prozessen als Steuer- oder Verwaltungsinstanz beteiligt. Ihr Einsatz wird auch in Zukunft an Quantität und Intensität nicht verlieren.

(Drucker, Graphiksysteme oder andere Ausgabeeinheiten) verbunden. Zusammen bilden diese das Gesamtsystem, das wiederum mit den eigentlichen Verarbeitungseinheiten verbunden ist. Die Tendenz bei der Strukturierung dieser Systeme geht in Richtung der sogenannten **verteilten Systeme.** Hier ist die Rechentätigkeit auf lokale Maschinen verteilt, die über ein Netz verbunden sind, das auch andere Computer, verschiedene periphere Einheiten usw. mit einschließt. So kann die gerade aktive Maschine jederzeit über Daten und Informatikwerkzeuge verfügen.

Die flexible Werkstatt
Nachdem das Produkt mit den CAD/CAM-Techniken entwickelt und auf Funktionstüchtigkeit überprüft wurde, kann es in die Serienproduktion gehen. In manchen Fällen wird aber dennoch ein Prototyp für bestimmte Tests benötigt, die nicht direkt an der Datenstation durchgeführt werden können. In solchen Fällen ist eine flexible Werkstatt hilfreich, in der die Eigenschaften des neu entwickelten Teils direkt an die arbeitende (robotisierte) Werkstatt weitergegeben werden. Dort wird eine begrenzte Anzahl von Prototypen hergestellt. Hierfür wird das Produkt wie üblich mit einem CAD/CAM-System entwickelt. Die charakteristischen Daten des Produkts gehen dann direkt an den zentralen Computer, der den Datenaustausch zwischen den verschiedenen Einheiten steuert. Der Zentralcomputer gibt daraufhin die nötigen Befehle an die Werkstatt, die ein Musterstück herstellt. Der Werkstattcomputer steuert alle vorhandenen Maschinen und somit auch die Herstellung des Musterstücks, des sogenannten **Rohstücks.** Das fertige Rohstück wird durch bewegliche Roboter zu den verschiedenen Fertigungsmaschinen gebracht, wo andere Roboter die noch notwendigen Arbeiten ausführen (Schleifen, Waschen usw.). Nach Fertigstellung des Teils meldet der Werkstattcomputer dies dem Zentralcomputer. Dieser aktiviert die Steuereinheit, zu der das Teil wiederum durch einen beweglichen Roboter hingebracht wird. Diese überprüft verschiedene Eigenschaften des Teils, z.B.

5

6

7
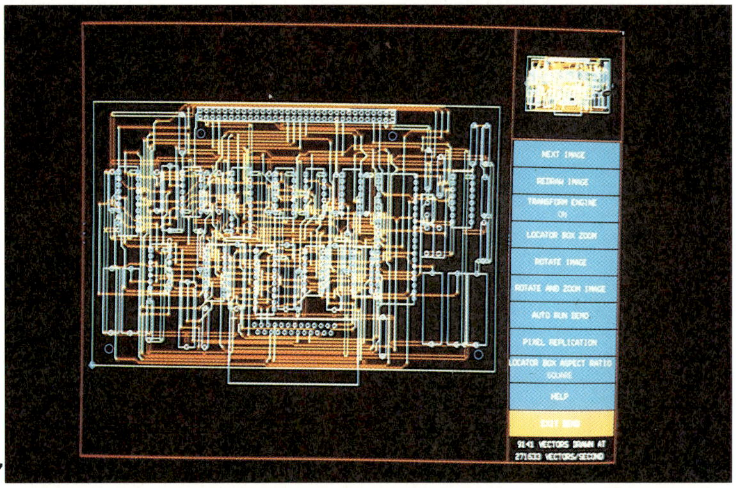

8
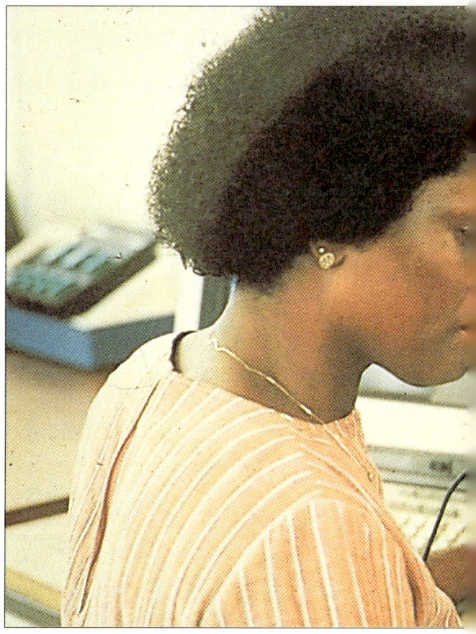

9
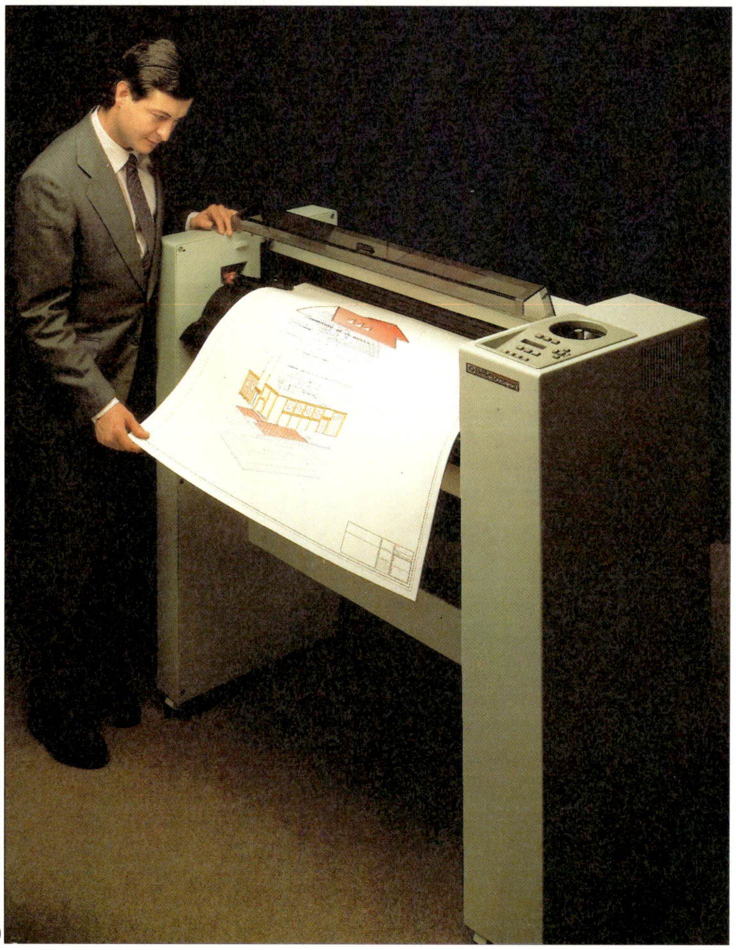

5 Durch die optische Zeichenerkennung können mühselige Arbeiten, wie z.B. die Verwaltung von Lagerbeständen, stark vereinfacht werden.

6 Das Spaceshuttle ist ein Beispiel für einen mit dem Computer konstruierten Apparat.

7 Auch Schaltkreise werden mit Hilfe spezieller Computerprogramme konstruiert.

8 Daß der Schaltkreis und die nötigen Programme am Bildschirm verändert, überprüft usw. werden können, bedeutet eine hohe Zeitersparnis.

9 Oft werden CAD-Systeme für die Konstruktion von Häusern angewendet (das Bild zeigt den Grundriß eines Gebäudes).

10

Maße, Gewicht, Form usw. Diese Information wird im Computer, der die Überprüfung steuert, gesammelt und gespeichert. Von dort gelangt sie an den Zentralcomputer, der diese Daten mit den theoretischen Daten des Konstrukteurs vergleicht. Stimmen die Daten nicht überein, wird das Teil erneut bearbeitet, bis eine Übereinstimmung erreicht wird. Nach Beendigung dieser Phase wird eine begrenzte Zahl produziert (bspw. ein Dutzend), damit der Konstrukteur sie begutachten und eventuell nötige Veränderungen im Prozeß durchführen kann. Daraufhin wird das Endstück entweder Teil eines Prototyps, geht direkt in die Produktion oder wird in eine Maschine eingebaut, um eine Qualitäts- und Funktionstüchtigkeitsprüfung durchzuführen.

Wie schon erwähnt, steuert der Zentralcomputer den größten Teil der Tätigkeiten in der flexiblen Werkstatt, was sowohl bei der Entwicklung als auch bei der Konstruktion neuer Teile und Maschinen zu großer Zeitersparnis führt. Zu seinen Aufgaben zählen unter anderem die Optimierung der Maschinenarbeitszeit und die Verteilung der benötigten Werkzeuge an die Produktionsroboter mit Hilfe der Vorrichtungen, die die feststehenden Roboter mit Werkzeugen versorgen. Er optimiert auch die Bewegungen der Versorgungsmaschinen, indem er ihre Wege verkürzt, Zusammenstöße verhindert usw. Ferner ist der Zentralrechner in der Lage, die ausgeführten Arbeiten zu überprüfen und die Produktionsvorgänge zu simulieren. Dadurch kann der Arbeitsprozeß jederzeit so gestaltet werden, daß schneller und ökonomischer gearbeitet werden kann. Außerdem sorgt der Zentralcomputer dafür, daß immer genügend Werkstücke und das hierfür benötigte Material vorhanden sind, um einen konstanten Arbeitsfluß zu gewährleisten. Auch das Umprogrammieren von Robotern erfolgt mit Hilfe des Zentralrechners. So können neu entwickelte Werkstücke hergestellt und alle Bewegungen der Werkstücke in der flexiblen Werkstatt so koordiniert werden, daß die Strecke zwischen verschiedenen Einheiten oder zwischen verschiedenen Maschinen einer Einheit möglichst kurz ist und möglichst schnell zurückgelegt werden kann.

Das bisher Gesagte vermittelt uns eine Vorstellung des Mechanisierungs- und Automatisierungsniveaus der Verfahren, die für die Entwicklung und Fertigung von Teilen für neue Maschinen benötigt werden. Dank des Computers kann direkt am Bildschirm gezeichnet und in sehr kurzer Zeit das Konstruktionsergebnis überprüft werden.

Die Automatisierung der Produktion

Bisher befaßten wir uns mit der Rolle des Computers bei der Konstruktion eines Werkstücks und bei der Herstellung eines Prototyps zur Überprüfung, ob das Werkstück in die Serienproduktion gehen und Teil einer Maschine, Apparatur oder Anlage werden kann. Nun wollen wir uns mit dem eigentlichen Fertigungsprozeß und mit dem Grad an Automatisierung in diesem Bereich beschäftigen. Anlagen, die auf dieser Möglichkeit der Computeranwendung basieren, nennt man **flexible Fertigungsanlagen.** Sie beinhalten das, was auch **zweite industrielle Revolution** genannt wird. In Zukunft wird nämlich der Fertigungsprozeß nicht mehr aus mehreren isolierten Maschinen oder Maschinengruppen bestehen, sondern es werden vollständige und integrierte Fertigungsprozesse entstehen, die in fast komplett automatisierten Fabriken ablaufen. Die Automatisierung hat sich von den Industrien, bei denen ein kontinuierlicher Produktionsprozeß notwendig ist, wie bei Hochöfen, Papierfabriken, der Petrochemie usw. auch auf andere verlagert. Die Einführung der integrierten flexiblen Produktionssysteme hat den Vorteil, daß dadurch das Produkt schneller, billiger (geringere Lagerbestände) und rationeller bezüglich Entgelt, Material, Energie, Anlagen usw. entworfen, entwickelt, hergestellt und auf den Markt gebracht werden kann. Die Begriffe Automatisierung und Produk-

10 *In der Architektur werden Computer schon seit einiger Zeit bei der Konstruktion verwendet. Inzwischen kommen sie sogar bei der Berechnung der tragenden Teile zum Einsatz.*

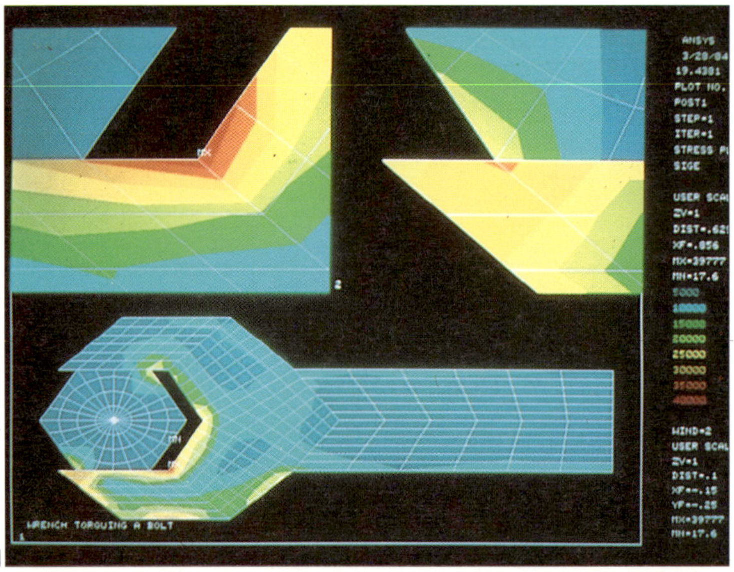

11

12

13

14

tionsflexibilität sind sehr eng mit dem der Produktivität verbunden. Mit herkömmlichen Produktionsketten ließen sich zwar gute Ergebnisse bei der Herstellung größerer Mengen eines Produkts erzielen, ihre Flexibilität ist aber sehr eingeschränkt bzw. gleich null. Dies erschwert wiederum ihre Anpassung an den technischen Fortschritt. Genau hier setzen die flexiblen Produktions- oder Fertigungssysteme ein. Ein flexibles Produktionssystem besteht aus einer Reihe von Maschinen und technischen Anlagen, die durch ein gemeinsames Steuer- und Transportsystem verbunden sind. So können mit einer vollständig automatisierten Produktion mehrere Aufgaben mit unterschiedlichen Teilen durchgeführt und sowohl Teile eines Produkts als auch das Produkt selbst zusammengefügt werden.

Die Grundelemente einer flexiblen Produktionseinheit sind: eine Datenstation, ein Materialtransportsystem und ein Computer, der den gesamten Vorgang vorbereitet und steuert. Die Datenstation besitzt eine Ausführungseinheit. Sie besteht aus numerisch gesteuerten Werkzeugmaschinen, Lade-/Entlademaschinen, Systemen zum Werkzeugaustausch, Maschinen, die Befehle ausführen, und den erforderlichen Hilfsanlagen. Auch die Fließbänder zur Versorgung mit Material aus dem Rohstoffspeicher und zum Abtransport der Fertigprodukte können als Teile der Datenstation angesehen werden. Das Materialtransportsystem kann aus mehreren beweglichen Schalen, einer Rutsche, einem Fließband oder einem beweglichen Roboter bestehen.

Der Computer hat, als Teil der Anlage, unterschiedliche Funktionen: Er koordiniert zum einen die Verwaltungsaufgaben und steuert zum anderen die Produktion. Außerhalb der Anlage wird er für die Vorbereitung der Arbeitsprogramme der numerisch gesteuerten Maschinen, für die Planung des Produktionsprozesses entsprechend der eingegebenen Befehle und schließlich für die rechnergestützte Konstruktion verwendet.

Die Aufgaben der Roboter in flexiblen Produktionseinheiten reichen vom Transport über die Prozeßsteuerung bis zur Montage. Aufgrund der spektakulären Fortschritte auf dem Gebiet der Robotik wurden Roboter entwickelt, die z.B. verpacken, auswählen, positionieren, verschrauben, schweißen, vernieten usw. können. Dies erfordert allerdings eine vollständige Abstimmung aller Verarbeitungs-, Steuerungs-, Bearbeitungs- und Montageprozesse, die aber auch nur mit Hilfe eines Computers erreicht werden kann. Der Computer ermöglicht diese Integration der Arbeiten der verschiedenen Untereinheiten einer flexiblen Produktionseinheit. Diese Untereinheiten sind: durch Mikroprozessoren gesteuerte numerisch gesteuerte Maschinen; eine Speichereinheit (endgültige und Zwischenspeicherung); eine Einheit, die Werkzeuge transportiert, positioniert und bedient (Be- und Entladen); eine Einheit, die sowohl Einzelteile als auch die Untereinheiten zusammenfügt; eine Steuer- und Überwachungseinheit und schließlich eine Einheit, die – mittels Computer – die verteilten Steuerungsprozesse der ein-

11 *Durch Computersimulation können bestimmte Phänomene viel einfacher und detaillierter erforscht und dargestellt werden.*

12 *Durch die Simulation von Industrieprozessen können ihre Charakteristika vor Inbetriebnahme überprüft werden.*

13 *Die Aufteilung und Gestaltung von Entwürfen, Aufrissen, dreidimensionalen Darstellungen usw. von Teilen oder Geräten wird durch die Bearbeitung der digitalisierten Konstruktionsdaten stark vereinfacht.*

14 *Die Verwendung vorprogrammierter Konstruktionswerkzeuge ermöglicht die Nutzung vorhandener Daten bei der Konstruktion neuer Teile.*

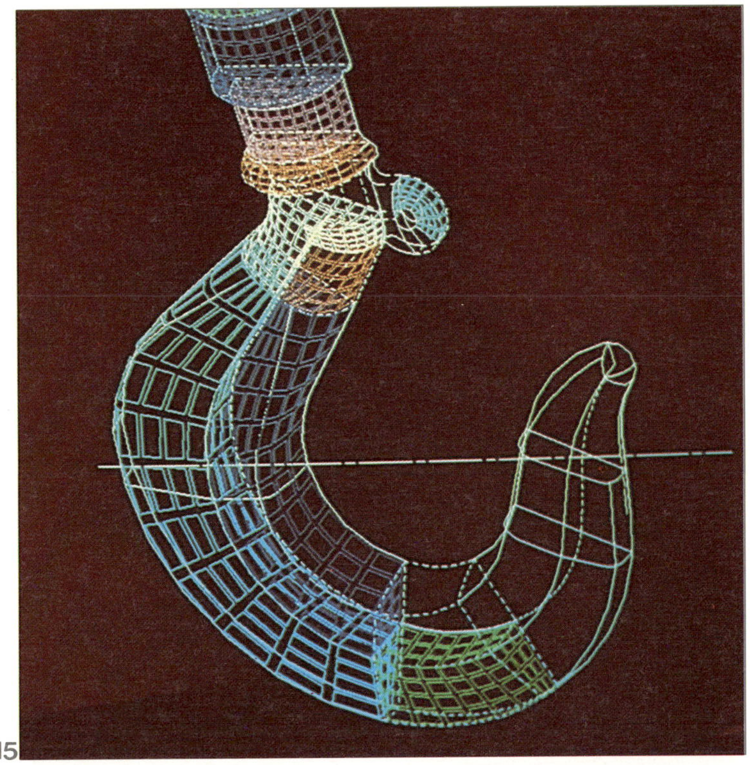

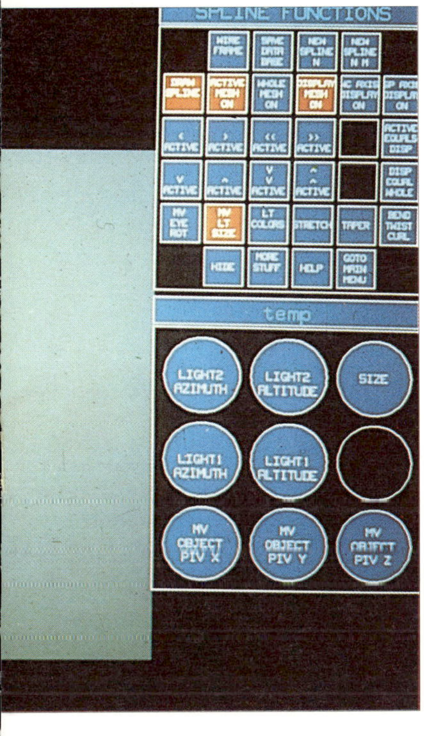

15

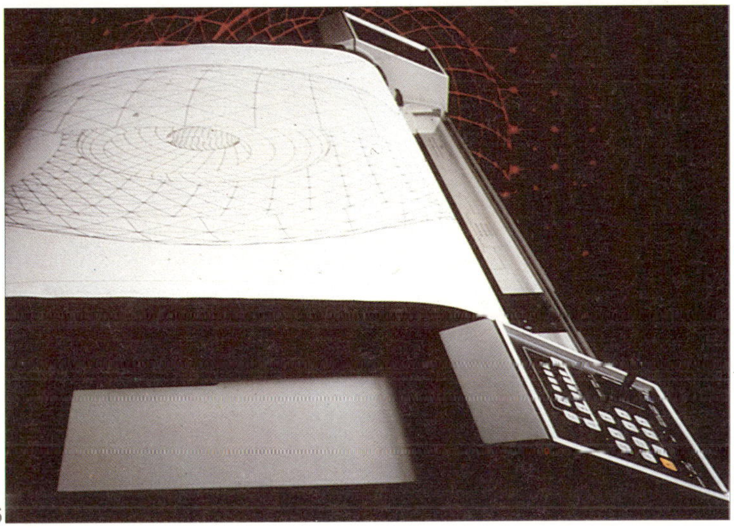

16

zelnen Mikrocomputer in der Fertigung zentralisiert. Aufgabe des Computers ist außerdem, die Gesamtsituation der flexiblen Produktionsanlage zu überwachen, ein Verzeichnis der gefertigten Teile und der montierten Einheiten zu führen und sich mit anderen Produktionsstätten oder einer zentralen Stelle in Verbindung zu setzen.

Eine ganz wesentliche Untereinheit einer flexiblen Produktionseinheit ist die Einheit zur Montage von Einzelteilen. Sie ist fast genauso wichtig wie die Fertigungseinheit, da Produkte meistens aus mehreren Teilen bestehen, die im Fertigungsprozeß zusammengefügt werden müssen.

Mikrocomputer und Mikroprozessoren

Überwiegend im Industrie- und Dienstleistungsbereich sowie im Bereich der Anwendung von Verbrauchsgütern werden von Mikroprozessoren und Mikrocomputern Informationen verarbeitet und Technologien gesteuert.

Elektronikprodukte verdrängen dabei immer mehr feinmechanische und mechanische Produkte.

In den produzierenden Bereichen führt die Mikroelektronik vor allem zur Flexibilisierung und Automatisierung des Fertigungsprozesses, vor allem in den metallverarbeitenden Branchen. Im Dienstleistungssektor hat die Intensivierung automatischer arbeitsplatzorientierter Text- und Datenverarbeitung in Verbindung mit dem Aufbau von Datennetzen, dafür erforderlichen Computern und dezentralisierten Dialogbildschirmen Vorrang.

Zahl und Einsatzmöglichkeiten der Mikroprozessoren bei der Gestaltung von Fertigungsprozessen und bei der Herstellung ganz neuer und verbesserter Produkte steigen demnach ständig. Die Weiterentwicklung von Steuerungsmechanismen mit Hilfe der Mikroelektronik sowie das Verfügen über Software- und System-Know-how werden auch in Zukunft sicher noch stärker die Geschwindigkeit der Markteinführung und -durchsetzung von Geräten bestimmen, die von Mikroprozessoren und Mikrocomputern gesteuert sind. Im Alltagsleben sind Produkte der Mikroelektronik ebenso nicht mehr wegzudenken wie die zunehmende Anwendung des Computers in der Industrie, der Wirtschaft und Verwaltung sowie im privaten Bereich. So wird der Einsatz von Computern und der Mikroelektronik sicher noch sowohl an Quantität als auch an Intensität zunehmen. Moderne Industriestaaten mit einer stark exportorientierten Volkswirtschaft werden nur so auf Dauer ihre Wettbewerbsfähigkeit erhalten können.

15 *Die Anwendung der genannten Darstellungstechniken ermöglicht außerdem die dreidimensionale Darstellung der entwickelten Teile.*

16 *Außer der Prüfung der Struktur vor der endgültigen Konstruktion kann man mit den Programmen auch andere Parameter, wie z.B. die Kosten, einschätzen.*

Computer in der Forschung

Gegenwärtig gibt es kein Gebiet der Wissenschaft, das ohne elektronische Geräte oder Hilfsmittel auskommt. Diese Hilfsmittel lassen sich in zwei Gruppen unterteilen: einerseits wissenschaftliche Instrumente jeglicher Art und andererseits Computer. Erstere haben die Erfassung, Messung und Verarbeitung der gewonnenen Daten in hohem Maß verbessert. Durch den Computer ist es möglich geworden, wissenschaftliche Fragestellungen aus bisher unvorstellbaren Perspektiven anzugehen. Computeranwendungen haben zu einer großen Erleichterung bei der Verarbeitung von Information aus der wissenschaftlichen Forschung geführt. Seine Anwendungen reichen von der Textverarbeitung zur Niederschrift von Gedanken oder Artikeln bis zu Datenbanken. Über sie kann zu jeder Zeit auf die vollständige und stets aktualisierte Information zugegriffen werden, die von Wissenschaftlern aus aller Welt zusammengetragen wurde, die auf einem bestimmten Gebiet arbeiten.

1 *Die Informatik kann zwar den Experten in der Biomedizin nicht ersetzen. Sie kann aber seine Arbeit, von einfachen Analysen bis zu Diagnosestellungen, sehr erleichtern.*

2 *Heute gibt es keinen Wissenschaftszweig, der nicht direkt oder indirekt von den Fortschritten in der Elektronik profitiert, z.B. bei der Instrumentenausstattung.*

3 *Durch die Digitalisierung vieler Meßvorgänge und die spätere Bearbeitung der Ergebnisse kann man oft Vorgänge und Phänomene untersuchen, die ansonsten nicht beobachtbar wären.*

1

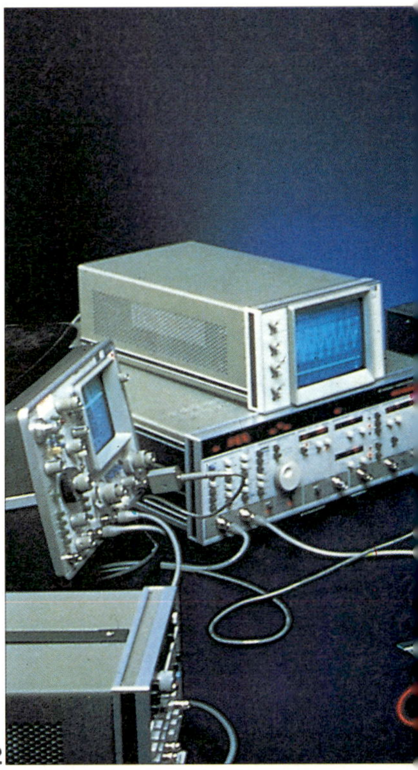

2

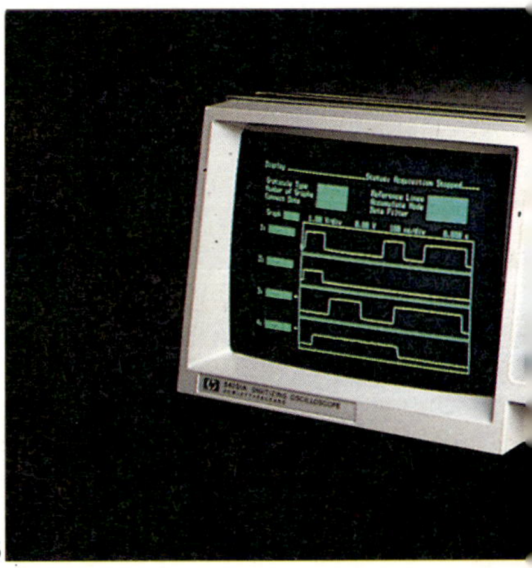

3

Die Anwendungen der Computer in der Wissenschaft reichen also von den einfachsten Tätigkeiten bis hin zu den ausgeklügeltsten Datenverarbeitungssystemen.
Dazu gehört die Anwendung der künstlichen Intelligenz in der Sprachwissenschaft, die sich unter anderem mit der automatischen Übersetzung beschäftigt. Außerdem hat man durch den Computer Experimente durchführen können, die ohne Computer nicht möglich gewesen wären. Man bedenke nur, daß während der Erforschung von Kernschmelzungsprozessen bei jedem Schuß in einer solchen Anlage Tausende von Daten aus den unzähligen Sensoren und Meßinstrumenten in den Computer eingehen. Dieser verarbeitet sie, paßt die Bedingungen blitzschnell den Gegebenheiten an und speichert zugleich alles – teilweise in Millisekunden. So erhält man nach einer gewissen Zeit eine vollständige Analyse des Experiments.

Wissenschaftliches Programmieren

Die in der Wissenschaft aufgestellten Gesetze führen zu einer Reihe von Algorithmen und Vorgängen, mit denen man mit relativer Genauigkeit bestimmen kann, wie sich die Systeme verhalten, auf die sie sich beziehen. Da Computerprogramme eine gute Möglichkeit zur Beschreibung von Algorithmen darstellen, werden diese, beispielweise in der Mathematik und Physik, durch Zahlen und Symbole dargestellt und dann mit speziellen Programmen bearbeitet. Das Programm bearbeitet die Zahlen und Symbole, wie sie den wissenschaftlichen Gesetzen entsprechen. Und daraus wiederum lassen sich Gesetzmäßigkeiten ableiten. So weist das Computerprogramm gewisse Parallelen mit einem Experiment auf. Es bietet aber den großen Vorteil, daß die im Programm verarbeiteten Aspekte nicht den natürlichen Gesetzen unterworfen sind, sondern den Gesetzmäßigkeiten folgen, die in dem Programm festgelegt wurden. Man kann also sagen, daß die Computeranwendung die Möglichkeiten der Experimentalwissenschaften erweitert, denn sie erlaubt es, Experimente in einer hypothetischen Umwelt, die nicht den Gesetzen der realen Umwelt unterworfen ist, durchzuführen. Die Erforschung vieler komplexer Systeme in theoretisch orientierten Wissenschaften, die mit traditionellen Methoden nur unzufriedenstellend analysiert werden konnten, machte einen großen Fortschritt dank der Anwendung des Computers. Mit ihm können die bereits genannten, idealen Experimente durchgeführt und verschiedene Modelle angewendet werden.
So konnten mit Hilfe des Computers neue Modelle entwickelt werden, um Vorgänge in der Natur zu erklären, die einer genaueren Erforschung bisher unzugänglich waren. Ein Beispiel hierfür sind die Phasen bei der Entstehung einer Schneeflocke. Um diesen Prozeß nachbilden zu können, benötigt man ca. 10000 Berechnungen, die nur mit Hilfe eines Computers durchführbar sind. Obwohl sich die Physik traditionellerweise mit Phänomenen beschäftigt, die durch Computer vereinfacht werden könnten, gibt es dennoch eine Reihe solcher (z.B. chaotische oder komplexe Systeme), die nicht mit mathematischen Formeln in allgemeiner Form beschrieben werden können. In solchen Fällen ist die differenzierte Computersimulation der genannten Systeme die einzige angemessene Forschungsmethode.

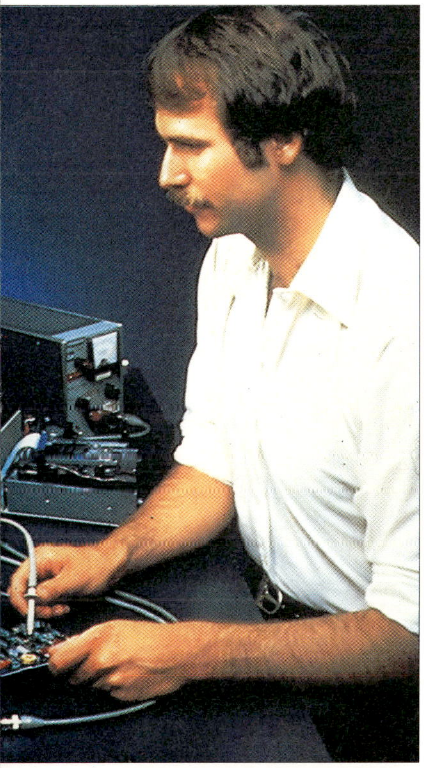

4 *Sowohl hinsichtlich der Instrumente als auch bezüglich der Verarbeitung der Daten aus wissenschaftlichen Experimenten hat der Computer eine sehr wichtige Funktion.*

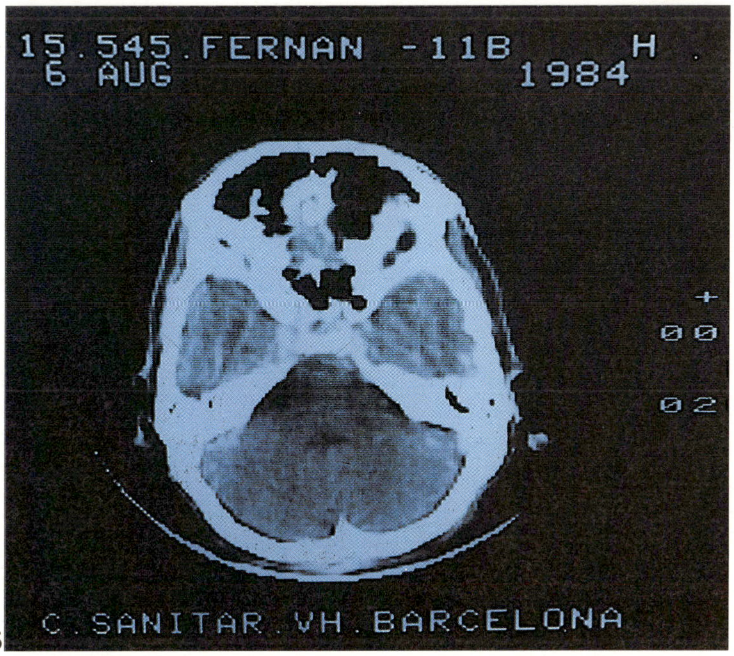

5 *Bei einer Computertomographie entsteht das Bild durch die automatische Kombination der unterschiedlichen Strahlungen vieler Punkte. Hierdurch erhält man Ansichten von Abschnitten eines lebenden Körpers, ohne das Gewebe zu schädigen.*

Obwohl die Anwendung des Computers in der Wissenschaft noch relativ neu ist, können mit seiner Hilfe dennoch alte Probleme aus gänzlich neuen Perspektiven angegangen werden. Außerdem ermöglicht er die Erforschung komplexerer Systeme als bisher. Deshalb haben sich die Orientierungen in vielen Gebieten der Wissenschaft verändert.

Hochgeschwindigkeitscomputer und ihre wissenschaftlichen Anwendungen

Wie schon gesagt, entwickeln Wissenschaftler seit jeher hypothetische Modelle zur Erklärung der Vorgänge in Systemen, die dann mit Experimentaldaten oder -beobachtungen verglichen werden. Bei komplexen Systemen ist es aber sehr schwierig, die richtigen Modelle zu finden. Diese müssen einerseits einfach genug sein, um mit ihnen sinnvoll arbeiten zu können, zum anderen aber müssen sie die Faktoren erklären, die ein System beeinflussen. Solche Einflüsse beruhen ja meist auf dem Zusammenwirken oder der Verstärkung vieler kleiner Effekte.

In solchen Fällen kann man mit Computern Vorgänge untersuchen wie die Verschmelzung (Diffusion) von Ladungsträgern in Halbleitermaterialien, die sehr wichtig ist für das Verständnis der immer bedeutsameren Mikroelektronik. Oder man kann z.B. so gewaltige Prozesse wie den Zusammenstoß zweier Galaxien analysieren, bei dem neben einer großen Zahl von Sternen auch große Mengen interstellarer Gase und Staub beteiligt sind. Außerdem lassen sich viel komplexere Modelle von Phänomenen erstellen, wenn genügend Rechenkapazität oder -leistung zur Verfügung steht. In solchen Fällen sind nämlich keine Vereinfachungen notwendig, die in vielen Fällen das Modell nutzlos werden lassen. Auf diese Weise führten die Methoden der Analyse durch Synthese und durch Steigerung der Rechengeschwindigkeit von Computern zur Bearbeitung von Problemen, die bis dahin nicht angegangen werden konnten.

Besondere Erwähnung verdienen die Anwendungen der Computer auf dem Gebiet der Medizin. Sie reichen von einfachen Analysen bis zu Expertensystemen und Datenbanken, die Information selektiv speichern und wiedergeben können und die den Arzt zwar nicht ersetzen, ihn aber doch bei seiner Arbeit unterstützen.

Ein weiteres Beispiel für die Anwendung dieser Technik bei Erfassung und Bearbeitung von Information stellen die künstlichen Satelliten dar, die die Erde umkreisen. Diese Apparate besitzen hochentwickelte Systeme, mit denen sie die Erdoberfläche mit verschiedenen Wellenlängen des elektromagnetischen Spektrums (infrarotes, sichtbares Licht usw.) erfassen, digital aufzeichnen und die Bilder an die Bodenstationen senden. Diese korrigieren die Bilder durch das Beseitigen möglicher Übertragungsfehler, die sowohl beim Senden als auch beim Empfang entstehen können. Zum Schluß werden die Daten für Analysezwecke auf Magnetbänder überspielt.

Ein Satellit erfaßt die Bilder mittels Sensoren, die das Gebiet ständig abtasten, das der Satellit überfliegt bzw. über dem er fest verankert ist (geostationäre Satelliten). Die Bilder werden anhand von Kanälen erfaßt, die verschiedenen Wellenlängen entsprechen. Jeder dieser Kanäle kann bis zu 250 verschiedene Grautöne für jedes Pixel eines Bildes erfassen und übermitteln. Somit bestehen die Bilder, die wir auf der Erde erhalten, aus der Summe der Daten all dieser Kanäle. Neben jeder Farbe des sichtbaren Lichts (Rot, Grün und Blau) können sie auch Infrarotlicht erfassen. Durch die Erfassung von Wellenlängen, die nicht dem sichtbaren Licht angehören, können deshalb verschiedene

6
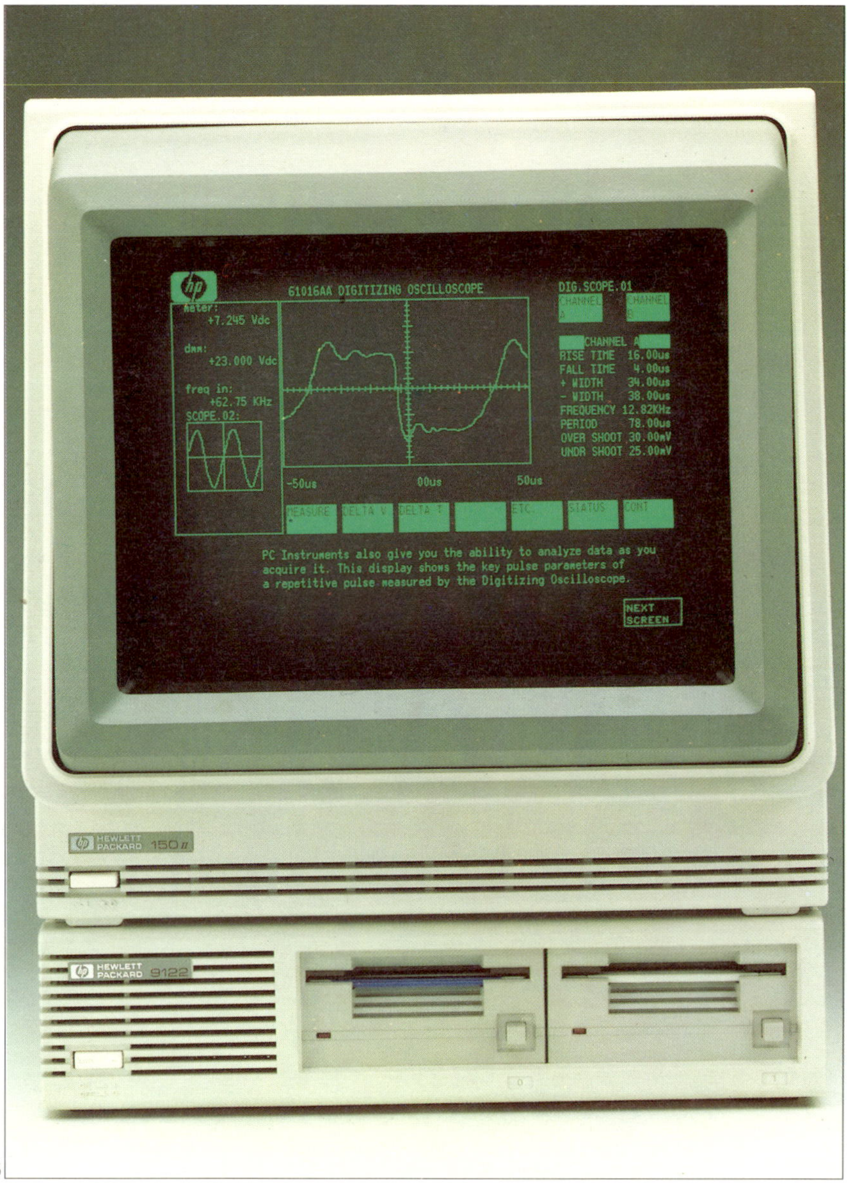

7

8
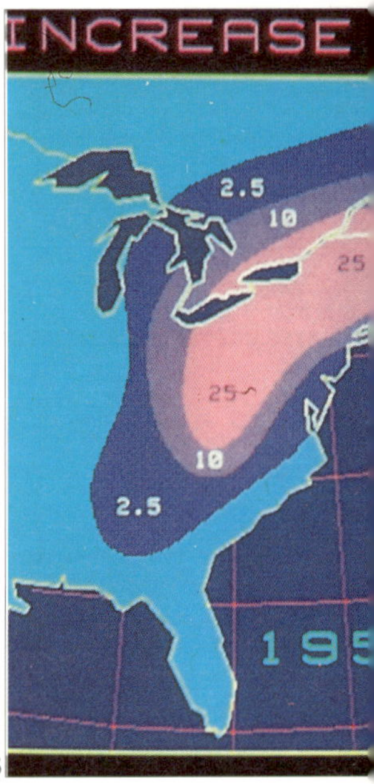

6 *Durch Computer und die Digitalisierung von Meßergebnissen wird außerdem die spätere Verarbeitung der Daten durch spezielle Programme erleichtert.*

7 *Um präzisere Messungen zu erhalten, braucht man außer ausgeklügelten Meßmethoden (z.B. Laserstrahlen) auch Systeme für die Datenerfassung und -überprüfung, die in kurzer Zeit große Datenmengen verarbeiten können, so z.B. Computer.*

8 *Die Darstellung einer großen Menge statistischer Daten ermöglicht die Beschreibung abgeschlossener Vorgänge und das Treffen von Vorhersagen für die Zukunft.*

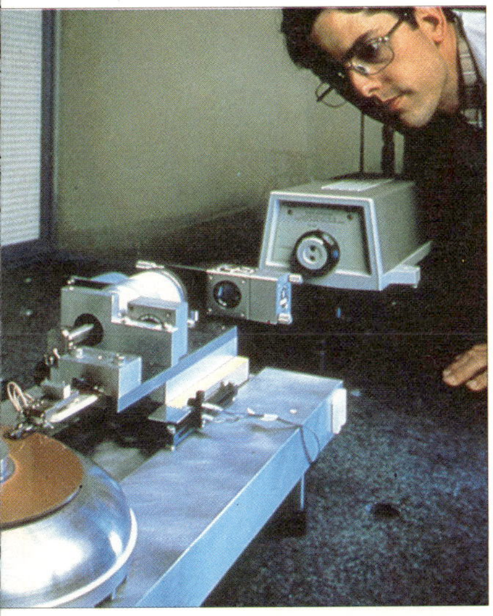

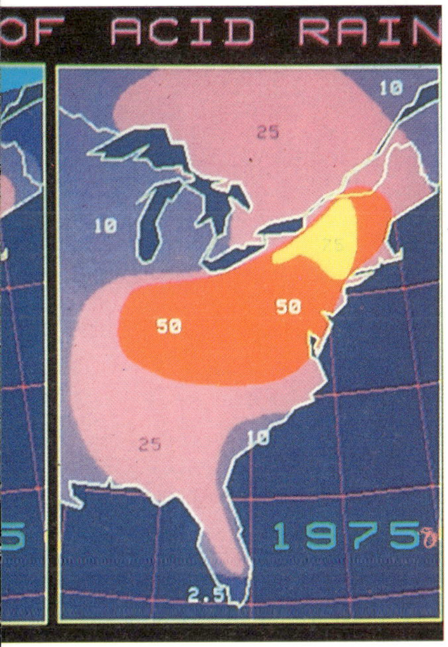

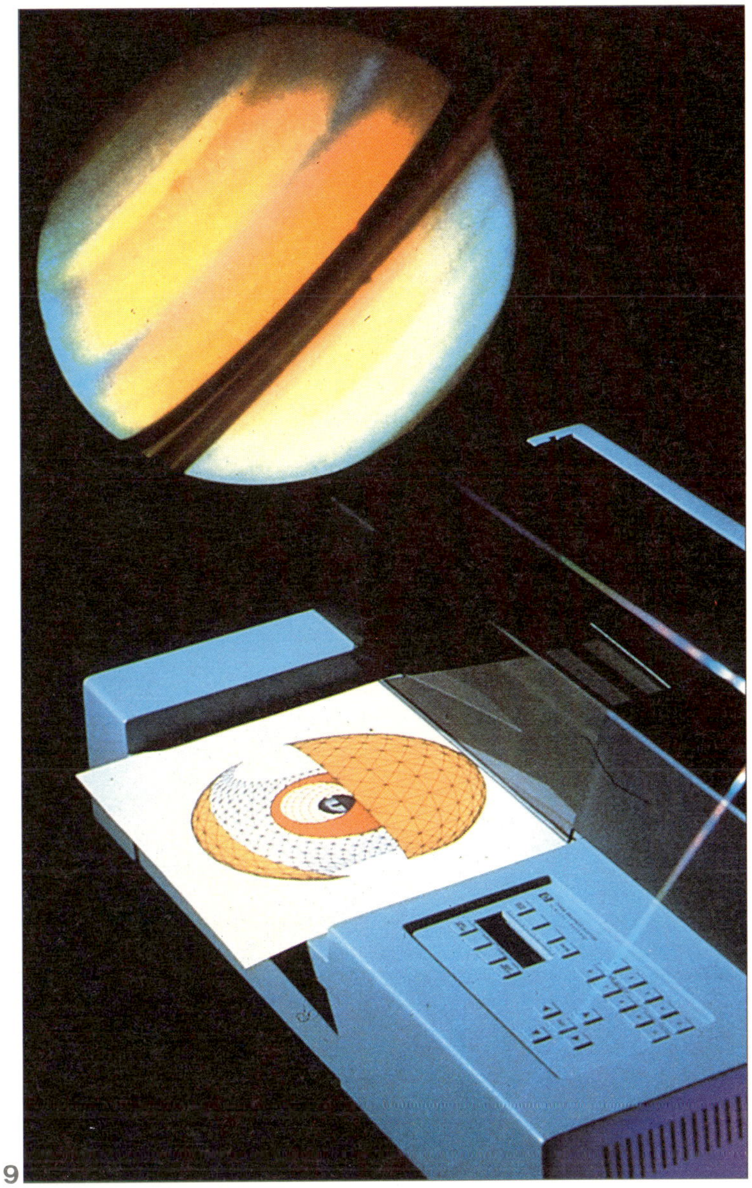

9

Methoden zur Erforschung der Erde angewendet werden, die durch direktes, einfaches Beobachten nicht möglich sind. Das für jeden Kanal digitalisierte Bild kann in Computer eingegeben werden. Bei der späteren Bearbeitung der Daten lassen sich z.B. Veränderungen für bestimmte Verwendungszwecke durchführen, Verzerrungen aufgrund der Bewegungen des Satelliten oder von Übertragungsstörungen korrigieren. Die Information läßt sich durch Vergleich mit schon vorhandener klassifizieren, die speziellen Eigenschaften aller erfaßten Wellenlängen werden analysiert und die verschiedenen Pixel so bearbeitet, daß bestimmte Teilabschnitte der Erde, Einzelheiten über Ereignisse oder besondere Geländeeigenschaften deutlich werden.

Mit diesen Techniken lassen sich die Erdoberfläche und das Meer auf unterschiedliche Weise erforschen. Auf ihnen basieren auch die Satelliten zur Erfassung von Ressourcen sowie die verschiedenen Wettersatelliten, die einerseits die Entdeckung und Nutzung der Ressourcen ermöglicht und andererseits zu merkbaren Verbesserungen der Wettervorhersage geführt haben. Dies ist nicht nur für die Landwirtschaft, sondern auch für verschiedene andere Bereiche wie z.B. das Transportwesen, sehr wichtig. Bei Forschungssatelliten, die ins All geschickt wurden, um die Elemente unseres Sonnensystems zu erforschen, wie z.B. Voyager 2 beim Zusammentreffen mit Uranus, werden die Daten der digitalen Bilder komprimiert. Damit soll die Zahl der zur Bodenstation gesendeten Bits verringert werden. In diesem Fall besteht jede Bildzeile aus ca. 800 Pixeln. Anders als beim Zusammentreffen mit anderen Planeten (Saturn, Jupiter) wurden in diesem Fall anstatt der Helligkeitsstufen jedes einzelnen Pixels die Unterschiede zu benachbarten Pixeln gesendet.

Der zur Erde gesendete Datensatz bestand demnach aus zwei miteinander verküpften fünfstelligen Zahlen, so daß zur Darstellung von Daten anstelle von 40 Bits nur 10 Bits benötigt wurden. Die auch an einem Teleskop montierten Geräte stecken voller Elektronik, denn die meisten Instrumente werden von einem Kontrollraum aus in der Nähe des Teleskops fernbedient. Bei den modernsten Systemen übermittelt ein Computer die Bedienungsanweisungen und sorgt dafür, daß das Teleskop optimal arbeitet. Der Computer überprüft dabei den Zustand des Geräts und seine elektronischen Parameter, löst notfalls auch Alarm aus und steuert die Belichtung. Ebenso speichert er die Daten in einer angeschlossenen digitalen Speichereinheit, stellt sie auf einem Bildschirm dar und überspielt sie schließlich auf Magnetband.

Dies alles vermittelt uns eine Vorstellung der unterschiedlichen Techniken und Anwendungsmöglichkeiten der Computer und Bearbeitung wissenschaftlicher Information.

9 *Weltraumsonden vermitteln uns spektakuläre und detallierte Aufnahmen, da sie die unterschiedlichen Helligkeitsstufen digitalisieren, sie mit einem Computer verarbeiten und dann zur Entschlüsselung zur Erde senden.*

Glossar

A

ADA Höhere Programmiersprache für die Lösung von Problemen mit Mehrfachprogrammierung und Mehrfachprozessen in Echtzeit.

Adresse Binärzahl zum Kennzeichnen einer Speicherposition.

Aktualisierung Ersetzen bzw. Fortschreiben in einem Datensatz, einer Datei usw. durch neue Daten.

ALGOL Höhere Programmiersprache, die vor allem in der Wissenschaft verwendet wird.

Alphanumerische Zeichen Gesamtheit aller Zahlen, Buchstaben und Satzzeichen, jedoch ohne Sonderzeichen.

Analog Durchgehende Veränderung, z.B. die Lautstärke der menschlichen Stimme.

Analog-Digital-Wandler Elektronisches Gerät, das analoge Zeichen in eine entsprechende Bitreihe umsetzt.

Analyse, funktionale Erforschung der logischen Struktur eines Problems auf der Grundlage der Daten, ohne Berücksichtigung eines bestimmten EDV-Systems.

Analyse, organische Konstruktion der Datenstruktur und der Algorithmen unter Berücksichtigung der Art des verwendeten Computers.

Anweisung In Programmiersprachen benutzte Bezeichnung für die Befehle, die ein Computer ausführen soll.

Anwendung Gesamtheit aus einem logischen System und der für die Bearbeitung spezieller Probleme (z.B. in der Wissenschaft) benötigten Hilfsmittel.

Archiv Bezeichnung für die Gesamtheit der Dateien.

Arithmetisch-logische Einheit Teil eines Computers, der Berechnungen und logische Funktionen ausführt.

ASCII-Code Standardcode, der allgemein zum Datenaustausch zwischen verschiedenen Textverarbeitungssystemen verwendet wird.

Auflösung Größtmögliche Anzahl an Bildpunkten (Pixeln), die ein Bildschirm bei der Darstellung von Graphiken oder Bildern enthalten kann.

Ausdruck Teil einer Programmanweisung.

Ausführung Prozeß, bei dem der Computer die Befehle eines Programms ausführt.

Automat Mechanischer Apparat, der immer gleiche Bewegungen oder Bewegungsabfolgen ausführt.

B

Bandbreite Frequenzbereich, in dem sich eine Information befinden muß, um von einem bestimmten Kanal übertragen zu werden.

BASIC Programmiersprache, die bei Mikrocomputern am häufigsten verwendet wird.

BCD-Code Vorschrift für die Zuordnung von Dezimalziffern zu Binärwörtern.

Bedingung Anweisung, die die Kriterien ausdrückt, nach denen eine Aktion ausgeführt werden soll.

Befehl Über die Tastatur eingegebene Anweisung an den Rechner, die sich direkt auf das System auswirkt.

Betriebssystem Gesamtheit der Programme, die – zusammen mit dem physikalischen System – die Grundlage für die möglichen Betriebsarten eines Computers bilden.

Binär Eigenschaft eines logischen oder physikalischen Elements, wobei nur zwei Zustände (0, 1 bzw. offen oder geschlossen) möglich sind.

Bit Kleinste Informationseinheit bei einer Maschine oder einem Datenträger.

Block Bezeichnung für die Teile eines Programms, das mit der strukturierten Programmiermethode erstellt wurde.

Blockdiagramm Schema zur Darstellung von Prozessen, in dem geometrische Figuren und Pfeile verwendet werden.

Büroinformatik Teilgebiet der Informatik, in dem Bürotätigkeiten durch Computer unterstützt werden.

Bus Übertragungsweg für Signale, der aus den Leitungen integrierter Schaltkreise besteht.

Byte Grundeinheit für binäre Information, bestehend aus acht Bits. Sie ist zwar die kleinste adressierbare, aber nicht die kleinste verarbeitbare Informationseinheit.

C

C Höhere Programmiersprache, die hauptsächlich bei Graphikanwendungen eingesetzt wird.

CAD Abkürzung für Computer-Aided Design, rechnergestütztes Konstruieren.

CAM Abkürzung für Computer-Aided Manufacturing, rechnergestützte Fertigung.

Computer Englische Bezeichnung für eine elektronische Rechenmaschine. Vgl. Rechner.

Cursor Zeichen oder Lichtpunkt, der auf dem Bildschirm anzeigt, wo das nächste eingegebene Zeichen dargestellt wird.

D

Datei Geordneter Datensatzbestand mit gleicher Struktur, aber unterschiedlichem Inhalt.

Datenbank Datenmenge, die von verschiedenen Programmen verwendet und unabhängig von diesen gespeichert wird. Sie kann relational oder hierarchisch aufgebaut sein.

Datensatz Bezeichnung für die Bestandteile einer Datei.

Datum Bezeichnung für eine logische Informationseinheit, die vom Computer verarbeitet wird.

Dekodierung Gegenteil von Kodierung; Entschlüsselung einer Nachricht.

Digital Art der Informationsdarstellung mit abgegrenzten Zahlenwerten (0 und 1).

Digitalisierung Umwandlung analoger Zeichen in digitale Zeichen.

Diskette Kleine flexible Magnetplatte, die stets in einer Schutzhülle aufbewahrt wird.

Drucker Periphere Einheit zur Ausgabe der Daten auf Papier. Es gibt Nadel-, Laser, Thermo-, elektrostatische usw. Drucker.

E

Editor Programm, mit dessen Hilfe Dateien und Programme erstellt, angezeigt oder verändert werden können.

Einfachvernetzung Netz, das nur die beiden Computer an den Enden einer Verbindung miteinander koppelt.

Emulator Programmpaket, mit dem die Anweisungen von der Sprache eines Rechners in die eines anderen Rechners übersetzt werden. Dabei verhält sich der eine Rechner wie der andere.

EPROM Engl. Abk. für löschbarer, programmierbarer Festwertspeicher.

Expertensystem Ein auf künstlicher Intelligenz aufbauendes System, bestehend aus einer Wissensbasis, einer Sachverhaltsbasis und einem Schlußfolgerungselement.

F

Faksimile Genaue Nachbildung einer Zeichnung oder eines Textes.

Feld Kleinste Informationseinheit, die in einem Datensatz definiert ist.

Firmware Ein im ROM-Speicher ständig vorhandenes Programm, d.h. ein Programm, das dem System angehört.

Flipflop Schaltkreis mit zwei Ausgangszuständen, die ihren Wert nach jedem Wechsel des Eingangssignals ändern.

Floppy-disk Diskette.

Flußdiagramm Graphische Darstellung eines Algorithmus durch vereinbarte Symbole, die bestimmten Funktionen entsprechen.

FORTH Höhere Programmiersprache, von der fast alle heute verwendeten Sprachen zur Robotersteuerung abgeleitet werden.

Fotolithographie Fotografisches Verfahren zur Übertragung der Masken bei der Herstellung integrierter Schaltkreise.

Freiheitsgrad Achse, um die sich ein Roboter drehen kann.

Frequenz Anzahl der Schwingungen in einer bestimmten Zeiteinheit; Umkehrung der Wellenlänge.

G

Glasfaser Rohglasfaden, der mit einem reflektierenden Material überzogen ist und der Informationsübertragung dient.

H

Hardware Physikalisches System.

Heuristik Problemlösemethoden, die auf Techniken der Wahrscheinlichkeitslehre basieren.

Höhere Programmiersprache Sprache, deren Syntax, Semantik und Alphabet der natürlichen Sprache ähnlich sind.

I

Index Kennziffer.

Inferenz Zusammenfassende Bezeichnung für Deduktion (Schluß vom Allgemeinen zum Besonderen) und Induktion (Schluß vom Besonderen zum Allgemeinen).

Informatik Wissenschaft von Computern und den Grundlagen ihrer Anwendung.

Information Jedes Signal, Zeichen usw., das ein Computer speichern oder verarbeiten kann.

Initialisierung Bereitstellung der logischen Einheiten einer EDV-Anlage vor Arbeitsbeginn.

Integrierter Schaltkreis Schaltkreis, der mit fotolithografischen Methoden auf eine Siliziumscheibe übertragen wird. Hiermit können verschiedene Integrationsdichten erreicht werden.

Interpretation Direkte Ausführung der Anweisungen einer höheren Programmiersprache durch ein Programm.

J

Joystick Steuerknüppel, mit dem der Cursor quer über den Bildschirm bewegt werden kann.

K

Kanal Mittel zur Informationsübertragung.

Kette Reihe von Zeichen einer Programmiersprache (Zahlen, Buchstaben oder Sonderzeichen).

Kodierung Vorgang, bei dem jede Informationseinheit speziell verschlüsselt wird.

Kompilierung Übersetzung eines mit höheren Programmiersprachen geschriebenen Programms in Assemblersprache.

Konfiguration Anordnung der physikalischen Teile, aus denen ein EDV-System besteht.

Konstante Zeichen, das seinen Wert während der Programmausführung nicht ändert.

Konstruktionsebene Bezeichnung der einzelnen Schritte, die bei der Konstruktion integrierter Schaltkreise durchlaufen werden müssen.

Künstliche Intelligenz Physikalisches oder logisches System, mit dem eine Maschine die geistigen Vorgänge des Menschen nachbilden kann.

L

Leitung Physikalischer Übertragungskanal, bestehend aus einem Kupferkabel oder einer Glasfaser. Man unterscheidet Duplexkanäle (gleichzeitige Übertragung in beide Richtungen), Semiduplexkanäle (nicht-gleichzeitige Übertragung in beide Richtungen) und Simplexkanäle (nur eine Übertragungsrichtung).

LISP Höhere Programmiersprache, die v.a. in der künstlichen Intelligenz eingesetzt wird.

Logisches Gatter Elektrische Schaltung, mit der die Funktionen der Booleschen Algebra physikalisch verwirklicht werden können.

Logisches System Gesamtheit der Programme, die der Computer besitzt. Es können Systemprogramme (Betriebssystem), Anwendungs- oder Hilfsprogramme für Benutzer sein. Vgl. Software.

M

Magnetplatte Rundes, flaches Speicherelement, das mit einer Metalloxidschicht überzogen ist.

Maschinen-, Binär- oder Digitalsprache Sprache, bei der die Wörter nur aus zwei unterschiedlichen Symbolen (0,1) bestehen und die das physikalische System versteht.

Maske Bezeichnung für die Schichten eines integrierten Schaltkreises, die mit fotolithografischen Techniken auf die Siliziumscheibe übertragen werden.

Mikroelektronik Technik zur Herstellung elektronischer Bauteile aus elektronischen Bauelementen und Transistoren. Dabei werden einzelne Elemente auf engstem Raum angeordnet (Hochintegration). Das Endprodukt ist ein Chip.

Mikroprozessor Teil des Computers, der die arithmetisch-logische Einheit, die Steuereinheit und die Datenregister enthält.

Modem Gerät, das durch Modulation und Demodulation die Übertragung von Daten über analoge Fernsprech- und Breitbandwege ermöglicht.

N

Natürliche Sprache Die vom Menschen benutzte Sprache.

O

Oktett Andere Bezeichnung für Byte.

Operator Fachkraft für die selbständige Bedienung von EDV-Anlagen.

Operator, arithmetischer Symbol, das das System anweist, eine arithmetische Operation (Addition, Subtraktion, Multiplikation, Division und Potenzieren) auszuführen.

Optische Platte Speicherelement, bei dem die Bits durch kleine Ausbuchtungen dargestellt sind, die durch Laserstrahlen gelesen werden.

P

PASCAL Höhere Programmiersprache, die vor allem für die Festlegung von Datenstrukturen und für Rekursivität (Rückgriff auf bekannte Werte) geeignet ist.

Periphere Einheit Gerät zur Eingabe, Ausgabe und Speicherung von Daten in einem Computer.

Physikalisches System Gesamtheit der physikalischen Geräte, aus denen ein Computer besteht (Bildschirm, Tastatur, Drucker, Schaltkreise, Chips usw.). Vgl. Hardware.

Pin Metallische Enden eines Plättchens.

Pixel Bezeichnung für die Bestandteile, in die ein Bild zur Digitalisierung und Verarbeitung aufgeteilt wird.

PL/1 Höhere Programmiersprache, die die besten Merkmale von FORTRAN und COBOL in sich vereinigt.

Platine Platte, auf der sich die Verbindungen der Schaltkreise und Sockel für weitere Anschlüsse befinden.

Plättchen Plastik- oder Keramikträger, auf dem integrierte Schaltkreise befestigt werden und an dessen Enden sich metallische Anschlüsse (Pins) für den Ein-/Ausgang von Daten befinden.

Plotter Elektromagnetischer Graphikdrucker (Kurvenzeichner), der durch Computersignale gesteuert wird.

Port Anschluß; Gesamtheit der Pins, mit der die Bestandteile eines Computers untereinander verbunden werden.

Position Kleinste addressierbare Speichereinheit.

Produktionseinheit Teil eines CAD/CAM-Systems, das die Ergebnisse liefert.

Programm Folge von Anweisungen, die vom Menschen als eine Menge von (Befehls-) Zeilen eingegeben werden und den Computer zu bestimmten Verarbeitungsschritten veranlassen.

Programmbibliothek Gruppe von Programmen, die im Sekundärspeicher eines Computers gespeichert ist.

Programmgenerator Hilfsprogramm, das in Sekundenschnelle die speziellen Programme für bestimmte Anwendungen erzeugt.

Programmierung Erstellung eines Programms für den Computer, das in einer beliebigen Programmiersprache verfaßt sein kann.

PROLOG Höhere Programmiersprache, die in der künstlichen Intelligenz verwendet wird.

Prozessor Teil des Computers, bestehend aus der arithmetisch-logischen Einheit, der Steuereinheit und den verschiedenen Registern.

Puffer Physikalischer oder logischer Zwischenspeicher.

Q

Quelle Gerät, das Daten erzeugt, die zuerst verschlüsselt und dann übertragen werden.

R

RAM Random Access Memory; Abk. für Speicher mit wahlfreiem Zugriff.

Rechner Elektronisches Gerät zur Verarbeitung von Daten entsprechend der Anweisungen eines Programms, das vom Menschen über die Tastatur eingegeben wurde. Vgl. Computer

Relais Elektronisches Gerät zum Schließen und Öffnen eines Schaltkreises.

Roboter Maschine, die selbständig und ohne menschliche Eingriffe bestimmte Handlungen ausführen kann.

ROM Read Only Memory; Festwertspeicher. Speicher, der nur gelesen, aber nicht verändert werden kann.

S

Sachverhaltsbasis Teil eines Expertensystems, das die Problemmerkmale und die Ableitungsketten für die Problemlösung enthält.

Schleife Gruppe von Operationen oder Handlungen, die wiederholt ausgeführt werden.

Schlüsselwort Aus alphanumerischen Zeichen bestehendes Wort, das den Zugriff auf bestimmte, von mehreren Benutzern verwendete Daten eines Computers ermöglicht.

Schlußfolgerungselement Teil eines Expertensystems, das mit einer Reihe spezieller Programme aus den Daten der Wissensbasis deduktive (ableitende) oder induktive (verallgemeinernde) Schlüsse zieht.

Schnittstelle Einheit eines physikalischen oder logischen Systems, das zwei Teile eines Computers miteinander verbindet.

Schreib-/Lesekopf Einheit, die Daten erfaßt und abruft, indem sie physikalische Zeichen in elektrische Impulse übersetzt und umgekehrt.

Sequentiell Fortlaufend, z.B. die einmalige Speicherung oder Verarbeitung der Anweisungen eines Computerprogramms.

Signal Element, das Information zwischen zwei Punkten überträgt.

Siliziumscheibe Platte aus Silizium, auf der die integrierten Schaltkreise eines Chips hergestellt werden.

Sockel Plastik- oder Keramikplättchen, auf die die Chips montiert werden.

Software Logisches System.

Speicher Funktionseinheiten eines Computers, die Daten endgültig oder für begrenzte Zeit aufnehmen und aufbewahren. Man unterscheidet zentrale oder interne Speicher (ROM und RAM) und externe oder sekundäre Speicher.

Speicherung Vorgang, bei dem Information im Computer aufgenommen und im Primär- oder Sekundärspeicher aufbewahrt wird.

Stapel Geradlinige Abfolge von Daten, bei der nur jeweils am Anfang und/oder Ende Daten eingefügt bzw. gelöscht werden können.

Synchronisation Erkennen des Anfangs- und Endsignals einer Nachricht, die durch einen bestimmten Kanal empfangen wurde.

T

Tastatur Gesamtheit der Tasten, über die der Benutzer direkt mit dem Computer in Verbindung tritt.

Telebox System zur Übertragung von unverschlüsselter und einfach strukturierter Information.

Telematik Wissenschaftlicher Bereich, der aus der Verknüpfung von Telekommunikation und Informatik hervorgegangen ist.

Terminal Gerät, über das der Benutzer mit dem Computer Daten austauschen kann und das vorwiegend bei großen EDV-Anlagen verwendet wird.

Trägerwelle Modulierte Welle, mit der Daten übertragen werden.

Transistor Elektronisches Bauteil zur Steuerung des Stromflusses.

W

Wahrheitstabelle Methode zur Darstellung einer Booleschen Funktion.

Warteschlangensystem Anwendung mathematischer Methoden zur Lösung der Warteprobleme bei den Geräten, die ein Computer ansteuert.

Welle Gleichbleibende Bewegung, die sich über einen bestimmten Bereich ausdehnt und dabei Berge und Täler bildet.

Wellenlänge Abstand zweier gleicher Punkte eines Wellenbereichs.

Wissensbasis Teil eines Expertensystems, das das Wissen der Experten in einem Gebiet beinhaltet.

Z

Zeichen Element aus den zur Darstellung von Information vereinbarten Schriftzeichen (Buchstabe, Zahl, Symbol).

Zentraleinheit Funktionseinheit eines Computers, bestehend aus Prozessor und Hauptspeicher.

Zugriff, direkter Möglichkeit, auf Daten direkt zuzugreifen, die im Computer oder in einer peripheren Einheit gespeichert sind.

Zugriff, sequentieller Zugriffsart, bei der, um an die Zieldaten zu kommen, auch die davorliegenden Daten gelesen werden müssen.

Zuverlässigkeit Fähigkeit eines Geräts, in einer bestimmten Umgebung und für eine bestimmte Zeit den vorgegebenen Anforderungen zu genügen.

Namen- und Sachregister

Abakus 8
ADA, Programmiersprache 45, 51, 88
Aiken, Howard 9
Aktualisierung 88
Algebra, propositionale 12
Algol 48
Alvin, Unterwasserroboter 77
Analog 88
Analysator 64
Analyse, funktionale 88
Analyse, organische 88
Antriebsebene 77
Anwendung 88
APL, Programmiersprache 45, 50
Archiv 88
Aristoteles 12
ASCC, Rechner 9
ASCII-Code 18, 31
Assembler 44, 45
Ausführung 88
Ausgabeeinheiten, periphere 34
Ausgang 28
Aussagen 12
Aussagen, äquivalente 12
Aussagenlogik 12
Automaten 11, 70, 88
Automaten, Theorie der 46
Automatisierung der Produktion 82

Babbage, Charles 9
Band 8, 9
Bandbreite 88
Bandstruktur 57
Bardeen, John 22
BASIC, Programmiersprache 44, 49, 51, 88
Baum (oder Stern) 58
BCD-Code 18
Befehlsregister 31
Bell, Alexander Graham 56
Bestandteil zur Erörterung 54
Betriebssystem 10, 40
Bilderfassung, Prozeß der 86
Bildverarbeitung, elektronische 11
Binär 88
Binärsystem 14, 17
Binary Digit 17
Binärziffer 17
Bipolartransistor 23
Bit 17, 88
Black Box 13, 15
Block 53, 88
Blockdiagramm 88
Boolesche Algebra 12, 13
Brattain, Walter Hauser 22
Breitbandnetz 56
Büroinformatik 60
Bus 32
Bus, 1-Bus-System 30
Busnetzsysteme 59
Byron, Augusta Ada 51
Byte 17

C, Programmiersprache 45, 51
CAD 38, 79
CAD/CAM 79
CAM 79
Canard digérateur 70, 71
Chip 10
COBOL, Programmiersprache 45, 49
Codes, spezielle 68
Computer 88
Computer in der Forschung 84
Computer in der Industrie 78
Computer, Arbeitsweise des 31
Computer, Aufbau eines 28
Computerarchitektur 45
Computergeneration 10, 11, 41, 42, 51
Computernetze 57
Computertomographie 85
Computervorläufer 9
Cursor 28

Dartmouth-Universität 51
Datenbanken 11, 52, 53
Datenbanken, öffentliche 56
Datenbanktechniken 52
Datenbankverwaltungssystem 53
Datenelektronik 20
Datensatz 54
Datenstation 38
Datenstation für Ingenieure 79
Datenübertragung, serielle 35
Decodierung 89
Dendralprogramm 64, 65
Dezimalcode, binär codiert (BCD) 18
Dezimalsystem 14, 15
Diffusion 23
Digital 9
Digital-Analog-Wandler 24
Digitalisierung 84
Disjunktion („oder“) 12
Diskette 36
Drucker 35
Druckgeschwindigkeit 35

EBCDIC-Code 18, 31
Ebene der Konzeptualisierung 67
Echtzeitbetrieb 41
Eckert, J.P. 9
Eigenhalbleiter 22
Einfachvernetzung 57
Eingabeeinheiten, periphere 34
Eingang 28
Einheit, logische 9
Elektronen, freie 21
Elektronenröhre 10
Elektronik 9, 20
Elektrostatisches Verfahren 35
Elementardatum 53
Energiebändermodell 22
ENIAC, elektronische Rechenmaschine 8, 9
Entwicklung von Betriebssystemen 41
EPROM 89
Erkenntnisebene 67
Europäische Vereinigung der Computerhersteller (ECMA) 68
Europäisches Codierungssystem 68
Expertensystem 64
Extremitätenebene 77

Faksimile 60
Feldeffekttransistor 21, 23
Fernbanksystem 56
Fernmeldeämter 58
Fernwirksystem 56
Fertigungsanlagen, flexible 81
Festplatte 37
Feuerwehrmann, mechanischer (Automat) 70
Flächentransistor 21
Flexibilität 82
Flipflop 24
Floppy disk (s. Diskette, flexible) 37
Flußdiagramm 47
FORTH, Programmiersprache 77
FORTRAN, Programmiersprache 44, 45, 49
Fotolithographie 27
Freiheitsgrad 77
Frequenz 16

Gatter, logische 16
Gemeinschaftssysteme 10, 41
Generation, dritte 10
Generator 64
Gerüst 73
Glasfaser 57
Glasfaserstruktur, klassische 57
Gleitpunkt 18
Goldstine, H.H. 9
Graphikstift 35
Greifelement 74
Großrechenanlage 28, 29

Halbleiter 21, 22
Halbleiter, n-leitender 21
Halbleiter, p-leitender 21
Hardware 40
Hauptspeicher 29, 31
Hewlett-Packard 24
Hochgeschwindigkeitscomputer 86
Hochgeschwindigkeitscomputer, wissenschaftliche Anwendung 86
Hollerith, Hermann 8, 9

IAL, Programmiersprache 48
IBM, Firma 9
Industrielle Revolution, zweite 81
Industrieroboter 11, 72, 73
Informatik, Anfänge der 8
Informatik, Anwendungen der 11
Information 30
Integrationsdichte, mittlere 23
Integrierte Sprach- und Datennetze (ISDN) 56
Internationale Normungsorganisation (ISO) 68
Interpretation 89
Interpreter 45
Iverson, K. 50

Jacquard, J. Marie 9, 70
Jaquet-Droz 70
Joystick 28, 35

Kartesischer Roboter 75
Kathodenstrahlröhre 34
Kodierung 31
Kollektor 23
Kombinatorik 67
Kompiler 45
Kompilierung 45
Komplement 13
Konjunktion („und") 12
Konstruktion 24, 43
Kristalle, vierwertige 22
Künstliche Intelligenz 11, 46, 47, 62
Künstlicher Mensch 70
Kunststoffdiskette 37

Laptop-Computer 38
Laserdrucker 36
Leibniz, Gottfried 8, 12
Leiter 21
Leiter, optischer 58
Leitungsband 22
Lernroboter 72, 76
Linguistik 45
LISP, Programmiersprache 45, 50, 63
Lochband 9
Logic Theorist, Programm 62
Logik, mathematische 12
Logisch falsch 12
Logisch wahr 12
Logischer Plan, Entwicklung des 79

Magnetband 37, 38, 86
Magnetbandeinheit 29
Magnetplatte 36
Magnettrommelspeicher 37
Manipulatoren, einfache 72
MARK I 9
Maschennetz 59
Maschine, analytische 9
Maschinen, virtuelle 43
Maschinensprache, binäre 90
Maske 25, 26
Maskensatz 27
Massenspektrometer 64
Matrixdrucker 35
Mauchly, J. 9
Maus 28
McCarthy, J. 50, 63
Mechanik 71
Megabyte 37
Mehrfachvernetzung 57, 59
Mehrprogrammbetrieb 41
Menü 43
Meßwert 89
Mikrocomputer 28, 30
Mikroelektronik 20, 23, 71
Mikroprozessor 10
Minicomputer 28, 30
MODEM 53
Modul für die Programmierung 11
Modul zur Problemlösung 11
Moore Schule für Elektronik 9
Morsealphabet 56

Negation („nein") 12
Netze, öffentliche 58
Netze, spontane 58
Netze, städtische 58
Netzklassifikationen 58
Netzknoten 57
Newell 62
Newmann, John von 9
NPL 50

Objektebene 77
Oktett 90
Operator 30
Optisches Lesegerät 67, 69
Optisches Lesegerät mit Feld 67, 69
Optisches Lesegerät, manuelles 67, 69

Pascal, Blaise, 8
PASCAL, Programmiersprache 44, 45, 48
Periphere Einheiten 34
Personalcomputer als periphere Einheiten 38
Pflichtenheft 79
Pin 27
Pixel 87
PL/I, Programmiersprache 45, 50
Plättchen 24
Platte 29
Plotter 39
Portalroboter 75
Position 75
Positionierungselement 73
Preßluftroboter 75
Primärspeicher 29
Produkt, logisches 13
Produktionseinheit, flexible 78, 82
Produktionsregel 66
Programm 9, 30, 62
Programmiersprache 44
Programmiersprache, höhere 10, 44
Programmiersprache, wissenschaftliche Anwendung 46
Programmiersprachen, Anwendungen der verschiedenen 46
Programmiersprachen, Entwicklung von 45
Programmierung, wissenschaftliche 85
Programmpaket 60
Programmzähler 31, 32
PROLOG, Programmiersprache 45, 51
Proposition 12
Proposition, einfache 12
Proposition, kombinierte 12
Prozessor 29, 31
Prüfbit 17
Pufferspeicher 32
Pufferspeicher, logischer 32
Pufferspeicher, physikalischer 32
Punktsteuerung 76

Quellprogramm 30

RAM 29
Recheneinheit 28
Rechenleistung 46
Rechner 28
Rechnergestützte Fertigung 79
Rechnergestütztes Konstruieren 24
Redundanz 52
Redundanz, logische 52
Redundanz, physikalische 52
Regeln, Reihe von 55
Register 31
Register für allgemeine Funktionen 31
Relais 9
Rillenstruktur 57
Ringnetz 59
Robota 71
Roboter 11, 63, 71
Roboter der dritten Generation 71
Roboter der ersten Generation 71
Roboter der zweiten Generation 71
Roboter mit festgelegter Sequenz 72
Roboter mit Servoregelung 76
Roboter mit variabler Sequenz 73
Roboter ohne Servoregelung 76
Roboter, „pick and place" 76
Roboter, elektrischer 75
Roboter, hydraulischer 75
Roboter, intelligenter 72, 73, 76
Roboter, numerisch gesteuerter 72, 76
Roboter, polarer 75
Roboter, sequentieller 72
Robotik 11, 63, 71, 77
Robotisierung 71
Rohstück 80
R.U.R. (Rossums universelle Roboter, 1920) 71

Sachverhaltsbasis 54, 66
Satelliten zur Erfassung von Ressourcen 87
Sätze aus Feldern mit festgelegtem Inhalt 54
Schalter 13, 23
Schalter, in Serie geschaltet 13
Schalter, parallel geschaltet 13
Schaltkreis, analoger 24
Schaltkreis, arithmetischer 31
Schaltkreis, digitaler 24
Schaltkreis, einfacher 13
Schaltkreis, integrierter 11, 21, 24, 27, 88
Schaltkreis, logischer 31
Schaltkreise, Arten integrierter 24
Schaltkreis, Herstellung integrierter 25
Schaltkreise, Konstruktion integrierter 24
Schaubild, logisches 79
Schleifennetzsystem 59
Schlüssel 42
Schlüsselwort 90
Schlußfolgerungselement 66
Schmalbandnetz 56
Schnittstelle 45
Schreib-/Lesekopf 36
Schreibdichte, doppelte 37
Segment 53
Sekundärspeicher 29
Sekundärspeicher, periphere 36
Semantisches Netz 54, 66, 67
Sender 23
Sensor 76
Sensoren, exterozeptive 75
Sensoren, propiozeptive 75
Shaw, 62
Shockley, William Bradford 22
Signal 16
Signal, akustisches 16
Signal, analoges 16, 17
Signal, digitales 16, 17, 21
Signal, elektrisches 20, 21
Signale, Arten von 16

Simulation von Industrieprozessen 82
Spannung 16
Speicher 29
Speicher mit wahlfreiem Zugriff 29
Speicher, arithmetischer 28
Speicher, logischer 28
Speicheradreßregister 31
Speicherdatenregister 31
Speichereinheit 29
Speichereinheiten, periphere 34
Speicherkapazität 9
Speicherung 28
Sprache, deklarative 44
Sprache, formale 45
Sprache, mathematische 12
Sprache, natürliche 12
Stanford-Universität 64
Starkstromelektronik 20
Steuerung 73
Steuerungsorgane 73
Strichcode 68
Strichcodeleser 67, 69
Strukturierungsebene 67
Summe, logische 13
Synchronisationssignal 38
System 9
System, logisches 43
System, physikalisches 34f.
System, prismatisches 73
System, verteiltes 80
Systemprogrammierung 46

Tastatur 28, 34
Teilchen, geladene 21
Tele-Informatik 56
Telebox 56, 59
Telefax 60
Telegraf 56
Telekommunikation 11
Telekommunikationssysteme 58
Telematik 56
Teleprocessing 56
Teletext 56, 60
Telex 56
Terminal 34
Terminal, dummes 35
Terminal, intelligentes 35
Textverarbeitung 46, 47
Textverarbeitung, Anwendung der 47
Thermodrucker 35
Tintenstrahldrucker 36
Tonkassette 39
Torres Quevedo, Leonardo 71
Trägerwelle 91
Transaktion 54
Transistor 9, 10, 21, 22
Transistor, erster 22
Trommelspeicher 29
Typendrucker 35

Übertragung 17
ULSI 24
Unipolartransistor 23
Universität von Marseilles 51
Unterbrechungssignal 31

Valenzbänder 22
Vaucanson, Jacques 70, 71
Verbindungsbrücken 58
Verbindungsknoten 58
Verknüpfung logischer Aussagen 9
Verstärker 23
Videotext 56
Viking, wissenschaftlicher Roboter 77
VLSI, integrierter Schaltkreis 10, 24

Wahrheitstabelle 12
Warteschlangensystem 91
Welle 91
Wellenlänge 91
Werkstatt, flexible 80
Winkelroboter 75
Winkelsystem 73
Wissensbasis 54, 66
Wissensbasis, Systeme zur Verwaltung von 54
Wortlänge 29

Zeichendarstellung 17
Zeichenerkennung, optische 68
Zentraleinheit 29
Zielebene 77
Zugriff, direkter 53
Zugriff, sequentieller 53
Zwischentext 64
Zylindrischer Roboter 75